ILSE BIBERTI / HENNING SCHERF

Das Alter kommt auf meine Weise

Buch

Wie wollen wir leben – heute und morgen? In einer Gesellschaft, in der die Menschen immer älter werden, muss sich jeder irgendwann dieser Frage stellen. Ilse Biberti (51) und Henning Scherf (72) haben es getan und stellen Chancen und Möglichkeiten vor, die das Alter bietet. Sie benennen Bedürfnisse und zeigen Wege auf, wie diese Bedürfnisse gelebt werden können, welche Voraussetzungen die Gesellschaft und jeder ganz individuell schaffen kann und muss. Das Buch macht Mut und gibt Hoffnung auf ein besseres Altern, vorausgesetzt: Alle packen selbst mit an!

Autoren

Ilse Biberti ist Schauspielerin, Regisseurin Drehbuchautorin und Buchautorin. Sie hat die »Sesamstraße« moderiert, Berliner »Tatorte« gedreht und beim TV-Dauererfolg »Praxis Bülowbogen« führte sie die Regie. Vor einigen Jahren zog Ilse Biberti wieder bei ihren Eltern ein, als diese sich nicht mehr selbst versorgen konnten. Auf den Erfahrungen dieser Zeit basiert ihr Bestseller »Hilfe, meine Eltern sind alt«, der ein riesiges Presseecho auslöste.

Henning Scherf, geboren 1938, war lange Jahre Bildungs- und Justizsenator und von 1995 bis 2005 Bürgermeister von Bremen. Er ist verheiratet, hat drei Kinder, ist mehrfacher Großvater und lebt mit seiner Frau und Freunden in Deutschlands berühmtester Hauswohngemeinschaft. Henning Scherf hat den Bestseller »Grau ist bunt« veröffentlicht, in dem er für einen veränderten Umgang der deutschen Gesellschaft mit alten Menschen wirbt.

»Du bist da!«
für Anneliese
Danke!

Danke!
Pa. Ro., Dr. Ro.,
Ga. und Gi.

Inhalt

Teil I

Teil II

Teil III

Vorwort

Drei Dinge verbinden uns unumstößlich mit allen Menschen:
Sie sind geboren worden, wir auch.
Sie werden sterben, wir auch.
In diesem Moment sind Sie am Leben: wir auch.

Wie wir im Alter leben wollen, ist unser gemeinsames Anliegen.
Jetzt beginnt unsere Zukunft.

Wissenschaftlich und menschlich sind alle Fakten und Voraussetzungen für einen guten Lebensabend bekannt. Es ist keine Frage von mehr Geld! Geld ist genug im System. Es ist eine Frage von mehr Menschlichkeit und Respekt vor dem alten Mitbürger.

Der alte Mensch muss gefeiert werden, dass er sein Leben bis jetzt gemeistert hat. So ist er wertvoll: sein Wissen, sein inneres Archiv, seine Erfahrungen, als Zeitzeuge.

Jetzt sind die Menschen alt. Jetzt pflegen Angehörige über das Limit ihrer Belastbarkeit. Jetzt weiß das Pflegepersonal in den mobilen wie stationären Institutionen nicht, wie es unter dem Zeitschlüssel seine Arbeit mit Anstand schaffen soll. Jetzt brauchen alle Hilfe. Jetzt brauchen wir einen Paradigmenwechsel!

Dieses Buch ist:
- · Eine Reise in eine Freundschaft zwischen uns: Ilse und Henning.
- · Ein Berichten aus dem jeweiligen Leben.
- · Ein gegenseitiges Zuhören.
- · Ein gemeinsames Denken.
- · Vorschläge zu einem handelnden WIR.
- · WIR, das sind Henning und Ilse und SIE.

»Also hoppchen!«, würde Ilses fast 90-jährige Mutter Anneliese sagen, und:
»Mach mit, mach's besser!«

Wir zählen auf Sie …

Ilse Biberti und Henning Scherf

Teil I

So haben wir uns kennengelernt

Ein Ausflug nach Erfurt. Ich freute mich darauf, Henning Scherf kennenzulernen. Noch mehr freute ich mich auf 20 Stunden Freizeit, elternfreie Zeit!

Henning Scherf und ich waren in der Büchersendung *Fröhlich lesen* bei der Moderatorin und Autorenkollegin Susanne Fröhlich nach Erfurt eingeladen. Was uns verband: Wir hatten beide Bücher über das Alter geschrieben. Henning Scherf über sein eigenes Alter, über sein Leben in der Alten-WG, über sein neues Leben als Pensionär nach dem selbstbestimmten Rücktritt mit 67 Jahren von seinem Amt des Bremer Bürgermeisters. Ich hatte über das Leben meiner damals 85-jährigen Eltern geschrieben. Über meinen plötzlichen Rückzug in mein altes Kinderzimmer. Über das neue Zusammenleben mit meinen Eltern, die beide stark pflegebedürftig waren. Wir sollten unsere Bücher vorstellen.

Seit Monaten sollte dies meine erste Nacht allein ohne direkte Vor-Ort-Verantwortung werden. Meine Eltern waren zu Hause in Berlin in der Obhut von Freunden und dem mobilen Pflegedienst. Es gab einen genauen Zeit- und Personeneinsatzplan.

Erfurt bei Nacht – ich hatte mir so viel ausgemalt: schickes Restaurant, Theaterbesuch, tanzen. Die Realität sah anders aus: Ich habe platt in dem großen schönen Hotelbett gelegen.

Was für ein Luxus! Mein Elternschutz-Elefantenohr konnte ich nicht abstellen. Das Liebesspiel im Nebenzimmer klang unromantisch. Um drei Uhr dreißig schreckte mich mein Handy aus dem Schlaf. Das Display zeigte: »Eltern«. »Ja?« Mein Vater zischte: »Illllsssseeee? Ich muss leise sprechen, da ist eine fremde Frau in unserer Wohnung, du musst sofort kommen.« Dass ich in Erfurt war, machte ihn nervös und freudig zugleich: »Erfurt? Ja, da hat Martin Luther Philosophie studiert, da soll Napoleon Goethe empfangen haben mit den Worten: ›Voilà un homme!‹ Du musst den Dom ansehen, der ist ganz besonders …«

Vor dem Frühstück am nächsten Morgen versicherten mir meine Eltern, dass sie sich darauf freuten, dass ich möglichst bald wiederkäme, aber alles sei so weit gut. Meine Freundin, die bei ihnen übernachtet hatte, klang erschöpft.

Croissants, Brötchen, frisch gepresste Fruchtsäfte, Obst, Müsli, Rühreier, Lachs … Das Frühstücksbuffet des Hotels sah für mich aus wie das Schlaraffenland. Alles ohne Arbeit für mich serviert, wunderbar. Das früher Normale empfand ich jetzt als Geschenk, hinter mir hörte ich:
    Frau: »Die Pflege entspricht wirklich dem höchsten Standard. Sie ist zertifiziert. Sehen Sie hier das Siegel.«
    Mann: »Ich weiß nicht, es ist doch schon sehr teuer.«
    Das Pärchen am Nebentisch waren die einzigen anderen frühen Gäste. So benahmen sie sich auch. Ich dachte: »Nein, bitte nicht, kann ich dem Thema denn gar nicht mehr entkommen?!«
    Frau: »Es ist nicht nur eine optimale Versorgung, ganzheitlich, es tut dem ganzen Menschen gut, das kann ich garantieren.« Sie reichte ihm einen Stift und einen Vertrag.

Mann: »Wer kann sich das leisten?«

Ich packte mein Butterhörnchen, einen Apfel, war auf der Flucht. Nur raus hier. Schon in der Tür angekommen, hörte ich in meinem Rücken:

Frau: »Ab der ersten Falte sitzt das Geld locker in der Tasche! Unser Produkt ist innovativ und einzigartig. Frauen ab 45 plus investieren das meiste Geld für ihre Hautpflege.«

»Hautpflege! Sie sprach von HAUT-PFLEGE!!!« Mein lautes Loslachen erntete verwunderte Blicke. Meine selektive Interpretation, meine einseitige Wahrnehmung der Welt amüsierte mich. Ich lachte weiter, konnte nicht anders. Der Mann orderte eine Pflegeserie gegen Falten für seine Parfümerie, er kreuzte jetzt fleißig Produkte auf der Bestellliste an. Die Vertreterin war zufrieden. Ich auch. Jetzt lächelte ich nur noch. Eine Pflegeserie für die ältere Haut, nee auch. Bin ich »ver-rückt«, die Welt normal? Hinter meinem Lächeln lag auch Traurigkeit, eine Sehnsucht nach Unbeschwertheit.

Da stand ich oben auf der Treppe zwischen dem Dom und der Severikirche in der Sonne. Betrachtete die kleinen mittelalterlichen Häuschen, die neben der Treppe wie aus einem Berg heraus gebaut waren. Machte Fotos für meinen Vater. Ich drehte mich um zu dem Domportal. Beeindruckend, aber verschlossen. Es war zu früh, schade. Ich sah am Dom hoch, die Sonne fiel auf die bunten Votivfenster. Die Symbole, die Darstellungen, ich verstand sie nicht. Der Dom: eine »Stein gewordene Holografie«. Wieso weiß ich mehr über die Symbolik von Tempelanlagen in Asien als über unsere Gotteshäuser?

Der Mitteldeutsche Rundfunk ist ein modernes, lichtdurchflutetes Gebäude: Glas und Beton. Ich wurde abgeholt und durch lange Gänge mit glänzenden Böden geführt. In einem kleinen Raum fand die Begrüßung mit Susanne Fröhlich statt. Der Tontechniker verkabelte mich, steckte mir ein Mikrofon an. Ich wurde in die Maske geführt. Auf dem Weg zurück hörte ich schon auf dem Flur ein fröhliches Männerlachen. Im Türrahmen stehend sah ich Susanne Fröhlich mit Henning Scherf im Gespräch. Das sah lustig aus: Pat und Patachon. Susanne Fröhlich, gar nicht »moppel-ich-ig«, und Henning Scherf, der wie eine Giraffe ein Bein eingeknickt hatte und so versuchte, mit Susanne Fröhlich auf Augenhöhe zu kommen. Er entdeckte mich, ragte zu voller Höhe auf und galoppierte auf mich zu. »Ihr Buch ist großartig, ich danke Ihnen dafür.« Schon war ich umarmt, fast in die Luft gehoben: »Dass Sie das für Ihre Eltern tun.« Nach einer kleinen Drehung wurde ich wieder abgesetzt: »Ihr Buch gehört in jede Familie!« Wir standen nah voreinander, ich konnte sein Gesicht nur sehen, wenn ich meinen Kopf in den Nacken legte. Leicht zeitversetzt durchflutete mich ein seltsames Gefühl, ich konnte es erst gar nicht deuten: warm, fast so, als wenn mir Tränen kommen wollten. Dann begriff ich. Es war das erste Mal, dass mein Entschluss: »Ich bin dann mal da für meine Eltern und verzichte auf mein Leben und meine so geliebte Arbeit als Regisseurin«, offen und eindeutig ausgesprochen, gewürdigt wurde. Ein Mensch anerkannte, was ich tat: frank und frei. Ich war tief berührt. Diese Herzlichkeit, noch dazu von einem Politiker.

Zur Vorbereitung hatte ich Henning Scherfs Buch *Grau ist bunt – was im Alter möglich ist* gelesen. Ein genialer Titel, so lebensbejahend. Ich bewunderte die Klarheit von Henning Scherf, seiner Frau Luise und seinen Freunden, dass sie vor circa 20 Jahren, damals alle so um die 50 Jahre alt, gemeinsam ein Stadthaus erworben hatten und zusammengezogen waren.

Die Talkshow

In dem kleinen MDR-Fernsehstudio standen auf einem Podest im gleißenden Licht drei Sessel, zwei Tische und für jeden von uns ein Glas Wasser. Im Dunkel des Studios standen drei elektronische Kameras. Ich stellte mich vor und begrüßte das Team, die Kameramänner. Am liebsten würde ich jetzt Regie führen. Das rote Licht, das leichte Summen der Scheinwerfer, die Maskenbildnerin, die noch einmal meine Lippen nachzieht. Diese spezielle Konzentration: Plötzlich fühle ich mich wie in meinem früheren Leben, ein Gefühl wie zu Hause.

Nach der Titelmelodie moderierte Susanne Fröhlich uns und das Thema an. Zunächst erzählte Henning Scherf, dass es in seiner »Alten-WG« feste gemeinschaftliche Rituale gibt. Jeden Sonnabend frühstücken alle WGler zusammen, tauschen sich aus, verabreden gemeinsame Unternehmungen.

Ich glaube, jeder von uns träumt davon, mit Freunden zusammenzuleben, »nur wenige setzen es um«, dachte ich. Henning Scherf erklärte, dass es seiner Erfahrung nach keine Frage des Geldes sei. Bei seinen Lesereisen wurden ihm immer wieder ähnliche Projekte vorgestellt. Es sei eine Frage des Zusammensetzens, des Austragens von Konflikten, des Akzeptierens von Gegensätzlichkeiten, der Kompromissfähigkeit. Es würde eine Klarheit zur eigenen Lebenssituation und Persönlichkeit voraussetzen. Und es sei eine Frage der Entschlussfreudigkeit.

17

Susanne Fröhlich stellte mein Buch *Hilfe, meine Eltern sind alt* vor, in dem ich unsere Erfahrungen in den ersten 365 Tagen, ab dem Schlaganfall bis zum ersten Jahrestag, beschrieben hatte. Sie fragte mich, wie alles begonnen habe.

»Plötzlich und unerwartet …«, erzählte ich: »… Ich saß bei einem Produzenten, und wir schwelgten gerade in Mordfantasien für einen neuen Krimi, als ein Anruf meines Vaters uns unterbrach: ›Illlsseeeeeeeeeeeeeeee, wir müssen deine Mutter abgeben, sie ist verrückt geworden!‹«

Meine Mutter hatte im Mai 2005 einen Schlaganfall. Seitdem arrangierte ich mein Leben um die Versorgung meiner Eltern, holte meine Mutter wieder nach Hause. Später, im September 2005, hatte ich einen Fahrradunfall: Sprunggelenkbruch. Ich zog, der Not gehorchend und wirklich (!) nicht dem eigenen Triebe, wieder bei meinen Eltern, in mein »Elternhaus«, eine Etagenwohnung in Berlin Steglitz, ein. Zunächst auf das Sofa im Wohnzimmer, später in mein altes Kinderzimmer.

Nach der ersten Woche täglich 24 Stunden vor Ort hatte ich das wahre Ausmaß ihrer Hilfsbedürftigkeit begriffen. Als ich meine Eltern »nur« besucht hatte, ging ich meist nach drei Stunden, weil sie dann müde waren. Dass sie dann aber in meiner Abwesenheit nur gelegen und gedöst hatten, einfach still waren, bis der Nächste kam, war mir nicht bewusst gewesen. Der Schlaganfall hatte das Sprachzentrum meiner Mutter zerstört, mein Vater war extrem schwerhörig. Er kann nicht hören, sie kann nicht sprechen. Ich wurde ihre Übersetzerin. In der Folge brach bei meinem Vater die Alzheimer-Krankheit durch.

Henning Scherf fragte mich, was wir lernen mussten, um mit der Situation zurechtzukommen. Ich berichtete von unserer neuen Liebesqualität zueinander, aber auch von unserer

Wut, unserem Versagen, unserer Angst, Aggression, Verzweiflung. Gerettet hatte uns immer wieder unser Humor. Henning Scherf machte mir Mut: »Durch diese tiefe Erfahrung werden Sie ganz andere künstlerische Inhalte für Ihre Arbeit finden.« Ich war skeptisch, so hatte ich das noch nicht gesehen. Seine Anteilnahme stärkte mich. Es sollte eine Nachwirkung haben.

Die Talkshow mit uns dreien wirkte wie ein privates Gespräch am Küchentisch, geprägt von gegenseitigem Zuhören, ein wirklicher Gedankenaustausch. »Ich würde sofort zu Ihren Eltern gehen, damit Sie mal rauskommen, wenn ich in Berlin leben würde. Ja, das würde ich machen!«, verabschiedete sich Henning Scherf von mir mit einer Umarmung. Wir beschlossen, in Kontakt zu bleiben.

Mit Susanne Fröhlich und ihrer Redakteurin fuhr ich zum Bahnhof. Wir hatten noch Zeit bis zur Abfahrt. Susanne Fröhlich lud uns zu viel Kuchen und Latte macchiato ein. Gefühltes 10.000-Kalorien-Glück. Wir lachten, bis unsere Züge in verschiedene Richtungen abfuhren.

Wieder zu Hause

Zurück in Berlin konnte ich das pralle Erleben von außen mitbringen. Für meinen Vater aktuelle Fotos von Erfurt. Auch von dem Hotel, ein schönes altes Fachwerkhaus. Was ich wusste: Mein Vater war als Kind mit seiner Mutter mal in Erfurt, so 1925 vielleicht. Was ich nicht wusste: Natürlich hatte er mit meiner Mutter einen Bildungsausflug per Bus 1995 mit 76 Jahren und 2000 mit 81 Jahren nach Erfurt unternommen. Nicht das »Früher-war-alles-besser« interessierte ihn, vielmehr wollte er wissen: Wie ist es heute, was hat sich getan? Es wurde zu einer Unterrichtsstunde, er informierte mich über die Historie von Erfurt, die politischen Entwicklungen ab dem Mittelalter bis heute und Luther. Immer wieder unterbrochen von der Frage: »Worüber sprechen wir eigentlich?« »Papo, von Erfurt, ich war gerade dort.« »Ja, Erfurt heute, wie interessant, wie sieht jetzt …«

Meine Mutter wollte immer wieder vorgemacht bekommen, wie sich Henning Scherf zu Susanne Fröhlich runtergebeugt hatte. »Mach gamsche, ma«, lachte sie dann. Interpretiert habe ich: »Mach die Giraffe noch mal.« Besonders sympathisch war ihr, dass Henning Scherf mir mitgeteilt hatte, dass mir unsere Situation neue Möglichkeiten für meine Arbeit eröffnen könnte. Meine Mutter war ganz im Gegensatz zu meinem Vater glücklich, wenn ich für unser Buch zu Talkshows oder Vorträgen eingeladen war. Es machte sie stolz. Damit mein Vater verstand, worum es ging, wurde ihm immer wieder das Buch mit Henning Scherfs Porträt gezeigt. »Ach der rote Lulatsch, was ist mit dem?« Oft fielen ihm politische Zusammenhänge von früher ein, die alle stimmten. Irgendwann hatte er das Gefühl, nicht das Wissen, dass er das Foto an diesem Nachmittag schon zehnmal gezeigt bekommen hatte. »Der Rote aus Bremen, was hat der mit uns zu tun?«, fragte mein Vater. Meine Mutter lächelte, gab aber keine Antwort.

»Mach zusammen!«

Die Idee zu dem vorliegenden Buch hatte meine Mutter Anneliese. Mein HILFE-Buch hatte sie sich allzeit griffbereit auf den Beistelltisch neben ihren Platz am Esstisch gelegt. Sie war stolz auf **unser** Buch. Ich weiß nicht, ob sie nach ihrem

Schlaganfall lesen kann. Fotos erkennen kann sie. Als ich das Buch von Henning Scherf gelesen hatte, habe ich es meiner Mutter gegeben. Ihr anhand seines Fotos auf dem Titel erklärt, dass ich ihn treffen würde. Seitdem war das ihr Buch.

Eines Tages rief mich meine Mutter an den Esstisch: »Lilo, Lilo, kum, halüüü, halüüü!« Mein Vater schreckte aus einem Kurzschlaf im Sessel gegenüber hoch: »Alarm?« Er brüllte: »BOMBEN-ALARM!« Auf den Tasten des auf dem Tisch liegenden Blutdruckmessgerätes setzte er einen Funk-Spruch ab: klock, klock, klock. Morsezeichen im SOS-Rhythmus. Ich kam ins Zimmer, mein Vater floh an mir vorbei. »Wir müssen in die Bunker! In die Bunker, schnell!« – »Lilo, Lilo«, begrüßte mich meine Mutter fröhlich mit strahlenden Augen. »Mami, ich heiße Ilse. I L S E, den Namen hast **du** mir gegeben.« Draußen schlurfte mein Vater – so schnell er konnte – in der Diele umher, suchte die Wohnungstür, fand sie nicht, schmiss mit lautem Knall seine Schlafzimmertür zu. »Mal hier.« Meine Mutter deutete auf den Sessel neben sich. Feierlich breitete sie eine saubere Papierserviette auf dem Esstisch aus, legte mein Buch darauf. Ihre Augen mussten mich erst suchen, leuchteten auf, als sie mein Gesicht fanden. Sie griff wieder zu dem Beistelltisch und nahm nun Henning Scherfs Buch, führte es sich vor Augen, nickte seinem Foto zu, legte dann sein Buch auf mein Buch.

Mein Vater kam auf seinen Stock gestützt zurück ins Wohnzimmer. »Hab ich was versäumt? Ach Ilse, auch mal wieder da? Schön.« Ich lebte seit über einem Jahr bei und mit meinen Eltern zusammen. War nur dann mal weg, wenn mich jemand ersetzte. In seiner Alzheimer-Realität zählte leider nur: »Aus den Augen, aus dem Sinn.« Er entdeckte das Coverfoto von Henning Scherf. »Das ist doch der rote Schlacks von den Stadtmusikanten.« Er setzte sich uns wieder gegenüber. Versank fast im Sessel. Immerhin nahm er seinen Hörbügel, schaltete ihn ein.

»Lilo, Liloooo!« Meine Mutter mochte meine Aufmerksamkeit nicht teilen. »Lilo ist auch da? Wo?«, fragte mein Vater verdutzt. »Nein, Mami meint mich. Sie nennt mich Lilo, leider.« – »Aha, so, ja. Muss ich das verstehen?« Meine Mutter sah mir direkt in die Augen, hielt meinen Blick, legte mit großer Geste ihre linke Hand auf die beiden Bücher und sagte eindringlich: »Mach zusammen!«

»Zusammen? Sind wir doch, Gott sei Dank.« Mein Vater verzog sein Gesicht, Gegenteiliges war er nicht bereit zu hören.

»Mach zusammen, mach ma!«, wiederholte meine Mutter feierlich. Klopfte mit ihrer Hand auf beide Bücher. Verstand ich das richtig? »Mami meint, ich soll ein Buch zusammen mit Henning Scherf schreiben.« – »So, ja. Aha«, war seine Antwort nach einer Pause. »Aber bitte HIER!« Meine Mutter strahlte mich an. Sie drückte meine Hand. Der Schlaganfall lag jetzt über zwei Jahre zurück. Seitdem bekam sie Logopädie-Therapie. Seit Kurzem sogar viermal die Woche. Sie übte mit immerwährend guter Laune. Ihre Erfolge waren wellenförmig: mal sprach sie fast flüssig, dann schien alles wieder verloren. Allein, dass sie Therapien bekam, stärkte ihren Lebensmut und Lebenssinn. Sie ist mit ihrem Durchhalten, ihrer Freude und Disziplin mein Vorbild geworden. Jetzt war sie eindeutig glücklich, dass sie sich richtig verständlich ausgedrückt hatte. Ich nun wusste, was ihre Idee war. Papo, mein Vater, hatte andere Interessen, es war zwölf, und seine Magenuhr meldete sich. »Gibt's heute nichts zu essen? Mach dir keine Arbeit:

Kleiner Milchreis? Mit kandierten Mandeln? Wär mal wieder schön.«

Im Sommer

Mein Vater schien sich nicht mehr zu wundern, dass er nichts mehr behalten konnte. Er hatte inzwischen seinen Zustand angenommen. Seine permanenten Fragen: »Was wollte ich hier?«, waren verstummt. In seinem Unterbewusstsein hatte er die Sicherheit gewonnen, dass ich immer für ihn da war. Er sich auf mich verlassen konnte. Wenn er mich nicht sah, lagen ein Zettel und eine Uhr bereit: »Bin in der Küche«, oder: » Bin kurz einkaufen, bin um 15.00 Uhr zurück, mit Kuchen, bleib noch ein bisschen liegen, Ilse.« Für ihn war ich sein Anker im Leben. Seine Instanz, die er akzeptierte und deren Aussagen er glaubte. Ich habe ihn auch niemals belogen. Zu seinen eher rhetorischen Fragen: »Was ist nur mit mir los?«, konnte ich das Wort »Alzheimer« nicht über meine Lippen bringen. Vor einer direkten Frage von ihm hatte ich Angst. Der Arzt hatte es nach den Symptomen so benannt. Auf eine Abklärung durch Untersuchungen wie ein MRT oder eine Rückenmarkpunktierung habe ich verzichtet. Für eine mögliche Medikamentierung waren die Informationen aus den Untersuchungen unnötig. Wozu die seelische und körperliche Qual, die Irritation durch einen Krankenhausaufenthalt?

Wir hatten weiter die Wohnung umgeräumt: Die Sitzecke im Arbeitszimmer meines Vaters machte jetzt den fast quadratischen Flur zu einem kleinen Salon. Der Esstisch, der dort stand, war jetzt im Arbeitszimmer und diente mir als Schreibtisch. Im Gegensatz zu meinem Vater hasse ich Bürokratie

23

und Papierkram. Der Schreibtisch sah wüst aus. Der Verwaltungsaufwand von zwei Pflegebedürftigen ist enorm, dazu Steuerklärungen für drei, nee, das ist nicht mein Talent. Mein Vater fand in einem Haufen auf meinem Arbeitstisch ein Buch über Demenz und Alzheimer. Er las tagelang den Titel, immer wieder und wieder. Wollte das Buch nicht hergeben. Irgendwann fragte er mich: »Gehört dir das Buch?« – »Ja.« Ich hielt die Luft an. Was würde er mich fragen? Wie sollte ich antworten? »Ich kann mich auf dich doch verlassen …« Er intonierte die Satzmelodie zwischen Frage und Feststellung. Ich war dankbar und gerührt, umarmte ihn zart. Streichelte seinen Rücken. »Schön«, murmelte er und legte sich ein bisschen in meine Arme.

Eine ganz neue Augenkommunikation begann. Nonverbale Frage: »Mache ich das mit dem Messer richtig?« Als Antwort lächelte ich oder nahm eben mein Messer und begann zu essen. Ich hätte nie versucht, es mal an mein Ohr zu führen. Ob er das auch nachgeahmt hätte? Mein Vater kopierte mich in den alltäglichen Handhabungen. Wenn ich ihn nicht forderte, mit einband in unseren Tagesablauf, wäre er einfach liegen geblieben. Gut, zum Essen erschien er ohne Aufforderung, jedoch alles andere, leider inklusive Körperpflege, fand er unnötig, deren Nutzen hatte er vergessen, musste ihm mühsam abgerungen werden. Mein Vater lief durch die Wohnung, als würde ihn eine Windböe vom Türrahmen zum Sekretär zur Wand zum Sofa zur Vitrine zum Tisch zu seinem Sessel wehen. Er ging nicht, er wurde gegangen. Den helfenden Stock vergaß er immer. Ich stellte an jedem seiner Stammplätze einen Stock bereit. Meine Mutter hatte das Wort »Stock« gelernt, sie brüllte es ihm gerne helfend entgegen, hinterher. In allen möglichen emotionalen Ausdrucksformen. Ich habe es genau im Ohr, ich könnte eine Opernarie komponieren. Nach dem Hörgerät war nun auch der Hörbügel aus dem Universum meines Vaters verschwunden. Wenn er dann doch überraschend einmal hörte, brüllte er zurück, dass er nicht angebrüllt werden wollte. Er nahm am Leben zusehends nicht mehr teil. Saß da mit geschlossenen Augen, wollte kein Licht, keine Reize mehr. Nichts. Am liebsten nur noch liegen. Nein, er sei nicht gelangweilt, ganz im Gegenteil: Er habe ja sein Kopfkino. Manchmal beantwortet er mir meine Frage nach dem Inhalt ausführlich: »Ich bin gerade in Kairo und fahre auf die Pyramiden zu« oder »Ich stehe im Foyer des Theaters von Regensburg, Gerhart Hauptmann kommt die große Treppe mit seiner Entourage hoch. Es ist sein 80. Geburtstag, imponierender Mann, großer Dichter, ein erhabener Anblick.« Manchmal war es wohl zu abstrakt, um es zu benennen. Irgendwann in dieser Zeit kam ihm auch sein Wunsch zu sterben abhanden.

Die Zeit vergeht, jetzt ist schon Herbst

Die Idee meiner Mutter, dass ich zusammen mit Henning Scherf ein Buch schreiben soll, lässt mich nicht mehr los. Ist das eine gute Idee? Ich habe begonnen, aus meinem Buch *Hilfe, meine Eltern sind alt* ein Drehbuch zu einem Kinofilm zu entwickeln. Das ist meine Investition in die Zukunft. Doch ein Kinofilm ist immer mit dem Risiko behaftet, dass er nicht zustande kommt, und in der Regel verdient man als Autor oder als Regisseur, bezogen auf das zeitliche Investment, sehr wenig Geld damit.

Ein Buch mit Henning Scherf. Ja, es gibt viel zu erzählen über die Zeit nach unseren ersten 365 Tagen Zusammenleben.

Jetzt sind wir in userm dritten gemeinsamen Jahr. Die gegenseitige Freiheit, die wir uns nach dem ersten Jubiläum schenken wollten, ist Illusion. Die Krankheit meines Vaters hat sich leider weiter ausgebildet, die Sprache meiner Mutter war nur wenig wiederhergestellt. Plötzlich verlor sie vorübergehend ganz das Verständnis für Begriffe. Der Arzt diagnostizierte eine Demenz. Oder war es ein weiterer kleiner Schlaganfall? Sie brauchte jetzt immer mehr Aufmerksamkeit und physische Hilfe. Ich musste ihr alle Handhabungen des täglichen Lebens ansagen. Sie wusste nicht mehr, dass eine Tablette in den Mund gehört. Sie schmiss sie in das Getränk, kippte das dann auf der Serviette aus. Ich war nach wie vor in der Rolle des »Stalin der Getränke«, so hatte mich mein Vater genannt, weil ich in allen Tonarten, allen Tricks versuchte, beide zum Trinken zu bewegen. Zuneigung, Humor und mein Vorleben als Regisseurin helfen uns. In dieser verschärften Situation würde es mir guttun, einen Anlass und Zwang zu haben, mich auch auf etwas anderes konzentrieren zu müssen. Ich habe kaum mehr Gespräche in meinem Alltag. Mit den Therapeuten meiner Eltern habe ich nur kurze Begrüßungen, dann konzentrieren sie sich auf ihren Patienten, und ich gehe einkaufen. Eine dadaistische Situation: meine Mutter nur in Fantasiesprache, mein Vater fast taub und in Endloswiederholungsschleifen verstrickt. Kann ich überhaupt noch denken? Könnte ich mich auf eine Arbeit konzentrieren? Eine Welle der Sehnsucht überschlägt sich in mir: Ich habe ein solches Verlangen nach einem richtigen Gespräch, einem Gespräch, in dem sich die Gedanken weiterentwickeln können. Bei dem ich lernen könnte. So muss sich ein Süchtiger fühlen, der plötzlich eine Idee hat, wo sich der Stoff befindet. Wie ist meine Mutter nur darauf gekommen? Unterschätzen wir ihre Möglichkeiten zu denken? War es Intuition? Wer weiß?!

Wie soll ich ein eigenes Leben leben oder ein Buch schreiben in meinem straffen täglichen Zeitplan?

6.00 Uhr	Ilse aufstehen, Frühstück vorbereiten
7.15 Uhr	Mutter wecken, trinken. Gang zum Bad. Morgentoilette: ausziehen, Ganzkörperwäsche, Gebisspflege, Mundhygiene, eincremen, Haare frisieren, Inkontinenz-Versorgung, dabei Gymnastik, anziehen, wir lachen gerne …
7.45 Uhr	Vater wecken, Morgentoilette, s. o.
8.15 Uhr	Betten versorgen, Frühstück eindecken, vorbereiten, servieren, wenn möglich mit Vaters Hilfe
8.45 Uhr	Frühstück, Zeitung vorlesen, Tablettengabe, bis zu 60 Aufforderungen für 250 Milliliter Flüssigkeit
9.15 Uhr	mit Vater Frühstückstisch abräumen (Mobilitätstraining), beide Toilettengang (TG)
10.00 Uhr	Therapie Mutter, Vater Pause
11.00 Uhr	frisches Obst und Getränk
11.30 Uhr	Ruhepause, beide TG
12.00 Uhr	trinken und gemeinsame Vorbereitung zum Mittagessen, beide TG
12.30 Uhr	Mittagessen, trinken, beide TG
ab 13.30 Uhr	Mittagsruhe
15.30 Uhr	beide TG
16.00 Uhr	Kaffee und Kuchen

Nachmittag	einmal die Woche ehrenamtlicher Besuch zum Rätselraten mit Vater, sechsmal die Woche Therapie Mutter, zweimal Vater
17.30 Uhr	beide TG, trinken, Fernsehen bei voller Lautstärke/ Wunschkonzert
19.00 Uhr	beide TG, Abendessen: mit Mutter vorbereiten, servieren, 250 Milliliter Getränk
20.00 Uhr	trinken, Tablettengabe, Betten vorbereiten, Wärmflaschen, Einlagen etc.
21.00–22.00 Uhr	Abendtoilette: Mundhygiene, Gebisspflege, ausziehen, anziehen, Inkontinenzversorgung, ins Bett bringen, trinken, Nachtimbiss bereitstellen
In der Nacht	Mein Vater geistert durch die Wohnung, betrachtet ängstlich meine Mutter, ob sie noch lebt … sucht mich, beide TG, trinken
Zusätzliche Aktivitäten	Arztbesuche organisieren, Rezepte abholen, Medikamente und Hilfsmittel besorgen, einkaufen, Wäsche, Verwaltung Krankenversicherung und Pflegekasse etc.

Zu meinem HILFE-Buch hatte mich mein Vater angeregt. Als ich es dann zu Hause am Bett meiner Mutter, neben meinem Vater, auf der Toilette, selten im Café schrieb, war dies nicht Verarbeitung meiner Situation. Es war eher ein Haltegriff in die Zukunft. Eine Konzentrationsinsel: Immer wenn ich das Laptop aufschlug, war das für meine Eltern das Zeichen: Ilse arbeitet. Dann wurde ein wenig Rücksicht auf mich genommen. Dass es unser Buch war, hat meinen Eltern auch einen Sinn gegeben, hat sie stolz gemacht. Und ganz wichtig: Ich arbeitete in einem meiner Berufe *und* war bei ihnen. Das hat sie ein bisschen entlastet. Meine Mutter hat recht: Ich brauche ein neues Buch, einen neuen Haltegriff in die Zukunft. Ich brauche eine Zukunft, die schon jetzt beginnt. Denn ich bleibe ja hoffentlich noch eine Weile im Leben. In meinem HILFE-Buch hatte ich ja ganz bewusst aus der kleinsten Einheit, aus der Familie berichtet. Durch die Reaktionen meiner Leser und der Spitzenpolitiker, Autorenkollegen und Fachleute in den Talkshows hatte ich nun mehr und mehr über den großen Bogen des Themas erfahren. Das meiste gefiel mir nicht. Andererseits hörte ich von alternativen Projekten: Alten-WGs, Generationenhäuser, private Pflegegruppen … Immer wieder schrieben und schreiben mir Leser, sie würden gerne in mein Vier-Generationen-Haus einziehen, das ich im Anhang des letzten Buches als Zukunftsprojekt in Aussicht gestellt hatte. Oder sie wünschen sich und mir auch eine »Ilse« im Alter. Ich befasste mich mit demografischen Entwicklungsprognosen. Im Schutz der warmen, duftenden Badewanne kam mir die Erkenntnis: Das geht mich auch was an! Diese Demografie: Im Jahr 2043 bin ich 85 Jahre alt! Wenn ich es bis dahin schaffe. Mein Vater setzte sich zu mir an den Wannenrand. Der Duschvorhang war so vorgezogen, dass er nur meinen Kopf sah. Ich berichtete ihm meine Gedanken. »Da kann ich dir nicht mehr helfen«, sagte mein Vater, »schade!« Er war sehr traurig. Im Jahr 2043 sind es mit mir 23 Millionen Menschen in Deutschland, die älter als 65 sind, und darunter mit mir 683 000 85-Jährige!

Dr. Henning Scherfs Alltag

Wie sieht wohl Henning Scherfs Alltag aus? Ich recherchiere im Internet. Das ist extra für mich erfunden worden, mein Fenster in die Universen. Meine Verbindung mit der Welt, egal zu welcher Tages- oder Nachtzeit. Ich google seinen Namen: über 45000 Eintragungen in 0,07 Sekunden. Der »007« Henning Scherf. Bis August 2007 war er über 200-mal auf Lesereise mit seinem Buch. Ich lese in seiner Biografie: geboren 1938 in Bremen. Seine Buchveröffentlichungen: *Durch die soziale Krise zu einer anderen Republik?*, *Grau ist bunt – was im Alter möglich ist.* Und seine aktuellen Interviews: »… nach dem Abschied aus der operativen Politik hat er den Tritt vom Gaspedal keineswegs gelockert …«, »Wer Alte mobbt, wird versenkt!«, sagt Henning Scherf. »Es ist Irrsinn, dass in den meisten Altenheimen nicht gearbeitet werden darf!«, »Ich will helfen, aber ich drängle nicht.«, »Fit bleibt nur, wer was tut.«

Henning Scherf ist mit seiner positiven Message ein Botschafter für das neue Altersverständnis. Er propagiert neue Lebensformen wie seine Alters-WG. Mein Vater kommt alle paar Minuten, setzt sich zu mir und fragt, was ich da tue. Als ich ihm vier Stunden lang immer dasselbe antwortete, wird er eifersüchtig. Die Häufigkeit meiner Antwort ist ihm nicht bewusst, aber dass sich seine Tochter mit einem anderen Mann beschäftigt? »Verlässt du uns?«, fragte er mich und beobachtete mich genau. »Wieso?« Er ist irritiert: »Wieso? Was?« – »Du hast mich gefragt, ob ich euch verlasse, und ich habe gefragt, wieso kommst du darauf?« – »Wegen dem da, der ist doch irgendwie wichtig …« Er zeigt auf das Display: »Ja, Papo, ich informiere mich über ihn, ich möchte vielleicht ein Buch mit Henning Scherf zusammen schreiben.« – »Aber HIER, ja?« –

»Noch ist es nicht so weit.« Er betrachtet ein Foto von Scherf auf dem Computer andächtig, sucht in seinem Hirn … »Was willst du mit dem Sozi?« – »Der ist Sozialdemokrat.« – »So.« Ich lass es dabei: »Du hattest doch die Idee zu meinem ersten Buch, erinnerst du dich?« – »Ich, wirklich?« – »Ja, du hast mir am Krankenbett im Krankenhaus von Mami gesagt: Wir müssen hier so viel lernen, das müssen andere doch auch, schreib darüber, das kann doch anderen helfen …« – »Ja, das stimmt … das ist von mir? Da war ich doch für was nützlich.« Mein Vater ist zufrieden. »Du hast das gesagt und auch: Schreib **mal** was Vernünftiges!« – »Nein.« Er jault richtig auf, hat mein Zitat wie einen Schlag empfunden: »So unfreundlich bin ich doch nicht!« – »Henning Scherf sagt: ›Wir leben länger und sind fit bis ins hohe Alter. Das ist doch kein Skandal. Das ist eine große Chance und die gilt es zu nutzen.‹ Wie findest du das?« – »Sag noch mal langsam.« Ich wiederhole es und lasse es meinen Vater parallel auf dem Computerdisplay mitlesen. »So ein Quatsch: Das Alter ist ein Massaker.«, sagt er im Brustton der Überzeugung. »Du bist fast 88 Jahre alt.« – »Wirklich? Ich?« – »Bis 85 ging es dir doch gut, du warst selbstständig, und bis 83 Jahre hast du mit Mami noch schöne Reisen gemacht.« – »Ja, aber es soll nicht aufhören, einfach nicht aufhören, das Schöne, sieh mal, das hatten wir ja am Anfang nicht mit dem Scheißkrieg …« Er macht eine Pause. Ich blicke ihn ruhig an. Papo ist seit zehn Tagen unrasiert. Im Seidenpyjama: smaragdgrün, darüber eine Strickjacke und eine Lamawollweste und Hausschuhe, die er im Bett nicht ausziehen möchte. Seine großen grauen Augen sehen mich an. »Was ist jetzt?« – »Der Henning Scherf muss doch im Amt einen straffen Terminkalender gehabt haben.« – »Als Regierungschef? Ja, da war er der Diener des Staates, da hat der kein eigenes Leben mehr, da hat er gedient!« – »Jetzt ist er Rentner …« – »Pensionär, der war doch Beamter.« – »Jetzt ist er im Ruhestand und hat immer noch so viele Termine: Er hat Lesungen, Diskussionen, Fernsehauftritte, Termine für verschiedenste Organisationen wie *pan y arte, HelpAge*, Chorproben und -auftritte, die WG, seine Familie, die Enkel und Freunde, dann sein Sport: Fahrrad fahren, segeln. Allein zu den Lesungen muss er ja immer auch anreisen. Der hat doch fast so viele Termine wie vorher und nun ist er 70.« – »Ja, muss er doch, jetzt kann er noch, da muss er doch, wann denn sonst, da muss er sein Archiv füllen.« – »Sein Archiv füllen, was meinst du damit: sein Archiv füllen?« – »Na, für sein Kopfkino!« – »Du rätst Henning, mit 70 möglichst viel zu erleben?« – »70, ja, da ist man jung, aus meiner Sicht, und frei, der hat doch auch die Scheiße als Kind erleben müssen, dann nur Arbeit, jetzt muss er's schön haben, immer, na ja, geht nicht, ist auch klar, der bleibt nicht so schön jung. Was reden wir?« – »Über ihn.« Ich zeige auf das Foto auf dem Display meines Computers. »Aha, ja. Wo ist mein Bett? Hab ich hier eins?« – »Ich bringe dich in dein Schlafzimmer.« Ich hake ihn unter, sein Arm fühlt sich durch die dicke Strickjacke sehr dünn an. Wir machen einen Trinkstopp in der Diele. Warme Schokolade mit Sojamilch in der Thermoskanne steht für ihn bereit. Meine Mutter winkt von ihrem Bett im Wohnzimmer. »Gotta nü!« Mein Vater trinkt widerwillig, er versucht abzulenken: »Was war das Thema?« – »Das Alter und Henning Scherf.« Aus dem Wohnzimmer flötet meine Mutter: »Alter schön, alle zusammen …« Sie macht Anstalten wieder aufzustehen, hofft, dass wir etwas Gemeinsames unternehmen. Es ist ein Uhr nachts! Sie ist ausgeschlafen. Sie sitzt auf der Bettkante und erwartet Hilfe. Ich gieße meinem Vater noch einen Nachschlag ein, er hat »gestern erst« 850 Milliliter getrunken. Ich würde gerne den einen Liter noch erreichen.

Meiner Mutter dauert das alles zu lange, sie schwenkt das Buch mit Hennings Bild. Mein Vater sieht das: »Was hat'se denn mit dem?«, brüllt er, um sich selbst zu hören. »Trink bitte aus, sie nicht, vielleicht ich.« Das war der falsche Satz. Mein Vater gerät in Panik: »Du verlässt uns?« – »Nein.« – »Gehst zu dem?« Meine Mutter nickt heftig und strahlt. Mein Vater ist nun endgültig verzweifelt: »Ist das dein Freund, der Flötenspieler?« – »Nein, Henning Scherf kommt nicht aus Hameln, er kommt aus Bremen, er ist glücklich verheiratet und außerdem zu alt für mich.« Mein Vater lässt sich auf den Sessel fallen, sehr trocken sagt er: »Ein Mann ist nie zu alt!«

Das erste Telefonat

Am nächsten Morgen rufe ich Henning Scherfs private Telefonnummer an, will ihm von der Idee meiner Mutter berichten. Immer wieder findet in den nächsten Wochen ein 30-Sekunden-Kurzkontakt mit seiner Frau Luise statt: »Guten Tag, Frau Scherf, Ilse Biberti, ich würde gerne …« Immer ist er entweder gerade weg, auf Lesereise oder hat andere Termine. Oder es geht niemand ans Telefon. Es ist also kein WG-Telefon. Einen Anrufbeantworter gibt es nicht. Sein Handy ist immer ausgeschaltet, nur für den eigenen Notfall angeschafft. Wie könnte ich ihn erreichen? Wann soll ich am besten anrufen? Frühmorgens? Nach bürgerlicher Etikette in einem privaten Haushalt erst ab elf, da habe ich nie Glück, dann nach der Mittagsruhe um drei, auch nicht. Ab drei halbstündlich bis sechs … kein Erfolg. Seit Wochen habe ich keine Chance, mit ihm zu sprechen. Doch dann endlich bietet mir seine Frau Luise ein Zeitfenster an. Beim dritten Anlauf klappt es dann auch. Henning Scherfs Stimme klingt fröhlich, optimistisch, allein das ist schon eine Wohltat: »Wie geht es Ihnen, meine Liebe, unsere Sendung war ein großer Erfolg.«

»Ich hab mir das nicht angesehen …«, antworte ich.

Die Masseurin meiner Eltern steckt ihren Kopf ins Arbeitszimmer meines Vaters, wo ich versuche, in Ruhe zu telefonieren: »Können Sie mal kurz kommen?« Ich nicke ihr zu:

»Moment bitte, ich telefoniere.« Sie verschwindet wieder in der Diele. Ich höre durch die geschlossene Tür: »Herr Pfeiffer, erst ein bisschen Treppentraining und dann eine kleine Massage. Hier Ihre Schuhe.« – »NEIN!«, antwortet mein Vater autoritär.

Ich höre wieder Henning Scherf zu: »Ich habe das in sehr guter Erinnerung, unser Gespräch, hier wurde es gelobt.« Parallel höre ich die Auseinandersetzung der Masseurin mit meinem Vater. In diesem Stress fasse ich mir Mut und falle mit der Tür ins Haus: »Sie hatten doch vorgeschlagen, dass wir in Kontakt bleiben.« »Gerne, ich hole meinen Kalender …«, ist Henning Scherfs Antwort ganz natürlich, einfach so, damit hatte ich nicht gerechnet. Als er wieder zurück ist und in dem Kalender blättert, höre ich, wie sich mein Vater weiter vehement weigert, seine Schuhe anzuziehen. »Ja, prima«, sage ich zu Henning Scherf. »Entschuldigung, ich muss kurz etwas regeln …« Ich gehe mit dem Telefon in den Flur. Meine Mutter winkt vom Tagesbett, sie hat bereits ihre Krankengymnastik und Massage bekommen und ist bester Laune: »Na, kamuschka, schnee, wahr?« – »Mami, ich komme gleich, ich telefoniere mit Henning Scherf« – »Gite guss, guite grosso.« – »Ja, ich grüße ihn gleich von dir, mach ich.« Ich beuge mich zu dem Ohr meines Vaters, er hat inzwischen doch seine Straßenschuhe an: »Du musst nicht auf die Straße, aber bitte ein bisschen Treppentraining, das hat dir der Arzt verordnet. Das ist wichtig für deine Muskeln und deinen Kreislauf.«

Im Telefonhörer höre ich Henning Scherf: »Ich bin in drei Wochen in Berlin, schlafe bei meiner Tochter …«

Mein Vater brüllt: »Ich muss also?« Ich nicke: »Jaaa bitteee!« Widerwillig steht er auf. Meine Mutter winkt ihm aufmunternd zu. Mein Vater geht langsam zur Wohnungstür, die Masseurin wartet dort geduldig auf ihn. Meine Mutter sagt zu mir mit eindringlicher Verschwörermiene: »Mach zusammen.« Im Telefonhörer Henning Scherf: »Da könnten wir uns sehen. Kommen Sie zu mir, und wir frühstücken …« In der Tür macht mein Vater noch mal eine fragende Geste. Henning Scherf fährt fort: »Ich habe dann Zeit bis eins, passt Ihnen das?« Mein Vater fragt mich unglücklich: »Muss ich?«

»Ja!«, sage ich und meine beide.

»Gut abgemacht. Um zwei muss ich zu Klaus Wowereit«, verabschiedet er sich.

Meine Mutter ist überglücklich über die Verabredung. Sie redet wortreich auf mich ein. Ich glaube zu verstehen, dass sie es besser gefunden hätte, ich hätte gleich den Vorschlag des gemeinsamen Buches gemacht. Aber vielleicht hat sie mir auch etwas über die SPD erzählt und Oma Heilmann, die die Ehefrau des Urgesteins der SPD und Oma meiner Schulfreundin war. Im Treppenhaus gibt es ein Riesengeschrei. Mein Vater will nicht weiter, die Masseurin will ihn dazu drängen. Aus Angst ist Notwehr geworden. Er hat seinen Stock erhoben, droht und schlägt gegen die Wand. »Muss denn erst noch etwas Schlimmes passieren!«, ist sein logisches Argument. Die Masseurin erklärt mir gut durchblutet vor Aufregung: »Das muss ich mir nicht bieten lassen.« Mein Hinweis, dass er nicht wisse, was er tut, mildert den Vorfall nur wenig.

Tagelang taucht mein Vater in eine Gewalt-Angst-Spirale: keine Berührung, kein Versuch des Ausziehens, Waschens, eines Toilettenganges, ohne dass er um sich schlägt und mich auch trifft. Kot und Essensreste überall. Haben wir jetzt den Punkt erreicht, wo es zu Hause nicht mehr gehen wird? Der Arzt rät zu Neuroleptika: »Das wird im Heim auch gegeben. Da hat man ja keine Zeit für solche Sperenzchen. Stellen Sie ihn ruhig.«

Ich besorge es, komme mir wie eine Verräterin vor. Lese dann den Beipackzettel: Nebenwirkungen: bleibende Schäden des Bewegungsapparates. Was soll das heißen? Er kann dann nicht mehr gehen? Wird er bettlägerig? Ich frage einen Pflegeexperten. »Sie haben da völlig falsche Vorstellungen. Was Sie jetzt machen, ist doch Wahnsinn! Wenn er bettlägerig ist, dann ist er leicht zu pflegen, dazwischen dämmert er, da machen Sie das Gitter hoch und haben Ruhe.« – »Was für eine bittere Pointe«, denke ich. Wir sind jetzt im dritten Jahr der Pflege. Aus der Kurzstrecke ist ein Marathon geworden. Wir versuchen es mit Homöopathie. Sein Inneres tobt, rast, explodiert nach außen. Es ist kein auslösendes Muster erkennbar. Ich kann es spüren oder fast sehen, wie es sich in seinem Hirn zusammenbraut. Er liegt still auf seinem Tagesbett, bewegungslos, und plötzlich, ohne vorankündigende Bewegung, springt er gleichzeitig auf und brüllt: »SCHEISSE!« Dieses Wort hören wir dann so 300- bis 400-mal. Unsere Trommelfelle vibrieren. Plötzlich stark und sicheren Schrittes tobt er stundenlang durch die Wohnung, macht aber nichts kaputt. Es ist sehr bedrohlich, wir kennen ihn so nicht. Einmal schließe ich die Tür zum Wohnzimmer in Absprache mit meiner Mutter ab, um sie zu schützen. Diese geschlossene Tür macht ihn zum Tier. Er rüttelt, trommelt, wirft sich dagegen. Meine Beruhigungsversuche steigern seine Wut. An die Tür, um zu öffnen, darf ich auch nicht mehr. Irgendwann brülle ich zurück. Das geht hin und her, Aug in Aug. Auf Vokalen brüllen wir, in Konkurrenz, wer den längeren Atem hat. Irgendwann verwandelt sich unser Brüllen zu einem Spiel, dann zu einem Gesang. In einer Pause klopft es laut, von der anderen Seite der Tür, aus dem Wohnzimmer ruft meine Mutter: »Nass, Lilo, nass!« Sie will ins Bad begleitet werden.

In der Nacht liege ich in der Badewanne. Meine Mutter kommt im Pyjama am Rollator zu Besuch. Nimmt auf der Toilette Platz. Mein Vater schläft. »Deine Idee für ein Buch mit Henning Scherf ist gut, aber …?«, sage ich. Meine Mutter hebt ihre beiden Hände und drückt demonstrativ ihre Daumen. »Mach mal Henning!« Sein Leben ist ausgefüllt mit seiner Familie, mit seiner neuen Aufgabe, für diese Lebensform zu werben. Ich finde die Idee meiner Mutter genial, denn wir beide sind die Vertreter, die das Positive im Alter sehen, wir beide leben in einer Gemeinschaft. Gut, meine ist nicht freiwillig entstanden, und ich weiß jetzt aus eigener Lebenserfahrung: Will ich mein Leben auch wieder leben können, müssen wir unseren Kreis erweitern, dazu erhoffe ich mir Anregungen von Henning Scherf. Wie hat er seit zwei Jahrzehnten ein Lebenskonzept gelebt, das so anders ist, das sich in der Theorie doch so gut anhört? Aber klappt das in der Praxis? Weiß er wirklich, wovon er redet? Ich will gerne mehr wissen über sein Leben in der WG. Wie kann er seit 20 Jahren in einer Gemeinschaft leben und sich trotzdem so frei bewegen? Ist das ein Widerspruch? Und sind die vorbereitet auf das, was ich jetzt mit meinen Eltern erlebe? Was sind jetzt die nächsten Entscheidungen für meinen Vater? Werde ich »ihn abgeben« müssen, wie er selbst es nennen würde? Vielleicht kann das Gespräch mit Henning Scherf mir helfen, Antworten zu finden. Meine Mutter lächelt mich freundlich an: »Lilo ...« Sie macht eine Geste, dass mein Kopf rauchen würde.

»Wir sind beide Bestsellerautoren zum gleichen Thema. Da sind wir doch Kongruenten, quatsch, ich meine Konkurrenten natürlich, jetzt geht's bei mir auch schon los.« Nee, genau das ist es! ... Wir sind KONGRUENT in der Art, wie wir mit dem Thema Alter umgehen: konstruktiv, lebensbejahend, die Chancen sehend ... Das ist die Verbindung zwischen uns. Meine Mutter schaut mich fragend an: »Knochen gefallen?« Wir lachen. »Ja, Groschen gefallen. Wir brauchen mehr ein Miteinander. Und das ist die Motivation von Henning Scherf und von uns!« – »Muss Liebe rein!«, nickt meine Mutter. »Das hast du schön gesagt, klar und deutlich, klasse. Genau: Liebe, Engagement, Aktion, Leben ...« Wir sind uns einig.

Die »agitierte« Aggression meines Vaters bleibt. Ich gebe Radio-Interviews zum Thema, für meine Eltern zum Schein auf der Toilette sitzend, nur hier bin ich für ein paar Minuten ungestört. Mein Vater macht die Nacht zum Tag. Und er beginnt zu riechen. Baden? Keine Chance. Der Film *Mein Vater* mit Götz George und Klaus Behrendt kommt mir in den Sinn. Da stellt der Sohn vollkommen am Ende seiner Kräfte seinen alzheimerkranken Vater komplett angezogen unter die Dusche. Der Vater schreit und windet sich herzzerreißend. Wie wird das in einem Heim gemacht? Der Arzt wirft mir vor, ich würde meinem Vater das Medikament vorenthalten. Meine Mutter will nicht mit so einem ungepflegten alten Mann an einem Tisch sitzen. Mich findet sie auch hässlich. Das Wort sagt sie nicht, aber ihr Gesichtsausdruck ist eindeutig. Zur Unterstützung ihrer Aussage: »Lilo, bäh, kummen nä Niveau!«, hält sie mir ihren Spiegel vors Gesicht. Eine alte Frau blickt mir entgegen: mit Schlafdefizit, auch ungewaschen, in Schlunzklamotten. Das bin ich!

Ich beschließe, meinem Vater das Medikament zu geben. Schleiche es laut Anweisung ein, steigere also langsam die Menge, nehme aber die Hälfte der empfohlenen kleinsten Dosis. Der Arzt hat gesagt: »Das müssen Sie einfach ausprobieren.« Schon am nächsten Tag lässt mein Vater zu, dass ich ihn auf dem Toilettendeckel sitzend wasche. Beitragen will er dazu nichts. Sonst habe ich ihm immer alles gereicht und angesagt, was er wie waschen soll, und ihm nur Rücken und Füße gewaschen. Jetzt ist er wie eine Puppe, wie früher in dem Gliederpuppenspiel: »Ich bin eine Puppe, und du kannst mit mir machen, was du willst.« Der Spieler hat dann gewonnen, wenn er die Puppe durch komische Verrenkungen oder anderen Schabernack zum Lachen bringt. Als seine Intimzone gewaschen werden soll, reiche ich ihm den Waschlappen. Keine Reaktion, alles gute Zureden ist vergebens.

Bei der ersten Lesung zu meinem HILFE-Buch, fragte mich in der anschließenden Diskussion eine junge Frau: »Meinen Sie, dass man als Tochter beim Waschen auch die Vorhaut seines Vaters zurückziehen darf?« Damals wurde meine Mutter morgens durch einen mobilen Pflegedienst versorgt, mein Vater wusch sich alleine, und ich bereitete ihm alle acht bis zehn Tage ein schönes Bad. Meine Antwort war: »In der Intimzone der Eltern hat das Kind nichts zu suchen, es sei denn, in der Not.« Jetzt schäme ich mich für meine Antwort. Ist sie jetzt hier die Not? Darf ich das? Muss ich das tun? Meinem Vater ans Gemächt gehen? Meinem Vater, der auch in meiner Kindheit nie nackt durch die Wohnung ging. Immer die Disziplin und Etikette hochhielt. Der »Hiii!« sagte und sagt, wenn er meine Mutter oder mich teilentblättert sieht oder ich nur mal etwas Dekolleté zeige? Soll ich einen Pflegedienst für ihn bestellen? Aber das würde nicht funktionieren, er lässt keine

Fremden an sich heran. Ich entscheide mich: für ein Sitzbad in einer großen Schüssel.

Am dritten Tag wirkt das Medikament so, dass Papo nicht mehr aufstehen will, nicht mehr alleine laufen kann, die Beine knicken weg. Im Rollstuhl bringe ich ihn zum Frühstückstisch ins Wohnzimmer. Wuchte ihn auf seinen Sessel. Nichts, gar nichts mehr. Eine Hülle Mensch, die aussieht wie mein Vater. Flach atmet, ansonsten nichts. Augen zu, Ohren zu, keine Bewegung. Er ist nicht da, auch nicht weg, irgendwie ausgeschaltet.

»Na, nun ist er ruhig, so kann er noch hundert werden«, ist die Antwort vom Arzt am Telefon. »Geben Sie ihm halt weniger.« Als er die Dosis hört, stutzt er: »Na ja, Medizin ist Versuch und Irrtum.« Ich entscheide mich, das Mittel wieder langsam »auszuschleichen« bis auf null.

Still liege ich in meinem ehemaligen Kinderzimmer in dem schmalen Bett. Ich halte den Siegelring meines Vaters in meinen Händen, sehe ihn mir an. Mit der Übergabe des Ringes hatte er mich zum Oberhaupt der Familie gemacht und mir sein Leben anvertraut. Seit dem Schlaganfall meiner Mutter haben wir für meine Mutter und meinen Vater Patientenverfügungen und eine notarielle Vollmacht, in der ich berechtigt werde, über den Tod hinaus für alle Geschäfte sowie ihre Versorgung und ihren Aufenthaltsort zu entscheiden.

Ein neuer Lebensabschnitt rast auf mich zu. Mein Vater wollte immer ein würdevolles Ende seines Lebens, einen schmerzfreien Tod in Würde. Hatte sich dazu belesen: einmal durch die Weltliteratur, auch das Buch von Hans Küng und Walter Jens *Menschenwürdig sterben*. Späte Stadien von Alzheimer oder Demenz würde er nicht zu einem würdevollen Leben zählen. Ich bin ihm verpflichtet. Werde ihm nach meinem Gewissen helfen. Wie und wann dieser Zeitpunkt sein wird, das weiß ich nicht. Da habe ich keine Erfahrung. Würdevoll? Güte? Respekt? All diese Begriffe werden mit neuem Inhalt befüllt.

Für meinen Stiefgroßvater, Opa Krabbe, der mit seiner Frau, der Mutter meines Vaters, in Berlin-Ost, in Weißensee wohnte, haben meine Eltern in Berlin-West Medikamente für seine schwere Krebserkrankung besorgt und über die Grenze geschmuggelt. Später auch seine »tödliche Dosis« an Medikamenten, die ihm seine Frau, meine Oma, auf seinen dringlichen Wunsch zubereitet und ihm bereitgestellt hat. Dann ging sie mit Freunden ins Café. Ein Freund sollte ihn nach der verabredeten Zeit finden, so sollte meine Oma von einer möglichen Strafverfolgung verschont bleiben. Der Plan ging auf.

Den Tod annehmen. Woher habe ich dieses Bedürfnis, dass der Tod bewusst, ja mit Einverständnis und freundlich anzunehmen ist? Kommt das aus meiner christlichen Erziehung? Ich beruhige mich: Ich werde herausfinden, was meinem Vater einen ruhigen normalen Tod ermöglichen würde. Wenn seine Krankheit weitergeht, muss ich mich weiter informieren. Im schlimmsten Fall muss er in eine Klinik. Im allerschlimmsten Fall halte ich mein Wort. Wann, was ist der allerschlimmste Fall?

Um mich abzulenken, zwinge ich mich ein bisschen, über einen möglichen Inhalt für ein gemeinsames Buch mit Henning Scherf nachzudenken. Plötzlich sehe ich es wie eine

Schlagzeile vor mir: 50–70–90! Keine Waschanleitung. Keine Idealmaße, natürlich nicht! 50 Jahre, 70 Jahre und 90 Jahre! Das sind die neuen Alterseinteilungen. Das ist es. Genial. Meine Mutter ist genial. Das ist der Inhalt. Ich sage in Interviews gerne: »Ich lerne in dem Zusammenleben mit meinen Eltern und ihrer Pflege für meine Zukunft, für mein Alter. Ich bin bald 50, meine Eltern sind kurz vor 90.« Henning Scherf wird in ein paar Monaten 70. Das ist es doch: Wir vier sind Repräsentanten dieser Altersstufen. Das heißt, jeder kann von jedem lernen! Ich kann Henning Scherf aus meinem direkten Erleben mit meinen Eltern berichten, was er vordenken sollte für sein Alter. Er kann mir das für meine kommenden 20 Jahre vermitteln. Henning Scherf kann berichten, wie er das ab 50 gemacht hat, was gut war, was sich besser nicht als Vorbild eignet. Wo die Fallen waren. Ich kann Details unseres Lebens erzählen. Unser gemeinsames Credo: zusammen, miteinander aktiv werden. Das Positive, das Lebensbejahende sichtbar machen. Es feiern! Das ist der Inhalt von unserem Buch! Ich springe aus dem Bett und erzähle das meiner Mutter, auch meinem Vater, der dazukommt, immer wieder. Eine neue Perspektive: eine Sinnhaftigkeit in unserem Leben.

Unser erstes Treffen in Berlin

»Gleich erzähl ich ihm von deiner Idee.« Meine Mutter reicht mir ihr Halstuch, das soll ich noch umlegen. Sie ist mit meinem Aussehen zufrieden: frisiert, geschminkt, nett angezogen. Sie hebt ihre beiden Hände und drückt demonstrativ ihre Daumen. Nur zu einer richtigen Maniküre hat die Zeit nicht gereicht. Egal. Die Logopädin kommt. Meine Mutter begrüßt sie begeistert, sie sieht sie als Freundin an.

Ich glaube, als ehemalige Sonderschullehrerin betrachtet sie manche Therapiestunde als Demonstration von neuem Unterrichtsmaterial für Schulen. Meinen Vater, er kann jetzt schon wieder untergehakt gehen, setze ich mit an den Tisch. Meine Mutter ist darüber nicht erfreut, aber sie nimmt es in Kauf. »Meine Schwester, nee Lilo, Mutter, Schwester, Freundin?«, will sie die Logopädin informieren. »Ihre Tochter?« – »Ja, Lilo, macht gut mit ihm!« Ich gebe meinem Vater einen Kuss, er öffnet überrascht seine Augen, sieht gerade, wie meine Mutter das Buch mit dem Foto von Henning Scherf hochhält. Er sagt matt: »Ach, der Lulatsch.« – »Den treffe ich jetzt. Hier ist der Zettel, nach Frau HH kommt Kim Jinpu und macht sauber und was leckeres Chinesisches zu essen, ich bin um eins wieder zurück. Und bitte trinken!« Seine Augen sind schon wieder zu, aber er hält noch meine Hand, will sie nicht loslassen.

Endlich bin ich im Auto. Keine Zeit mehr, um auf den Stadtplan zu gucken. Wo die Schönhauser Allee ist, weiß ich. Die Nebenstraße werde ich schon finden. Ich will nicht zu spät kommen. Von Steglitz nach Mitte, es ist immer noch Rushhour. Das dauert. Nur nicht zu spät kommen, denke ich, das wäre zu peinlich. Kurz vor der Warschauer Straße bemerke ich, dass ich zu weit gefahren bin, also zurück. An der Kulturbrauerei mache ich einen U-Turn. Die Straße geht von der Schönhauser Allee ab, hat Henning Scherf gesagt. Ich fahre so langsam wie möglich, um die Namen der Straßenschilder zu lesen. Ernte ein wildes Hupkonzert. Sehe die Straße einfach nicht, wieder zu weit. So, jetzt bin ich definitiv zu spät. Mist. Henning Scherf geht nie an sein Handy. Die Telefonnummer der Tochter habe ich nicht. Also rufe ich Luise, seine Frau, in Bremen an. Gott, wie peinlich. Sie verspricht, ihren Mann

bei ihrer Tochter anzurufen und ihm meine Verspätung kund-
zutun. Straßenkarten meide ich, früher rief ich dann immer
meine Mutter an, ganz früher auch von Tankstellen, wenn ich
nicht wusste, dass die Autobahn Richtung Leipzig wirklich
auch später nach München führt. Der alte Benz Kombi hat
kein Navi. Ich hatte ihn übereilt gekauft, um den Rollstuhl
meiner Mutter transportieren zu können. Jeder Kilometer zu
viel tut mir weh, das Ding ist ein Benzinfresser. Ich gelobe mir
Besserung und frage einen Passanten. Die Straße geht nicht
direkt von der Schönhauser ab, sondern leicht versetzt hinter
einer Fußgängerampel, das ist der Fehler!

In Berlin-Prenzlauer Berg einen Parkplatz zu finden, ist die
nächste Geduldsprobe. Endlich stürze ich auf das Haus zu.
Neben dem Klingelschild ist eine langstielige rote Rose an die
Wand geklebt, auf dem Zettel steht: »Für Dich!« Wie süß. Für
wen die wohl ist? Auf dem Klingelschild steht »Scherf« und
der Name eines weiteren bekannten Politikers.

»Na, haste es geschafft, Luise hat mir schon erzählt.« Henning Scherf empfängt mich freundlich, umarmt mich, hilft
mir aus dem Mantel. Ich habe das Gefühl, ihn seit 100 Jahren
zu kennen. Ganz natürlich duzen wir uns, es fühlt sich einfach richtig an. Henning macht eine Wohnungsführung. »Das
ist die Wohnung meiner Tochter, sie ist aber nicht da, aber
ihre Freundin, sie sind ein lesbisches Paar. Sie hat gerade den
Fuß gebrochen und muss auch gleich los, wir müssen uns alleine helfen. Hier im Arbeitszimmer schlafe ich, das ist meine
Besuchermatratze.« Eine Matratze mit einem sehr ordentlich
gemachten Bett liegt auf dem Boden. Seine Bescheidenheit
rührt mich. Ich wünsche ihm insgeheim ein Bett. »Das ist gut
so!« Er sei doch so groß und passe schlecht in ein normales
Bett, erklärt er mir. Er geht vor mir den Gang hoch zur Küche.

Groß, schlank, federnd, würdevoll, auch kindlich: ein weißer Massai. »Ich mache jetzt Frühstück, allerdings kenne ich mich in dieser Küche nicht aus, wir müssen alles zusammensuchen. Meine Tochter hat mir aber gezeigt, wo das Brot liegt.« Er holt das Brot raus: »Hättest du das gefunden?« Brot, Butter, Käse, heißes Wasser und Tee stehen bald auf dem Tisch.

»Ich esse immer Gelbe Rüben zum Frühstück, mal sehen …« Henning Scherf macht den Kühlschrank auf und beugte sich tief, sehr tief nach unten. Durch eine geriffelte Glasscheibe leuchtet es orange. »Da sind welche im Gemüsefach!«, freut er sich. Er zieht die Glasscheibe über dem Gemüsefach weg und holt die Mohrrüben heraus. Er hat wirklich die Glasscheibe über dem Gemüsefach weggezogen, nicht das Gemüsefach am Griff herausgenommen, sondern die Glasscheibe darüber.

Mit dieser Geste hat er endgültig mein Herz erobert. Die von Henning Scherf mit dem Messer geschabten Möhren schmecken köstlich.

Wir sitzen an dem Küchentisch seiner Tochter, ich frage ihn: »Ich werde im März 50 Jahre alt. Mit 50 ist man alt, so wird das heute wahrgenommen.«

»Ich glaube, früher war man mit 50 alt, heute ist man mit 50 nicht alt. Heute ist man mit 50 mittendrin. Ich weiß noch, als Helmut Schmidt 50 wurde und sagte: ›Jetzt hab ich das Gefühl, ich werde alt!‹ Da war er Kanzler, und ich dachte: ›Der Mann, 50?‹«

»Als Helmut Schmidt 50 war, warst du fast 30 und ich fast zehn Jahre alt. Als Helmut Schmidt 70 war, warst du fast 50 und ich fast 30 Jahre alt. Jetzt ist Schmidt 90, du fast 70 und ich fast 50 …«, denke ich laut.

»**Heute ist 50 für mich mittendrin**. Da fängt das Leben für viele erst richtig an. Da sind sie durch mit allen ihren Aus-

45

bildungsrisiken, allen ihren Beziehungsrisiken, allem, was schiefgegangen ist, und wissen, was sie können und nicht können, und wenn sie da nicht aufgeben, nicht resignieren, das machen ja leider viele, da können sie sich entfalten ohne Ende, dabei kann ein Riesenleben entstehen. Das wünsche ich dir übrigens. Dass du dieses Leben, was vor dir ist, annimmst, und nicht nur sagst: ›Die besten Jahre meines Lebens sind hinter mir und außer mir selbst gewesen.‹«

Es entsteht eine Pause, Henning trinkt heißes Wasser. Irgendwie hallt der Satz in meinem Kopf nach, ich habe ihn nicht verstanden, ich frage nach:

»Was hast du gesagt?«

»›Außer mir selbst gewesen‹. Damit meine ich, dass du die Jahre anderen zur Verfügung gestellt hast. Du warst fremdbestimmt. Du solltest jetzt nicht denken: ›Die besten Jahre sind jetzt vorbei.‹«

»Nee, also da hab ich gar keine Bedenken, gar kein Empfinden im Moment. Natürlich höre ich das von außen. Ich habe gestern mit einem Freund gesprochen, der ist 54, ist gerade deprimiert, weil seine Mutter in einem Pflegeheim in Westdeutschland liegt. Er sagt, es ist für ihn so eine Qual, dass er da nicht hin kann, er bezieht im Moment Hartz IV. Bei uns Filmleuten kommt das ja leider immer wieder vor. Wir arbeiten immer an einem Film, und wenn der Film fertig ist, ist Schluss. Das wird Saisonarbeit genannt, nur wenige haben sofort eine Anschlussarbeit. Also, dieser Freund ist Produktionsleiter, und gestern wurde er für einen Job abgelehnt mit den Worten: ›50, da sind Sie zu alt für diesen Film.‹ Das ist vollkommener Quatsch, ein Produktionsleiter kann nicht alt genug sein, das ist ja ein Erfahrungsjob. Nun fühlt er sich wie ein Versager, einerseits, weil er jetzt eben Hartz IV nehmen muss, um seine Familie durchzubringen, auf der anderen Seite noch mehr als Versager, weil er nicht mal bei seiner Mutter sein kann, obwohl er jetzt Zeit hätte. Und er fragt sich: ›Wie soll das weitergehen, wie soll ich denn die nächsten 30 Jahre leben?‹ Er hat Wirtschaft studiert, aber ein Branchenwechsel in dem Alter? Unrealistisch. Für mich trifft das noch härter zu: Ein Regisseur, der nicht arbeitet, ist ein toter Regisseur. Und als Autor wirklich sein Leben zu verdienen, gelingt nur ganz wenigen auf Dauer. Was du mir damals, bei *FRÖHLICH lesen*, gesagt hast: ›Die Zeit mit deinen Eltern, das ist eine wichtige und tiefe Erfahrung, die bringt Sie weiter. Das werden Sie sehen, Sie werden ganz andere Sachen machen. Da wird sich was öffnen.‹ Deine Worte haben sich tief in meiner Seele verankert. Ich traue mich, ganz zart zu denken: ›Ja, da geht auch was weiter für mich, ich habe was anzubieten …‹«

Henning nickt: »Klar.« – »… eine größere soziale Kompetenz!«, fahre ich fort: »Was ich damit anfangen kann, wie mich das ernährt, weiß ich nicht, Henning. Was hast du denn gemacht mit 50? Gibt's irgendwas, was du aus der heutigen Sicht anders gemacht hättest? Ab 50 bis jetzt?«

»Ich habe Glück gehabt mit meiner Biografie. Und dass ich da in der zweiten Hälfte der 50er dann noch Regierungschef geworden bin, das war eigentlich gar nicht mehr vorgesehen, das war ein weiterer Glücksfall. Auch für mich persönlich. Da habe ich wunderbare elf Jahre richtig im Zentrum arbeiten können, mit einer hohen Anerkennung und mit einem großen Programm. Davon lebe ich heute noch. Ich hab da so etwas wie eine nationale Rolle bekommen, und die Leute sprechen mich auch darauf an. Also, das war schon richtig gut, da hab ich Glück gehabt. Das würde ich nicht anders machen im Nachhinein. Trotzdem, die Balance zwischen Privatem und Öffentlichem, die ist immer schwierig in so einer Biografie. **Und ich glaube, ich habe zu viele öffentliche Aufgaben**

wahrgenommen und Zeit dafür eingesetzt und zu wenig in die Familie investiert. Das würde ich heute anders machen. Ich habe, ohne das bewusst zu machen, in den wesentlichen Jahren die Entwicklung meiner Kinder meiner Frau Luise überlassen. Das würde ich heute nicht wieder so machen. Ich finde, das ist eine einmalige Chance und die muss man nicht wegen Parteitagsverpflichtungen oder wegen Wahlkampfverpflichtungen hintenanstellen. Das würde ich heute anders machen. Da würde ich eine andere Balance hinkriegen. Als ich jetzt als Pensionär so begeistert im Chor wieder angefangen habe, wurde mir klar, dass ich das die ganzen Jahrzehnte nicht gemacht habe. Keine Zeit gehabt. Oder dass ich jetzt so gerne male, aquarelliere, auch da hab ich nie vorher Zeit für gehabt. Man muss das ja nicht auf seine letzten Jahre rausschieben, sondern kann vielleicht eine Balance während seiner Berufstätigkeit suchen, in der dann solche kreativen Seiten nicht völlig verloren gehen. Bücher schreiben, was ich jetzt angefangen habe, habe ich ja die ganze Zeit nicht gemacht. Mein erstes Buch war meine Doktorarbeit. Und dann habe ich eigentlich nur noch Aufsätze geschrieben und mitgemacht bei anderen Buchprojekten. Erst jetzt nutze ich diese schöne Chance, um über das Schreiben und Nachdenken mich selber zu sortieren.«

»Hm.« Ich höre genau hin.

»Was ist eigentlich mit dir, was ist eigentlich mit deinen ganzen Plänen? Was ist daraus geworden? Sind die vergessen, verdrängt, stehst du zu deinen Fehlern? Kannst du darüber reden? Kannst du Auskunft darüber geben, warum was falsch gelaufen ist? Was hättest du anders gemacht? Wo hast du richtige Fehleinschätzungen gehabt? Dafür muss man sich Zeit nehmen.«

»Ja. Das stimmt. Diese Zeit habe ich leider nicht, meine Arbeit sind die Eltern, das ist auch mit Unterstützung eine

24-Stunden-Leistung. Wenn auch mal nicht aktiv, dann immer in Bereitschaft. Was würdest du mir jetzt raten? Ich werde jetzt 50, so alt, wie du warst, als du in die Wohngemeinschaft eingezogen bist.«

»Ja, ich wünsche dir von Herzen, dass du diese Riesenerfahrung mit deinen Eltern nicht lostrennst von deinem ganzen übrigen Leben. Dass du die Gräben, die da im Augenblick entstanden sind, zu deiner bisherigen Arbeit, auch die Distanz zu dem, was du die Jahrzehnte vorher gemacht hast, deine Filme, Drehbücher, dass das nicht unwiederholbar weg ist. Ich wünsche dir, dass du irgendwann nach dieser Stress-Erfahrung die Kraft hast, das zu sortieren. Ich spüre auch, dass das Buch-Machen eine Form ist, darüber Klarheit zu kriegen. Dass du mit dieser neuen Erfahrung wieder in deinem Metier landest. Dass du sagst: ›Ich bin jetzt um eine Krisenerfahrung reicher, aber ich bin da, und ich will leben, und ich will in meinem Feld leben. Ich will da, wo ich was kann und wo ich bewiesen habe, dass ich was kann, da will ich weiterarbeiten.‹ Mit 50 ist das Leben ja nicht gelaufen.«

»Hm, hm. Der Arbeitsmarkt ist für 50-Jährige nahezu aussichtslos«, wende ich ein.

»Da gibt's ja welche, die 100 werden, also liegen 50 Jahre vor dir. Du musst nicht nur über die 50 Jahre, die hinter dir sind, nachdenken, sondern mit erneuerten Kräften, vielleicht auch mit deiner Riesenerfahrung … Du bist dadurch kritischer, sortierter geworden, distanzierter … zu vielen Personen, zu Propaganda und dem ganzen Gerede. Ich wünsche dir, dass du neu anfangen kannst. Du hast einen anderen Blick auf die Wirklichkeit bekommen, dass du weitermachen kannst, wo du im Mai 2005 von einem auf den anderen Tag herausgerissen worden bist. Das war auf jeden Fall ein Blitzeinschlag.«

Ich nicke: »Das war ein Blitzeinschlag, ja.«

Henning nickt mir zu: »Ich wünsch dir, dass du das vital angehen kannst, mit einem geklärten, aufgearbeiteten, großen Erfahrungshorizont. **Wie du mit deinen Eltern deren Leben zum Ende begleitest, das ist was ganz Großes, was Kostbares.** Viele, die ihre Eltern beerdigen, die haben ja keine Ahnung, was sie alles davor verpasst haben. Das ist ja die Regel. Und die Ausnahme ist das, was du machst. Die Regel ist, dass man eine Beerdigung organisiert, ein schwarzes Kleid anzieht, einen großen Blumenstrauß bringt, seine Tränchen verdrückt und dann hinter dem Sarg hergeht, das war's eigentlich. **Das ist kein richtiges Abschiednehmen. Hinterm Sarg herzulaufen ist nur ein Ritual. Abschiednehmen, das machst du, rund um die Uhr, seit 2005. Intensiver geht das kaum.«**

»Intensiver geht's wirklich nicht, nee. Aber ich bin jetzt …«

»**Das ist eine große Auseinandersetzung mit der eigenen Biografie. Und ein großes Klären der Beziehung zu den eigenen Eltern.** Mein Vater ist im Hotel unter der Dusche gestorben, im Urlaub, ich hatte null Chance – er war 58 – mich von ihm zu verabschieden. Und meine Mutter ist in der Klinik gestorben, auf der Intensivstation, am Gerät, was mich immer noch sehr bedrückt. Ich hätte mir gewünscht, mit denen richtig lange Zeit zu haben. Mich mit ihnen über vieles dabei auszutauschen und dann zu verabschieden. Das macht mir jetzt noch Probleme. Mein Vater ist 1965 gestorben. Das ist ja schon ewig her. Ich setze mich jetzt noch damit auseinander, was ich ihm hätte sagen können. ›Warum hast du das so gemacht, warum bist du da hingegangen?‹ Das ist alles weg. Meine Mutter, die ich sehr geliebt habe, habe ich in den letzten Jahren regelmäßig besucht, manchmal jeden Tag, und hab mit ihr darüber geredet, immerhin, aber als es ihr schlecht ging, hatte ich keine Zeit.«

»Hm.«

»Sie ist in der Klinik gelandet. Da hab ich sie zwar ein paar Mal besucht, meine Geschwister auch. Aber sie ist nicht so gestorben, wie ich mir das für mich selber wünsche und ihr natürlich auch gewünscht hätte. Darum denk ich, so sehr du darunter stöhnst …«

»Nee, nee. Ich sehe das …«

»… so sehr dich das auch bedrängt, **aber das ist auch ein großes Potenzial, das du dir erarbeitet hast**. Das ist eine richtig große Geschichte, die du da erlebst.«

»Viele Menschen möchten das tun, können aber die wirtschaftlichen, beruflichen oder auch familiären Konsequenzen nicht tragen. Ich bin ins volle Risiko, ich konnte nicht anders. Meine Einnahmen liegen unter der Armutsgrenze. Henning, ich sehe das Leben mit meinen Eltern auch **als die kostbarste Zeit meines Lebens an.** Es ist halt leider kein Austausch da, verbal, geht ja nicht. Aber vielleicht ist das ja auch nicht das, was hier zu lernen ist, sondern … ja …, das wirklich von Herz zu Herz Gehende. Ich hab …«

»Also, das, was du mir über deine Mutter erzählt hast oder über deinen Vater, ich kenn die ja nur über deine Erzählungen, das ist für mich kommunizieren. Es ist zwar nicht so, wie wir miteinander reden, aber ihr habt eine intensive Zeit.«

»Ja.«

»Unter schwierigsten Bedingungen, aber ihr habt eine intensive gemeinsame Zeit. So schwer das ist. Gerade weil's schwer ist, ist es so nachhaltig.«

»Unbedingt. Das Wort ›schwer‹ wäre jetzt nicht unbedingt meins. Interessant finde ich es, dass jeder das aufgegeben hat, was ihm am meisten wert war. Mein Vater hat seine Bildung und sein Wissen durch Alzheimer verloren, bei meiner Mutter, einer eloquenten, fröhlichen, geselligen Dame, wurde die

Sprache genommen. Und ich habe aufgeben müssen, was ich am meisten liebte: Nomadin zu sein, frei in Zeit und Raum. **Es ist interessant, wenn das, worauf man sich am meisten fokussiert hat, weg ist. Wie schafft man, das andere in sich zu entdecken? Ich glaube, das ist das Wichtigste in dem, was ich hier gerade lerne, ja.** Auch …«

»Es gibt Leute, die gehen ins Kloster, um zu sich zu kommen …«

»Ja, ja, ja. Ich sag ja auch immer: **Das ist die Klosterphase in meinem Leben.**«

Ich lache: »Oder wie Hape Kerkeling sagt: ›Ich bin dann mal weg!‹ Es ist eine Transformation großen Stils von uns allen dreien. Aber in der Reflexion von außen ist das nicht so. Manche werfen mir vor, mein Leben zu verleugnen, oder ein berühmter Schauspieler sagte mir: ›Jetzt kriegste Geld und musst nichts tun.‹ Er meinte die 50 Prozent des Pflegegeldes für die Pflegestufe III, die ich als staatliche Pflege für die private Pflege ausbezahlt bekomme und die ich für Hilfen ausgebe, damit ich einkaufen gehen kann oder einfach mal rauskomme. Ich werde eher als Idiotin, Opfer oder Versager belächelt. Fakt ist: Ich bin ärmer, als ich als Studentin war. Ich hab keine ausreichende Altersversorgung, ich hab eigentlich keine Wohnung mehr, ich hab eigentlich gar nix. Und kriege als Freiberufler kein Hartz IV. Ich muss jetzt alles neu entstehen lassen.«

»Du schaffst das, weil du sortiert bist, weil du dich nicht hast niedermachen lassen. Manche halten den Stress wirklich nicht aus und gehen dann richtig auf die Bretter. Bei dir habe ich das Gefühl: Du hast schwer was abgekriegt, bist schwer gestresst, aber du hast dich nicht wirklich zerstören lassen. So, und das ist 'ne Basis.«

»Mmh. Ich denke auch …«

»**Dann ist so eine Erfahrung wie ein neues Fundament**. Manche sagen: ›Dann wird man erst richtig lebenstüchtig durch solche Erfahrungen.‹ Man ist nicht lebenstüchtig dadurch, dass man 'ne Eins in Deutsch hat oder ein gutes Abitur hat. Lebenstüchtigkeit entsteht erst, wenn ich wirklich in der Lage bin ...«

»... tüchtig war im Leben«, falle ich ihm ins Wort.

»Ja, wenn ich was aushalten kann, und sagen kann: ›Ich hab mich nicht versteckt, ich bin nicht weggelaufen, ich hab das angenommen. Ich bin da durchgekommen und da steh ich jetzt ...‹«

»Weißt du, Henning, in den USA wird eine überwundene Krise als Pluspunkt in der Biografie gewertet.«

»So verstehe ich auch dein HILFE-Buch. Das ist ein gelungenes Buch, es ist etwas, was man unter die Leute bringen muss. Wo man sagen muss, es ist direkt, es ist nicht mit erhobenem Zeigefinger geschrieben, und nicht eine Verurteilung von allen anderen, sondern es ist das Leben. Es ist pur, es ist direkt, es ist nah und es ist voller Schmerzen und voller Lust und Fröhlichkeit, trotz des Schmerzes. Das ist der Reichtum in diesem Buch, dass es nicht ein Pamphlet ist gegen das ungerechte Sozialversicherungssystem oder ein Pamphlet gegen die bornierte Politik, die keine Ahnung hat. Sondern es ist ein authentisches Dokument vom Leben. Darum habe ich es so gerne gelesen.«

Nach einem weiteren Tee und einem Käsebrot berichte ich Henning, wie meine Mutter mir die Idee vermittelt hat, dass wir zusammen ein Buch schreiben sollten. Es berührt ihn, aber es bringt ihn auch in eine andere Stimmung. Henning beginnt, den Tisch abzuräumen. Ordnung zu machen, die Geschirrspülmaschine zu befüllen, von mir abgewandt sagt er:

»Nee, das kann ich nicht. Ich bin doch jetzt Rentner, ich will nicht immerzu arbeiten.«

»Aber das ist eine geniale Idee: **ich bald 50, du bald 70 und meine Eltern bald 90**, wir können uns gegenseitig Auskunft geben, wir decken die drei neuen Altersstufen ab.«

Henning beginnt ein paar Sachen abzuwaschen: »Ja, aber das geht nicht. Meine WG war nicht nur glücklich, dass ich sie ins Rampenlicht gezogen habe. Die wollen das nicht mehr. Selbst Luise ist das manchmal zu viel. Ihr Projekt *pan y arte* bekommt ja alle Einnahmen von meinem ersten Buch, auch von den Auftritten.«

»Das können wir doch genauso halten. Ich erzähle von der Basis, und du als Politiker kannst die großen Zusammenhänge erklären. Viele sind sauer auf die Politik, verstehen nicht, warum sich nichts bessert. ›**Respekt vor dem Alter!**‹ … das ist doch unser beider Anliegen.« Ich trockne das Brotmesser ab.

Henning wischt den Küchentisch: »**Du musst das schreiben, du darfst nicht resignieren!!! Ich will nicht wie bei Kleist der Kohlhaas der Pflegeindustrie werden.** Und Skandale benennen ist auch nichts. Das will ich nicht.«

»Ich auch nicht, **ich will Mut machen. Die Eigenverantwortung stärken.** Da sind wir zusammen besser, weil wir uns so gut ergänzen.«

»Nee, das kann ich nicht, ich hab so viel mit meinem alten Buch zu tun, ich kann jetzt nicht schreiben, dafür habe ich keine Zeit. Das kann ich auch Luise nicht antun. Nein, ein neues Buch, das geht nicht.« Henning will los, er will sich eine Ausstellung im Kulturforum ansehen, *bevor* er den nächsten Termin hat. Ob ich ihn fahren könnte. »Kulturforum? Ist das in deine Richtung?«

»Ja, mach ich gerne.« Das ist glatt gelogen. Es ist zwar meine Fahrrichtung nach Steglitz, mach ich aber überhaupt nicht gerne. Gleich wird Henning eine neue Seite von mir entdecken. Innerlich bin ich schon hochrot angelaufen. Im Treppenhaus sagt er: »Gut, du entwickelst erst mal ein Konzept, dann sehen wir weiter. Ich schreibe nicht, aber ich stehe dir für Gespräche zur Verfügung, das habe ich bei dem anderen Buch auch so gemacht.«

Hab ich das jetzt richtig gehört? Das Buch ist eigentlich unmöglich, aber möglich? Ich trag mal lieber nicht nach. Die Rose und der Zettel: »Für Dich« am Klingelbrett haben ihre Bestimmung gefunden.

Mein Kombi ist eine fahrende Müllhalde: viel Leergut, Bücher, Rollstuhl, Kleidung, Getränke … das ist meine unaufgeräumte Schublade. Ich schäme mich. Henning sieht den Inhalt des Autos, bleibt mit den Augen aber nicht hängen. »Danke«, denke ich. Er verliert kein Wort darüber. Wir fahren durch Berlin-Mitte Richtung Potsdamer Platz. Henning schaut interessiert die Umgebung an: »**Deine Erfahrungen sind die Basis für deine Zukunft. Du musst zurück ins Leben, dabei helfe ich dir gerne.**« Ich kurve über die Baustelle am Alexanderplatz, trau mich, die Kernfrage zu stellen: »Wann sehen wir uns? Lass uns einen Termin vereinbaren.« – »Nee, mach erst mal, muss uns ja auch jemand abkaufen, Termin machen wir spontan aus.« Oje, heißt das: Wir sehen uns nie wieder? Ich rufe mich zur Ordnung, positiv bleiben.

Wir kommen vor dem Kulturforum am Potsdamer Platz an, und schwups ist er aus dem Auto. Ich sehe, wie er noch vor dem Eingang des Museums ein Autogramm geben muss. Erst verspätet landet sein Satz in meinem Gehirn: »Du must zurück ins Leben, dabei helfe ich dir gerne.« Mein »Zurück ins Leben«, das war der Wunsch meiner Eltern und mir nach dem ersten gemeinsamen Jahr unseres Zusammenlebens. Dann forderte, erzwang die Realität es ins Gegenteil. Und jetzt sagt Henning: ›zurück ins Leben.‹ Wann? Wie? Mit Eltern? Ohne? Ich wünsche mir einen Haltegriff in die Zukunft im Jetzt, zu Lebzeiten meiner Eltern. Ich traue mich gar nicht, weiterzudenken. Ich bewahre Hennings Satz einfach in mir.

Schnell gehe ich einkaufen, das ist noch in meinem Zeitkontingent: Inkontinenz-Einlagen, Medikamente, aber auch: Waldorfsalat, kalter Braten, Milchreis und eine besondere Überraschung. Ich freue mich schon jetzt über glückliche Gesichter meiner Eltern.

Wieder zu Hause

Vom Auto aus sehe ich, wie mein Vater im dritten Stock fast aus dem Fenster hängt. Dann ist er verschwunden. In der Wohnung muss Zugluft sein. Die Gardine weht weit heraus. Schwebt wie ein Theatervorhang über einer Windmaschine aus dem Fenster. Dann erschlafft sie, wenig später erscheint wieder der Kopf meines Vaters. Er guckt die Straße hoch, sieht mich so unmittelbar unter dem Fenster nicht. Rufen ist zwecklos. Eigentlich sollte er schlafen. Ich hatte einen Zettel hingelegt, dass ich um eins zurück bin. Kim Jinpu hat mit meinen Eltern gekocht: Rotbarsch mit Tofu und Mohrrüben, grünen Bohnen, Mais. Um halb eins haben sie gegessen. Im Treppenhaus höre ich, wie oben unsere Wohnungstür aufgerissen wird. Dann Pause. Ein Seufzen, und die Tür wird für einen Schwerhörigen leise, für mich und alle anderen wirklich laut zugeworfen. Kim Jinpu ist um eins gegangen, jetzt ist es soeben ein paar Minuten nach ein Uhr. Wie oft kann man in der Zeit vom Fenster zur Wohnungstür rennen und sie laut zuschmeißen? Ich denke an die Nachbarn, aber um diese Zeit ist fast keiner zu Hause. Mein Vater ignoriert also das Schild an der Innenseite der Tür: »Bitte Tür zulassen.« Genauso wie den Zettel an der Innenseite seiner Fensters: »Fenster bitte geschlossen lassen!« Als ich den Schlüssel ins Schloss stecken will, wird die Tür mit Schwung aufgerissen. Erschrocken springen wir beide zurück, mein Vater fällt fast hin. »Ach du, Gott sei Dank. Ich weiß nicht, was ich machen soll: Deine Mutter ist tot.«

Die Wohnzimmertür ist angelehnt. Es ist still in der Wohnung.

»Sie hat's geschafft. Jetzt falle nur noch ich dir zur Last, ich mach's dir leicht, ich springe aus dem Fenster.« Sagt's und marschiert wieder zum Schlafzimmerfenster.

»Nicht jetzt!«

»Einmal muss es doch sein, so ist es ein Aufwasch.«

»Wo ist Mami, zeig sie mir.«

»Nee, ich hab eine Verabredung.« Ich lasse die Einkäufe fallen, brülle aus vollen Lungen: »Ich brauche dich jetzt, du bist mein Vater, du stehst mir jetzt bei!« Er ist beeindruckt und geht vor zum Wohnzimmer. Wie kann ich mein Inneres beschreiben? Wo ist die Kamera? Ist das Wirklichkeit? Starke Szene! Ich fühle mich wie vor einer Ohnmacht und zugleich kurz vor einer Explosion! Eiskalt und unter Feuer … Meine Mutter liegt auf dem Pflegebett und sieht tot aus. Kein Atemzug zu hören, ihre Brust bewegt sich nicht. »Einen biste los«, sagt mein Vater. Muss ich jetzt die Polizei rufen? Einen Arzt? Arzt würde heißen Notarzt, Reanimation, Krankenhaus. Das will meine Mutter nicht.

»Ich muss …«

»Du bleibst!!!«

»Muss mich legen, du machst das ja …«

Weg ist er. Will er sich drücken? Oder hat er den Anlass schon vergessen? Alles taub, hölzern gehe ich zum Bett meiner Mutter. Berühre zaghaft ihre Finger, warm. Sehe sie an. Kein Atem. Ihr Gesicht ist entspannt, nicht wie sonst der Mund offen stehend. Sie lächelt, ein winziges Lächeln. Die Schönheit ihres Lebens: Ich sehe das Kind, das Mädchen, die junge Frau … alles Gesichter, die ich ja in ihrer Lebenszeit nicht sehen konnte, ich war noch nicht geboren. Hatte sie ein gutes Leben? Meine Gedanken werden zerfetzt: Plötzlich umgreift ihre Hand meine. Stille. Aus dem Schlafzimmer meines Vaters lautes Schnarchen. Ein Muskelreflex? Sie schlägt ihre Augen auf und atmet knatternd ein. Strahlt mich an.

Um sie zu einer Bewegung zu motivieren, rufe ich sie in die Küche, meine Überraschung anzusehen: Zur Feier des Tages gibt es Torte von der ehemaligen Hofkonditorei »Rabin«, das erkennen meine beiden sofort. Jeder von uns dreien hat seit Langem seine Lieblingstorte und Törtchen, alle sind da.

Gerade habe ich ihnen von meinem Treffen mit Henning Scherf erzählt. Mein Vater fragt: »Das ist doch der rote Lulatsch?« »Oberhaupt von Brem hav nass.« Meine Mutter ist über sich selbst ärgerlich, dass sie das nicht besser sagen kann. »Ja, richtig, der Exbürgermeister von Bremen …«

»Machste was mit dem?«, fragt mein Vater. Ich nicke: »Ja, vielleicht!« Meine Mutter strahlt und drückt meine Hand. »Dann bist jetzt also bei der SPD, wie deine Mutter?« – Recht ist ihm das nicht. »Nee, ich bin frei, ich bin in keiner Partei.« Meine Mutter will Sahne in den Kaffee, das ist neu. Mein

Vater fummelt an seinem Hörbügel herum: »Ja?« – »Ich bin frei«, wiederhole ich. »Frei? So? Wovon?« Seine Augen zeigen Interesse: »Der Mensch wird frei geboren, doch überall sieht man ihn in Ketten liegen.« – »Ist das Schopenhauer?« Mein Vater nickt erfreut. »Ich gehöre keiner Partei an«, antworte ich. Nicht zum »siebenten« Mal. Der Kuchen ist köstlich. Mein Vater verschlingt sein zweites Stück: »Aha, so, ja, wie kommen wir jetzt darauf?« Meine Mutter schüttelt widerwillig ihren Kopf, hält ihm das Buch von Henning Scherf entgegen. »Ich habe gerade von meinem Treffen mit Henning Scherf erzählt, Mami hatte die Idee, dass ich ein Buch mit ihm zusammen schreiben sollte«, fange ich von vorne an. Trocken antwortet er: »Deine rote Mutter, das musste ja mal so kommen.«

»Du hättest mich ja auch politisch erziehen können«, entfährt es mir.

»Hab ich nicht?« Mein Vater ist wirklich erstaunt.

»Nee …«

»Hab ich doch!«, fällt er mir ins Wort.

»Wie denn? Du hast immer geschwiegen.«

»Ich?«

»Ja, immer, wenn ich aus der Schule kam und dich beim Mittagessen gefragt habe: nichts …«

»Was? Wie nichts?«

»Du hast mir keine Antwort gegeben, groß geschwiegen.«

»Groß geschwiegen, sagt man das?«

»Auf meine Fragen nach dem Krieg, der Judenverfolgung, KZs, Judenvergasung … du bist immer aufgestanden und einfach weggegangen.«

»Mit der Scheiße wollte ich dich nicht belasten; du warst doch ein Kind!« Er ist aufgebracht, greift nach dem Blutdruckgerät, weiß aber nicht so genau warum und was man damit macht.

»Ich habe dich jeden Mittag gefragt. Ich war 12 Jahre alt, dann 13, dann 14! Es war wichtig für mich ...«

»Jetzt klingst du wie damals, so hart ...«

Meine Mutter ist im Gesicht fahl geworden: »Nicht schön!«

»Ich wollte damals wissen, ob du auch ein Mörder warst!«

Mein Vater hält seine Konzentration, das ist erstaunlich, ich sehe, wie es in seinem Hirn rattert. Ich beschließe, mich zu beherrschen, ihn nicht zu bedrängen wie in der Pubertät. Damals mit gnadenloser Härte. Er hat recht, dass sie damals zu nichts als zu weiterer Verhärtung geführt hatte.

»Du bist in einer Demokratie aufgewachsen ...«

»Ich wollte verstehen, auch dich verstehen ...« Mir kommen die Tränen.

»Demokratie, Ilse, du darfst dich glücklich schätzen!«

»Das hast du mir damals aber auch nicht gesagt.« Warum kann ich nicht einfach aufhören?

»Nichts gesagt ... so, ja ...«

»In der Schule wurden wir trainiert, auf Nachfragen, Bezweifeln, haben Fotos von Leichenbergen gesehen, Dokumentationen ...«

Er starrt mich an. Er ist wie erstarrt. Es ist eindeutig, er kann nichts dazu sagen.

»Ich habe dir täglich Vorträge über Demokratie gehalten, darum ging es mir doch. Dazu hast du auch nichts gesagt.«

»So, na ja, wenn ich nichts gesagt habe, dann fand ich's gut ...«

Er ist erschöpft, der Kuchen alle. Er macht seine Augen zu. Ich höre dem nach, was er gesagt hat: »Mmmh ... nichts gesagt, dann gut ... mmh ...«

Meine Mutter sieht uns irgendwie komisch an. Sie will dieses Gespräch nicht. Sie sagt auch nichts. In ihren Augen ist ein »Ich-leide-Gefühl«. Mitleiden? Oder sie leidet? Diese Sprachlosigkeit katapultiert mich in unsere Vergangenheit: Bei mir hakt jetzt wirklich die Platte meiner Pubertät ein. Alle Toleranz zieht sich zusammen, ich könnte sofort loslegen mit dem Verhör: Was hast du gewusst, Vater? Was sagst du dazu, Mutter? Wir sitzen im gleichen Zimmer, am gleichen Tisch wie damals, nur die Verteilung der Standorte der beiden Sessel meiner Eltern haben sich zugunsten des Fernsehers verschoben. Mein Platz ist aber, wie früher, zwischen ihnen: links die Mutter, rechts der Vater, wie sinnig. Wurde ich hier je geliebt? Warum hat man mir meine Herzensnotfrage nicht beantwortet? War ich es ihnen nicht wert? Wollten sie mich schützen? War ich ein Opfer der 68er Junglehrer, die uns mit ihren Ideologien manipulierten, indoktrinierten? Immerhin bin ich deswegen mit 14 von zu Hause abgehauen. Wie wäre meine Biografie verlaufen, wenn »das Gespräch« stattgefunden hätte? Meine Mutter und ich sehen uns an. Unsere Blicke haben die Intensität meiner Pubertät, aber als Zitat. Ich erkenne in ihrem Blick auch den Stolz auf ihre wütende Tochter. Ihre Stärke und gleichwertig auch eine Schwäche. Sie hat so viel Gegensätzliches erlebt im Krieg: ihre große Lebensliebe, dessen Berufsverbot, sein Tod im U-Boot, zwölf Kriegsjahre mitten in Berlin, als Halbwaise mit der Mutter im Luftschutzkeller, als Hilfskrankenschwester in der Typhus-Kinderabteilung …

Mein Vater macht plötzlich seine Augen wieder auf, sieht uns überrascht an: »Sprechen wir? Worüber?«

»Lüübbe«, sagt meine Mutter, deutlich betont. Sie schaut mich zwingend an.

»Über Lübke? Heinrich Lübke? Muss das sein? Der war doch überbewertet, hatte ja eine eher ärmliche Allgemeinbildung.«

»Nein Papo, LIEBE, wir reden über L i e b e e e, Liebe, meint Mami.«

»Liebe? So, na ja.« Er lehnt sich wieder zurück.

»Was fällt dir zu ›Liebe‹ ein?«

»Schööön, viel sein«, antwortet meine Mutter, prompt. Sie möchte, dass ich sie ansehe.

»Worum geht's?« Mein Vater hat den gleichen Wunsch, ich soll ihn ansehen.

Ich antworte: »Liebe, LIEBE!!!«

»Lüüübbbeee«, echot meine Mutter.

»So, ja, ist auch überbewertet«, sagt mein Vater. Wir lachen, meine Mutter und ich. Das katapultiert mich wieder ins Jetzt. Meine Mutter wedelt wieder mit dem Buch. »Machste Henning?«

»Tja, er hat nicht Ja und auch nicht Nein, sondern ›vielleicht‹ gesagt, glaube ich …«

Meine Mutter schüttelt ihren Kopf, nee, das will sie nicht akzeptieren, auch nicht hören.

»… also eigentlich hat er Nein gesagt, aber ich soll ein Konzept schreiben, und ja, er will mir ins Arbeitsleben helfen, dann sehen wir weiter.«

»Ja, was weiter?«, fragt mein Vater, er hat nichts mitbekommen. Ich wiederhole alles für ihn laut und deutlich und fünfmal.

»Vielleicht, aha, also typisch Politiker.« Er schließt seine Augen. Meine Mutter wedelt wieder mit dem Buch, das ist ihre Trophäe. »Nee, mach! Wird!«

Auf der Buchmesse

Für zwei Tage kann ich nach Frankfurt fahren. Freunde helfen mir, sie schlafen abwechselnd bei meinen Eltern. Beim mobilen Pflegedienst habe ich mich ausgeklinkt, zu teuer für zu wenig Leistung, zu viel wechselndes Personal. Die Zugehfrau Kim Jinpu wird die Morgentoilette der Eltern übernehmen. Beide sind einverstanden. Es gibt eine detaillierte Tagesdisposition mit Therapeuten, Kim Jinpu, Hilfe, Freunden.

Die Buchmesse mit ihren großen Hallen, den vielen Menschen und noch mehr Büchern, dem ganzen Medienaufgebot kommt mir wie ein anderer Planet vor. Es gibt es noch, das andere Leben. Ich werde erkannt und anerkannt. Und dann die vielen, vielen Bücher, ein Paradies für mich als Büchermessi, die Hektik, die Partys. Jeder ist hier der Wichtigste. Henning hat recht, die letzten drei Jahre haben mich verändert. Ich wollte immer etwas bewegen mit meinen Arbeiten, dieser Wunsch hat sich verstärkt. Der Firlefanz drumrum darf Spaß machen. Ist mir willkommen, aber fremd.

Henning liest am Stand seines Verlages aus *Grau ist bunt,* er wird gefeiert. Er entdeckt mich und ruft: »Mit dieser Frau schreibe ich mein nächstes Buch!« Er gibt Autogramme und kommt dann zu mir und meiner Agentin. Er liest und hört sich mein Konzept an. Ich stelle ihm einen Titelvorschlag vor: »Respekt vor dem Alter«, liest er laut: »Als Titel? Das klingt ein bisschen hart, das sollte natürlich jeder haben, aber nee, dieser Imperativ!?« – »Meine Mutter schlägt vor: ›Muss mehr Liebe rein.‹« »Deine Mutter ist ja 'ne Tolle, ja, sie hat recht, aber das ist doch unser Inhalt.« Wir beschließen, das noch zu verschieben, bis wir einen Verlag gefunden haben.

»Das machst aber alles du, ja?«, sagt Henning. »Ich mach das Buch mit dir: Du schreibst, und ich steh zur Verfügung. So machen wir das.«

Die Verabredung ist beschlossen, und schwups ist Henning weg zu einem nächsten Termin, später hat er eine Lesung, dann ist er auf Reisen. Hab ich das jetzt wirklich erlebt? Oder bilde ich mir das ein? Ein komischer Kerl. Egal wo er ist, ist er im Gespräch, auch mit Menschen, die er nicht kennt. Meine Mutter ist genauso. Ich bin gespannt, ihn weiter kennenzulernen.

Meine Agentin ist glücklich, meine Eltern auch. Ich habe wieder Arbeit, bis jetzt theoretisch und ohne Einnahme. Ich werde einfach anfangen, egal ob mit Auftrag oder ohne. Auf die vereinbarten Gespräche mit Henning freue ich mich. Ich habe eine Aufgabe, ich bin wieder Mensch, ich bin glücklich. Noch einen Tag renne ich Kilometer um Kilometer über die Buchmesse, riesige Messehallen voller Bücher: staune, rede, höre, lese, esse und trinke zu unmöglichen Zeiten. Rufe meine Eltern dreimal an. Schlafe nicht, lache, streite, tanze …

Der schwere Weg

Wieder zu Hause ereignet sich ein Drama. Meine Mutter war nicht direkt beteiligt, aber eben anwesend. Sie weint und ist erschüttert. Kann ich ihr das weiter zumuten? Müssen wir drei uns trennen? Was kostet das? Vater im Heim, Mutter in ein anderes Heim, ich …? Mutter zu Hause und ich besuche Vater, wer ist dann bei meiner Mutter? Sie kann keine Minute allein zu Hause sein. Und mein Leben? Meine Kraft? Arbeiten und zuzahlen oder selber machen? Bei meinem Vater reicht Rente und Pflegegeld nicht aus, also das Kapital »abschmelzen« und dann Sozialamt? »Kriegt er ja nicht mehr mit«, sagt mir die Verwaltungstante vom Pflegeheim. Ich bin total deprimiert. Was mache ich nur? Wer hilft mir? Mit wem kann ich reden? Mir tut alles weh. Innen und außen. Seelisch und körperlich.

Ich flüchte mich in die Küche und koche. Tafelspitz mit frischem Meerrettich, Gemüse, Petersilienkartoffeln. Davor die Bouillon. Mein Vater ist glücklich, das schmeckt ihm. Nur der Milchreis ist zu flüssig. Mit diesem Trick hat er 300 Milliliter Flüssigkeit zu sich genommen, das wird ihn leider über die Nacht in Bewegung halten.

Nach der Nachtroutine mit meiner Mutter und danach mit meinem Vater müsste ich eigentlich noch den Inkontinenz-Beutel zum Müll bringen, ich kann nicht mehr, deponiere ihn auf dem Balkon und falle wie ein Stein ins Bett, angezogen, ist mir heute egal.

In meinem Traum reite ich ein Wildpferd, werde zu dem Wildpferd, jage mit einer Herde durch eine Landschaft wie in Patagonien. Dann suhle ich mich im warmen Meerwasser mit Blick zum Horizont. Grabe meine Hände in den weichen Sand unter Wasser. Dann bin ich auf einer Terrasse und tanze, überall lachende Menschen, Paris bei Nacht. Dicht an meinem Ohr sagt jemand: »Willst du noch weggehen?« – »Gerne«, lächle ich. Plötzlich werde ich hochgerissen und bin in Berlin bei Nacht in meinem alten Kinderzimmer: »Willst du mich verlassen?«, werde ich angebrüllt und von meinem Vater ge-schüttelt. Richtiger ist, er brüllt, damit er sich selbst hört. Ich verneine mit dem Kopf. »Nein, Papo.«

»Hast du denn alles für dein Alter vorbereitet?«, fragt er mich übergangslos.

»Nein, habe ich nicht.«

»Also alles, was mir gehört, gehört dir sowieso, du musst dir keine Sorgen machen.«

»Danke, das ist lieb.«

»Du brauchst mein Erspartes, du hast niemanden.«

»Danke, Papo, das ist lieb, ich möchte schlafen.«

»Du darfst nicht alleine sein, gibt's da niemanden?«

»Nicht mehr.«

»Ich wünsche dir einen, der bei dir ist, ich kann's nicht sein. Nicht mehr lange sein.«

»Danke, gute Nacht.«

Er sitzt auf meinem schmalen Bett. Rührt sich nicht. Ich sehe ihn an. »Ich möchte schlafen, Papo.« Er nickt: »Ich auch. Wo schlafe ich?« Ich bringe ihn in sein Schlafzimmer, zeige ihm sein Bett. Wie kommt er zu dieser Klarheit? Er muss das vor langer Zeit vielmals bedacht haben. Hat es aber nicht ausgesprochen bis heute. Ja, das kommt aus seinem Langzeitgedächtnis. Anders ist das unmöglich. Ich bin so gerührt. Ich gebe ihm den dritten Gutenachtkuss heute Nacht. Warum, warum nur wurde in dieser Familie nicht gesprochen? Ich lasse ihn in dem Glauben, dass sein Erbe mich sichern könnte. Für wie viele Monate würde es reichen, wenn er in ein Heim muss? Er denkt an mich und ich an ihn. Ich muss lernen, noch mehr auch an MEINE Zukunft, MEINE Altersvorsorge zu denken. Danke, Papo, für den Hinweis.

Vordenken ist meine Maxime. Ich hatte das Pflegebett für meine Mutter geliehen, bevor wir es wirklich brauchten, es stand im Wohnzimmer als Couch getarnt. Als wir es wenig später brauchen, waren alle schon daran gewöhnt. Mein Vater hat die Nebenwirkungen des Neuroleptikums jetzt völlig überwunden, doch leider sind seine Aggressionsschübe wieder da. Es gibt kein Muster. Er weiß zwar noch, dass man eine Hose herunterzieht für bestimmte Verrichtungen, aber nicht mehr, dass man dafür einen speziellen Ort aufsucht. Wenn es dann passiert, ist blankes Entsetzen in seinen Augen. Das ist der traurigste Moment in meinem Leben. Dieses Leid in seinem Blick, nicht die Erkenntnis, was geschehen ist, verursacht sein Leiden. Es ist deutlich, dass er nicht weiß, was geschehen ist, aber er spürt, gerade dadurch vielleicht, dass etwas für ihn ganz Schlimmes passiert sein muss. Die Information des Hautgefühles an seinem Po kann sein Gehirn nicht in eine Information umwandeln. Er spürt, dass er aber in einem ansonsten automatischen unbewussten Vorgang gestört wurde … etwas stimmt nicht. In seinen Augen ist das Grauen, ein entsetzliches Grausen, das den Abgrund nicht kennt. Unbeschreiblich.

»Papo, am besten ziehst du schon deinen Pyjama an«, versuche ich abzulenken.

»Warum?«

»Es ist ein Missgeschick passiert.«

Er versteht nicht, dann fasst er mit der Hand nach unten.

»Oh Gott.«

Besuch in einer Dementen-WG

Ich mache mich kundig bei den »Guten« in der Berliner Demenz- und Alzheimer-Szene. Dass ich die kenne, ist eine Begleiterscheinung meines Buches und meiner Talkshow-Auftritte. Einen Platz in einer Dementen-WG oder in einem kleinen Heim zu bekommen, am besten wo Menschen sind, die den gleichen Grad an Demenz haben, ist schwer. Um mich zu informieren, mache ich einen Termin in einer Alzheimer-WG in einer schönen Backsteinvilla. Leider ist davor ein hässliches Wohnhaus gebaut. Was ich nicht wusste: Die Alzheimer-WG ist nur ein paar Häuser weiter in der Straße der Wohnung meiner Eltern.

Das ist ein guter Eindruck: In der oberen Etage ist in den fast quadratischen Flur eine Küche eingebaut. An dem großen Esstisch sitzen drei Bewohner, ein Pfleger kocht. Die Tochter einer Bewohnerin schnippelt mit den anderen Gemüse. Die

Türen zu den Zimmern stehen offen. Außer den Pflegebetten sind sie mit privaten Möbeln eingerichtet. Andere Bewohner sind in ihren Zimmern oder laufen herum. Eine protestantische Atmosphäre: sauber, schlicht, wenig sinnlich. Ich werde herumgeführt. Sitze mit am Esstisch und stelle meine Fragen. Das Konzept: Alle Bewohner bündeln ihre Pflegegelder und engagieren dadurch eine Rundum-Betreuung durch einen mobilen Pflegedienst. Zu den Kernzeiten, Morgentoilette, zu Bett gehen, ist entsprechend mehr Personal auf Zeit da. Dass Angehörige mitarbeiten, ist sehr erwünscht, dadurch senken sich die Kosten des Bewohners. Die anwesende Tochter arbeitet als Kassiererin in einem Discounter. Sie macht so viele Schichten mit, dass sie und ihre Mutter es sich leisten können. Nein, sie will nicht die Sozialkasse in Anspruch nehmen. Einer für alle. In Bezug auf meinen Vater wird mir geraten, ihn so lange wie möglich zu Hause, in seiner Umgebung, in der er noch orientiert ist, zu behalten. Auch, weil er zu seiner Frau und mir einen guten Kontakt hat, das beruhigt und hält stabil.

Ist das nun der Zeitpunkt für eine Trennung? Der Arzt sagt Ja. Vorsorglich habe ich uns auf die Warteliste setzen lassen. Dabei komme ich mir sehr schlecht vor. Würde er in diesem Stadium seiner Krankheit mit den anderen kompatibel sein? Wie wäre es für meine Mutter ohne ihren Mann? Wie teile ich mich dann auf? Wie verdiene ich das Geld dafür? Was wird aus meinem Leben? Hat Henning das wirklich ernst gemeint? Das Konzept für unser Buch ist fertig, wartet nur noch auf seine Zustimmung. In 15 Tagen werde ich ihn wiedersehen – in Berlin.

Henning Scherfs Biografie-Präsentation
in der Bremer Vertretung in Berlin

Hennings Biografie wird heute Vormittag in der Bremer Vertretung vorgestellt. Die Bremer Vertretung ist in der Hiroshimastraße. Schon als ich die Adresse notiert habe, sind alle Bilder, die ich jemals über Hiroshima gesehen hatte, in mir aufgestiegen. Natürlich auch das der Kinder, die mit verbrannter Haut im Krankenhaus liegen. Es ist eine kleine Straße zwischen Landwehrkanal und Tiergarten. Die gleiche Adresse teilen noch der DJH-Hauptverband für Jugendwandern und Jugendherbergen e.V. und die Botschaften von Japan, Italien und der Vereinigten Arabischen Emirate. Und ein Projekt der Friedrich-Ebert-Stiftung. Direkt neben der Bremer Vertretung ist eine riesige Baustelle, hier werden Luxusappartements entstehen. Der Baulärm untermalt die Veranstaltung.

Der Pförtner nickt mir freundlich zu. Im Inneren möchte mich eine im Bremer Schick gekleidete Dame in gedecktem knielangem Kostüm abfangen. Das ist meine Interpretation. Ich sehe auch irgendwie anders aus: rot in rot gestreiftes Oberteil, rote Ketten, rote Lippen. Diese Farbe kommt nur noch in der Krawatte von Henning vor. Ich sehe ihr ernstes Gesicht, ehe ich mich erklären muss, ruft es aus dem Portal zum Saal: »Ilsssee, du hast es geschafft, wie schön!« Henning reicht mir die Hand und umarmt mich. Er hält meine Hand weiter fest und teilt der Dame mit: »Das ist Ilse Biberti, sie hat ein großartiges Buch geschrieben.«

Ich werde willkommen geheißen. Dann hat Henning einen neuen Gast entdeckt. Die Dame bittet mich in den Saal. Durch die große Glaswand an der Stirnseite des Raumes sieht man die Großbaustelle. Die Bauarbeiter schenken uns keine Beachtung. Vor der Glasscheibe ist ein Rednerpult aufgebaut. Die Biografie wird auf einem hohen Tisch präsentiert. Von den Presseleuten abgesehen bin ich eindeutig die Jüngste im Saal. Eigentlich war ich das ja immer. Nur damals fielen mir die 10 bis 20 Jahre Altersunterschied nach oben nicht auf. Heute, wenn die anderen so 30 bis 40 Jahre alt sind, fällt mir auch nicht auf, dass ich jetzt die Ältere bin. Kurios. Genau das ist wohl der Scheidepunkt, wenn einer sagt: »…ich bin 49 Jahre alt, fühle mich aber nicht so.« Das ist das erste sichere Zeichen, dass er über der Schwelle zum Altsein ist. Tja, Ilse, willkommen im Club. Ich schau mir die Leute um mich herum an, müssen sie deshalb so trist angezogen sein? Vielleicht hat das mit der Ernsthaftigkeit ihrer Ämter zu tun? Ich kenne keinen. Ich reserviere mir einen Platz an einem kleinen Tisch mit guter Sicht zum Podium und gehe wieder in die Halle, um mir einen Kaffee, besser Apfelsaft zu besorgen.

Eine Limousine fährt vor. Heraus federt der Beauftragte der Bundesregierung für Kultur und Medien, Dr. Bernd Neumann. Das freut mich. Warum? Hier die Vorgeschichte: Wegen Hennings Worten, ich müsse mein Leben, speziell die Kontakte innerhalb meines Berufslebens, wieder aufnehmen, hatte ich die letzten beiden Tage außer Haus verbracht. Ich hatte jeweils für vier Stunden einen Eltern-Sitter engagiert, einen Medizinstudenten.

Am ersten Abend war ich in der Hochschule für Film und Fernsehen Konrad Wolf in Potsdam zu der Verleihung des Deutschen Drehbuchpreises. Dort hielt der Staatsminister für Kultur und Medien, Dr. Bernd Neumann, die Laudatio. Es war voll, heiß, stickig im großen Studio im Keller der Hochschule. Ich traf Kollegen, Filmförderer, Schauspieler und hatte einen guten Abend.

Es ergab sich, dass ich für den nächsten Abend für die Short-Tiger-Verleihung, eine Prämierung von Kurzfilmen, vergeben von der Film-Förderanstalt des Bundes, am gleichen Ort abermals eingeladen wurde. Hier waren nahezu die gleichen Menschen wieder, für mich war das gut. Ich wollte ja unbedingt Förderer für mein Kinoprojekt *Hilfe, meine Eltern sind alt* »antichambrieren«.

Ich traf auch Angelika Krüger-Leißner, die filmpolitische Sprecherin der SPD, die ich einmal auf einem privaten Atelierfest einer Künstlerin kennengelernt hatte. Wir freuten uns, einander zu sehen, und sie lud mich in den reservierten Sitzbereich ein. So saß ich erste Reihe Mitte. Und zu meiner Überraschung: Auch hier hielt Staatsminister Neumann eine Laudatio auf den Hauptpreisträger. Diesmal war die Feier in der offenen, in minimalistischer Beton-Ästhetik gehaltenen, mehrstöckigen Halle der Filmhochschule mit einem guten Buffet, üppig dekoriert mit weißen und pinkfarbenen Orchideenrispen.

Im Laufe des Abends wurden Frau Krüger-Leißner und deshalb auch ich als ihre Begleitung an den Tisch von Herrn Staatsminister Neumann gebeten. Eine lustige Gesellschaft von sechs Leuten an einem großen runden Banketttisch mit weißem Tischtuch: Filmadel. Was für ein Gegensatz zu meiner Lebenswirklichkeit. Ein bisschen kam ich mir wie Aschenputtel vor. Wenn die Menschen hier am Tisch mich unterstützen würden, wäre ich zurück im Beruf. Darüber zu sprechen, ist natürlich unmöglich. Alle aßen, tranken, plänkelten. Der volle Titel »Staatsminister für Kultur und Medien« wirkt einschüchternd. Wie gut, dass ich in einer Demokratie lebe. Ich wollte diese düsteren Gedanken abschütteln und versuchte, daran zu denken, dass ein Staatsminister heute ein Volksvertreter ist. Henning hatte mir erzählt, dass er Bernd Neumann sehr schätzt, sie saßen in Bremen in einer Koalition. Henning vertraute ihm so sehr, dass er Neumann ein halbes Jahr, bevor er als Bürgermeister abtrat und alle politischen Ämter niederlegte, ins Vertrauen zog. »Ilse, und der hat dichtgehalten, hat keinen politischen Nutzen daraus gezogen. Das war hochanständig.« Aus dieser Regung wollte ich Staatsminister Neumann ein Kompliment machen.

Eben hatte mich Angelika Krüger-Leißner ihm vorgestellt, von meinem Buch und Filmvorhaben erzählt, nicht ohne den Hinweis, dass sein Koalitionskollege Henning Scherf das Buch sehr gut fände. Ich sagte: »Herr Neumann, ich genieße im Moment richtige Neumann-Festspiele.« Er schaute mich fragend an, alle anderen waren irritiert. »Ich habe gestern Ihre Laudatio zum Drehbuchpreis gehört, heute die Laudatio hier und morgen werde ich Sie wieder sehen.« Verdutzte Gesichter am Tisch. Das gefiel mir, ich lächelte und schwieg.

Neumann fragte: »Sie meinen bei Scherf um eins?« – »Genau.« Um die anderen daran teilhaben zu lassen, ergänzte ich: »Morgen wird in der Bremer Vertretung die Biografie von Henning Scherf vorgestellt. Herr Staatsminister Neumann hält die Laudatio.« Zu ihm gewandt: »Auf meiner Einladung steht elf.« – »Das kann nicht sein!« Er zog sein Time-Schedule aus der Anzugtasche. »Hier steht ein Uhr.« Heimlich rief ich bei meiner damaligen Produzentin an, sie hatte auch eine Einladung, es war bereits nach Mitternacht. Sie sah nach und bestätigte, dass auf der Einladung elf stand. Neumann, der mein Telefonat beobachtet hatte und der Klarheit haben wollte: »Frau Biberti telefoniert mit ihrem Büro, gleich wissen wir es.«

Wie großartig das klingt. Tatsache war, dass meine Einzelkämpfer-Produzentin im Bett lag und die Einladung im Anhang der E-Mail von mir nachsah. »Nun?!«, fragte er mich. – »Auf unserer Einladung steht elf.« Nun rief Staatsminister Neumann den Verantwortlichen aus seinem Büro an. Er sprach auf ihn ein und sagte schließlich: »Er kümmert sich morgen drum, um elf bin ich im Bundestag und beantworte eine aktuelle Frage, das ist lange vorbereitet, da muss ich da sein.« Alle am Tisch alberten herum, wer Neumann ersetzen könnte bei Hennings Veranstaltung. Vielleicht Eberhard Junkersdorf mit Perücke? Oder den Termin verschieben? Doch Neumann meinte plötzlich: »Oder Sie machen das, Frau Biberti, Sie kennen ihn doch.«

Ich rief noch einmal die Produzentin an. »Ja, hier steht eindeutig: elf Uhr!« Bei der Verabschiedung konnte ich nicht anders: »Darf ich Ihnen meine Visitenkarte geben, ich möchte auch nicht zu früh in der Bremer Vertretung aufkreuzen, könnten Sie mich bitte informieren lassen? Für Herrn Scherf wäre das eine Enttäuschung, wenn Sie nicht kommen können, er hat so gut über Ihre gemeinsame Arbeit gesprochen.«

Als wir gingen, waren die Buffets abgebaut, nur noch die Dekoration: die schönen weißen und pinkfarbenen Orchideen lagen verschwenderisch auf den befleckten Tischdecken. Ich fragte das Servicepersonal, ob sie mir welche für meine Eltern schenken würden. »Ja, gerne, die werden eh weggeschmissen.« Meine Eltern hatten sich beim Früstück über den großen Strauß gefreut.

Pünktlich, Punkt elf Uhr also, betritt Staatsminister Neumann die Bremer Vertretung, ein eindrucksvoller Auftritt. In der Vorhalle begrüßen sich Henning und er, gehen gemeinsam Richtung Saal. Neumann entdeckt mich und verkündet mit großer Geste: »Wissen Sie, dass ich ohne Frau Biberti gar nicht hier wäre?« Fröhlich erzählt er die ganze Geschichte. Ab sieben Uhr morgens hätten sie darüber verhandelt, dass die aktuelle Frage an ihn schriftlich gestellt würde, damit er hier sein kann. Ich hatte bereits um acht Uhr einen Anruf aus dem Büro Neumann bekommen. Die Geschichte macht ihre Runde. Wir werden fotografiert. Die Veranstaltung ist gelungen. Ich lerne noch SPD- und kirchliche Weggefährten von Henning kurz kennen, auch Theaterleute. Geduldig warte ich, bis fast alle gegangen sind. Zum Abschluss schenkt mir Henning seine Biografie. Eine Umarmung und: »Wir telefonieren, ja?«

»Nein, ich … bitte …« Das mit dem Telefonieren, das kenne ich schon. Ich will mit Henning noch unsere weitere Vorgehensweise, das Konzept, den Titel absprechen … »Herr Scherf, der Wagen ist vorgefahren«, flötet die Dame im Kostüm. Schwups, weg ist er. Rien ne va plus.

Erst zu Hause sehe ich mir seine Widmung in der Biografie an: »IIIIlllllllllssssssseeeeeeeeee« – »Dein Henning 2007«. Erst Wochen später verstehe ich das: So beschreibe ich in meinem Buch *Hilfe, meine Eltern sind alt* das panische Brüllen meines Vaters, als er mir am Telefon mitteilte, dass mit seiner Frau etwas nicht stimmte: »IIIIlllllllllssssssssseeeeeeeeee, deine Mutter ist völlig durchgedreht, sie spricht wirres Zeug, ich denke, wir müssen sie abgeben.« Ich bin irritiert. Was meint Henning damit? Im Moment habe ich keine Möglichkeit, das zu ergründen. Braucht er Hilfe? Es gibt Wichtigeres: Ich muss mich zwingen, wieder vorzudenken.

Müssen wir uns trennen?

In Berlin-Grunewald soll ein gutes Heim sein, berichten mir die »weißen Raben« der Demenz-Szene. Ich verabrede einen Termin. Eine stattliche Villa. Ich klingle, nichts, es ist Mittagszeit. Das Gartentor ist unverschlossen, ich gehe rein. Ich krieg Panik und will wieder gehen, das Tor geht von innen nicht auf. Nanu? Ich fasse herum, versuche es von außen, geht nicht, auf Klingeln keine Reaktion. Also gehe ich ins Haus.

Die Heimleiterin empfängt mich freundlich, im Keller sind der Bürotrakt und die Küche untergebracht, hier wird noch vor Ort gekocht. Alles ein bisschen dunkel, eng und überdekoriert mit Strohblumen und Bildchen, aber freundlich. Mit dem Fahrstuhl geht's nach oben, sie zeigt mir das ganze Haus. Es gibt auch Küchenzeilen in den Wohnebenen, dort werden das Frühstück und Abendbrot zusammen hergerichtet und gegessen. Das ehemals herrschaftliche Haus ist von allem Schmuck entledigt. Linoleum-Belag, helle Wände: alles sachlich, pflegeleicht. Ein seltsamer Geruch.

Die Gruppe, in die mein Vater aufgenommen werden könnte, ist in der obersten Etage, gerade im Gemeinschaftsraum. Acht Damen und Herren sitzen am Tisch und essen Nudeln mit Bockwurst und rote Soße. Das Pflegepersonal sitzt nicht mit am Tisch. Nicht jeder weiß noch, dass das Essen in den Mund gehört. Es wird geholfen, ermahnt. Mein Vater kann nur mit Messer und Gabel essen, wenn er sieht, wie meine Mutter und ich es machen, dann kopiert er uns. Ich grüße höflich, stelle mich vor, als Ilse und Besuch. Ein Mann sitzt in einem Sessel in einer Ecke. Augen zu. Das Konzept des Heimes ist, alle verschiedenen Stadien der Demenz oder Alzheimer zusammen in einer Gruppe zu haben. Eine Frau rennt auf dem Flur hin und her, den immer gleichen Weg von ihrem Bett zum Herd im Flur und zurück. Vorbei an einem Bett mit einer Dame an Schläuchen: Die Magensonde surrt – Mittagszeit auch hier. Tropf oben und die entsprechenden Beutel unten am Bettrahmen. Die Dame beachtet diese Bettnachbarin nicht. Ein Mann, gut gekleidet, sitzt auf einer Bank, er starrt auf eine Uhr, ein schwarzer, halb hoher Hund ist bei ihm. Seit sein Hund hier ist, sei er ausgeglichen, er führe ihn in den Garten und manchmal mit dem Personal zum Hundeauslauf am Grunewaldsee. Er war mal Oberregierungsrat, wird mir erklärt.

Die meisten Zimmer sind mit zwei bis vier Betten belegt. An der Stirnseite des Flures steht auch die Tür offen. Als wir vorbeigehen, sehe ich nur ein Bett in dem kleinen Zimmer stehen, eine Frau liegt darin mit offenem gebisslosen Mund. Bombastische Gardinen sind kunstvoll vor dem Fenster drapiert: üppige Spitzenstores und Brokat-Übergardinen, mitgebracht aus einem Schloss. Davor ein Barockthron, riesig und vergoldet. Ein prachtvoller Standkandelaber, zwei große Ölporträts von einem Herrn und einer Dame im Look des 19. Jahrhunderts. Ihre Eltern. Alle Möbel sind überdimensioniert für den Raum und wirken hier völlig daneben. »Unsere Gräfin, ihr ganzer Stolz«, lautet die Erklärung. Wir biegen in den Flur nach rechts und in ein großes Zimmer. Eigentlich sind es zwei Räume, die verbindende Flügeltür ist entfernt worden. Die Sonne strahlt von zwei Seiten ins Zimmer. Im vorderen Raum stehen drei Betten maximal hochgefahren in Reih und Glied. Auf den Matratzen liegen Dekubitus-Auflagen, das sind mit Luft gefüllte Spezialmatratzen, die durch einen Motor den daraufliegenden Körper sanft in Bewegung halten. So soll einem Wundliegen entgegengewirkt werden. Die Geräusche dieses Motors vermischen sich mit dem Pumpen der drei Magensonden und einem Beatmungsapparat. Gegenüber, parallel zu den fehlenden Flügeltüren, steht ein altmodisches beigefarbenes Gitter-Pflegebett. Ein Nachttisch davor. Das Fenster ist hinter dem Kopfteil. Zwei Drucke ohne Rahmen sind an die Wand geklebt. Die andere mögliche Blickrichtung geht auf die Unterbauten der drei Betten. Im hinteren Raum sind vier Betten und zwei Sofas. Am Kaffeetisch sitzt eine lustige Runde: Bewohner und Helfer.

Die Heimleiterin erklärt mir, dass mein Vater das leere Bett haben könnte. »Die Wand kann er sich natürlich selbst dekorieren. Für eigene Möbel ist hier erst einmal kein Platz. Dafür ist seine Unterbringung auch billiger, so etwa 3600 Euro. Um die 1400 zahlt die Pflegeversicherung. So sieht es im Moment aus. Wenn die Rente nicht reicht, wenn das Vermögen alle ist, zahlt das Sozialamt, das wendet sich dann eventuell an Sie.« Lautes Lachen dringt von der Teerunde aus dem anderen Raum zu mir. Ich starre auf das nicht bezogene, beige, alte Pflegebett: eine Vier-Quadratmeter-Heimat.

Verschieben wir's auf später

Inzwischen weiß ich, dass ich zwei sehr gute Adressen besucht habe. Doch ich kann mir das für uns nicht vorstellen. Mir ist ganz weh ums Herz. Ihn dort ins »Nichts« »abzugeben«, wie Papo das nennen würde. Wahrscheinlich hätte er, wäre ich oder Mami oder seine Mutter in so einen Zustand gekommen, es auch getan. Ich kann es nicht. Meine Mutter äußert sich dazu nicht, ich frage sie auch nicht. Verstehe und akzeptiere ihre Überlastung. Jetzt noch nicht. Wo mein Vater uns doch noch erkennt. Sich in der Wohnung mit Hilfe zurechtfindet. Besser wird es nicht werden, das ist Realität, den Zustand aufhalten im Ist-Stadium ist vielleicht mit viel Mühe möglich.

Für das Heim oder für eine professionelle Pflege für zwölf Stunden am Tag werden unsere Mittel nicht lange halten. Kann ich meiner Mutter ihren Ehemann zumuten? Sie weigert sich, ihn als Ehemann anzuerkennen. Die schlimmste Vorstellung von meinen beiden Eltern war immer, mal nicht durch ihr eigenes Einkommen leben zu können, dem Staat zur Last zu fallen. Das wäre für sie gleichbedeutend mit: Sie haben »in ihrem Leben versagt.« Im Ehrenkodex meines Vaters wäre das tiefste Verelendung, tiefste Schmach. Soll ich jetzt das tun, was mir alle raten? Alles ausgeben und dann den Anspruch an die Sozialkasse stellen? Soll ich sie lieber pflegen lassen und viel Geld verdienen, um es dafür auszugeben? Und mein Leben? Seit drei Jahren habe ich nahezu nichts verdient. Das Buch verkauft sich gut, aber nicht so, dass es auch nur für meine private Krankenkasse reichen würde. Lesereisen kann ich nicht machen. Für meine Seele und hoffentlich auch spätere Einnahmen versuche ich, in jeder freien Sekunde an dem Drehbuch zu *Hilfe, meine Eltern sind alt* zu schreiben. Natürlich werde ich ständig unterbrochen.

Ich bin fast 50 Jahre alt. In meinem Beruf als Regisseurin habe ich jahrelang pausiert. Selbst wenn ich Arbeit als Regisseurin finden würde, würde das nicht von heute auf morgen gehen. Als Regisseur muss ich mobil sein, meistens arbeitet man nicht in der Stadt, in der man wohnt. Und es ist ein Sieben-Tage-die-Woche-18-Stunden-am-Tag-Job. Meine Gedanken drehen sich im Kreis. Was tun?

Ich beschließe zum einen, das Drehbuch weiterzuentwickeln, und hoffe, dass das gemeinsame Buch mit Henning einen Verlag findet. Zum anderen werde ich meinen Vater bei uns behalten, solange er noch halbwegs orientiert ist und mich als Instanz akzeptiert.

Zwei Jahre hatte er mich täglich viele Male informiert, dass er sterben wolle, ich ihm helfen solle, am besten sofort. Alle erdenklichen Tötungsarten von Gift bis Plastiktüte hat er mir vorgeschlagen für »meine Hilfe«: Könnte ich ihm nicht die Freude machen, ihn umzubringen? Das hatte ich immer wieder abgelehnt. Den eigenen Vater umbringen, das war zu viel für mich. »Ich möchte in Würde gehen, ehe es dafür zu spät ist.« Mein Vater ist streitbarer Atheist. Meine Mutter protestantische Christin. Ich bin protestantisch, atheistisch, von Nachbarn jüdisch erzogen, konfirmiert, mit 14 Jahren aus der Kirche ausgetreten, das war damals ein aufgeklärtes Verhalten. Seitdem flirte ich mit verschiedenen Richtungen, bis jetzt war mir ein religiöses Zuhause noch nicht so wichtig. Nach intensiven Gesprächen habe ich meinem Vater mein Wort gegeben, dass, wenn es hart auf hart käme, ich ihn nicht im Stich lassen würde.

Wie erlebt er sein Leben? WIE? Sieht er sein inneres Archiv durch? Ist er glücklich mit seinem Kopfkino? Oder ist es wenigstens erträglich? Gehört das bereits zur Reise aus dem Leben? Heimlich, still und leise wünsche ich ihm ein friedvolles Einschlafen für immer, bevor er auf die »tierische Ebene« sinkt, wie er es mal nannte. Der Tod als Freund, ein neuer Aspekt in meinem Leben. Plötzlich schreit mein inneres Kind auf. Es will den Vater nicht verlieren. Das überrascht mich. Eine versunkene dicke, fette, sehnsüchtige Liebe quillt in mir hoch:

mein Vater, Papo, mein Papo. Ein Bildersturm, Gefühlerauschen aus Kindertagen, Säuglingszeit. Erzählungen, dass er jeden Morgen mit mir als Baby gekuschelt hat. Mit mir alleine nach Rom gefahren ist, er im Strandkorb stolz wie Bolle mit seiner Tochter im Arm. Konnte er seine Liebe nur der kleinen Ilse zeigen? Er selbst hatte kein Vatervorbild. Seine verspielten Liebesbriefe an mich im Ferienheim drängen sich hoch. Ich will nicht erwachsen sein, jetzt den Rückbezug aufgeben müssen, der inneren Schutz geschenkt hat. Das wird mir jetzt erst klar. Mein Part ist nun, ihn zu begleiten und meinen Vater loszulassen, ihn gehen zu lassen in Verlässlichkeit, Treue und Zärtlichkeit. Ich fühle mich schuldig, wenn ich ihm einen guten Tod wünsche. Diese Scheißrealität. Ich muss – MUSS – mich zwingen vorzudenken. Mit den negativen Optionen meines Vaters und den positiven Optionen meiner Mutter. Ich denke in beiden Optionen: negativ und positiv, da bin ich ganz die Summe meiner Eltern. Diese meine Widerstände gehören jetzt aufgelöst und integriert. Da es den Tod gibt, wäre er jetzt bald eine Gnade. Ein innerer Prozess beginnt.

Henning ist ein viel beschäftigter Mann. Es macht mir Hoffnung auf mein eigenes Leben. Mit großer Geduld »jage« ich nach ihm. Wir treffen Vorbereitungen, Verabredungen für das gemeinsame Projekt. Wann passt es zu Hennings Zeitplänen? Bald wird er mit seiner Frau eine Weltreise unternehmen. Er bietet mir Zeiten für Treffen an. Ich weiß noch nicht, was die nahe Zukunft bringt. Werde ich Henning überhaupt treffen können? Meine Mutter gibt sich in Gottes Hände, sie ist sicher, dass alles zu seiner richtigen Zeit stattfinden wird.

Nach Kaffee und Kuchen schauen wir uns am Nachmittag gemeinsam Fotoalben an. Meine Mutter kann mir die Namen der Freunde und Verwandten nicht mehr verstehbar nennen, aber die Bilder regen sie zum Erzählen an. Sie erkennt sich auf den Abbildungen nur im idealen Alter von 20 bis 50. Auf einem Foto: sie als Kind mit ihrer Mutter. Sie zeigt auf ihre Mutter und sagt: »Ich!« Auf einem Foto von uns: ich bin 30 und sie 68 – zeigt sie auf mich und sagt: »Ich!« Wir drei sehen uns nicht wirklich ähnlich. Für meine Mutter sind wir drei: Marie, ihre Mutter, sie selbst und ich – eine Einheit. Ihre Erzählungen über vergangene Zusammenhänge kann ich nicht dekodieren, wohl aber die dazugehörenden Emotionen: von damals und heute. Mein Vater erinnert Orte, aber keine Menschen. Ich bin sehr traurig: Als meine Eltern mir über unsere Familie und ihre Verbindungen erzählen wollten, hatte ich kein besonderes Interesse daran. Jetzt sind diese Informationen für immer versunken. Viele erkenne ich, kann sie aber verwandtschaftlich nicht zuordnen.

Das gemeinsame Bilderansehen ist ein liebes Ritual geworden. Normalerweise beglückt mich mein Vater mit Schopenhauerzitaten, doch heute ist er besonders bedrückt. Als ich in die Küche gehen will, sagt er, sehr ernst und schlicht: »Es ist doch nicht richtig, dass meine Mutter ganz alleine ist, kann sie nicht herkommen, sie macht auch nicht viel Arbeit.« Er hat mir das in den Rücken gesagt, und es fiel ihm schwer. Zwischen meinem Vater und meiner Mutter gab es immer Eifersucht über die jeweiligen Schwiegermütter. Steglitz gegen Weißensee. Das sind zwei Berliner Bezirke. Steglitz im West-Teil: Bildungsbürgertum, reich, großstädtisch, aber grün. Weißensee im Ost-Teil, eher kleine Leute, normales Leben … so wurde mir das als Kind erklärt. Meine Mutter überzeugte, stolze Steglitzerin, sah herab auf Weißensee. »Bitte, das ist doch nicht richtig, dass sie allein ist und wir hier zusammen.«

Was soll ich sagen? »Papo, deine Mutter ist hier immer willkommen.«

Er strahlt übers ganze Gesicht: »Danke, das ist schön, ruf sie doch gleich an.«

Meine Mutter schüttelt den Kopf, sie hatte alles mitverfolgt. Mein Vater missversteht die Geste. Er brüllt: »Ilse macht das für mich!«

»Papo, ich kann deine Mutter nicht anrufen.« Er versteht nicht. Ich erkläre es ihm: »Oma ist tot.«

»Das kann nicht sein, ich habe sie gestern erst noch gesehen.«

»Papo, ich bin jetzt 49 Jahre alt, Oma ist leider vor 25 Jahren gestorben.«

»Nein.«

»Wann ist deine Mutter geboren?«

»1897, am 15. September.«

»Schau mal auf das Zeitungsdatum von heute, dann wäre deine Mutter jetzt 110 Jahre alt.«

»Ja, das ist wohl nicht möglich.«

Meine Mutter seufzt und wendet sich wieder den Fotos zu. »Wer ist denn dann die Frau in ihrer Wohnung?«

»Weiß ich nicht, es war eine Mietwohnung, du hast sie zurückgegeben.«

»Also alles in Ordnung?«

»Ja, du hast alles geregelt, alles ist in bester Ordnung.«

»Kannst du Mama nicht doch einfach anrufen?«

Das geht ungefähr 237-mal so, bis ich antworte: »Papo, wir können sie beide anrufen, in unseren Herzen. Sie ist doch immer bei uns.«

»Das hast du schön gesagt.«

Ich hole ein schönes Bild von Oma in einem Silberrahmen. Gemeinsam betrachten wir es.

Abends gibt es Kontrastprogramm für mich: ARD-Empfang im Hauptstadt-Studio. Ich treffe nette Menschen von Arte. Gerade als ich die große Treppe emporkomme, stehe ich unvermittelt vor Frank Plasberg: »Was machen Sie denn hier?«, blafft er mich in seiner netten Art an. Ich verstehe nicht. »Und Ihre Eltern?« Ein bisschen schwingt die Frage durch: Leben sie noch? Ich beruhige ihn, keine fünf Schritte weiter fragt mich Sandra Maischberger: »Wer ist bei Ihren Eltern?« – »Eine Studentin«, antworte ich lachend, aber innerlich bin ich traurig: Wie es mir geht, was ich tue, wird nicht gefragt. Dann treffe ich Maybrit Illner: »Schön, dass du hier sein kannst!« Danke! Ich fühle mich verstanden, ja, für mich ist das sehr kostbar, hier zu sein. Politiker, Journalisten, Fernsehredakteure – auch wieder eine andere Welt. Plötzlich Aufruhr: Zur Krönung des Abends kommt die Kanzlerin für ein paar Minuten. Macht des Fernsehens.

Die letzte Reise meines Vaters beginnt

Kurz vor Weihnachten will mein Vater nichts mehr essen. Bis jetzt war seine Magenuhr trotz seines immer weiteren Rückzuges verlässlich aktiv: Frühstück, zweites Frühstück, Mittagessen, Kaffee, Abendessen, Nachtimbiss – er hatte immer teilgenommen, bei Verzögerung das Essen eingefordert. Nun will er nicht mehr. Alle Lieblingsspeisen haben ihre Magie verloren. Trinken verweigert er in einer anderen Qualität, einer Unbedingtheit. Ich versuche nicht mehr, ihn zu überreden, zu überzeugen, zwingen tue ich ihn sowieso nicht. Der einzige Impuls, dem er folgt, ist sein Urindrang. Er kommt nicht mehr aus seinem Schlafzimmer, wünscht die Vorhänge zu, das Licht aus. An seinem Bett stehen fünf verschieden Getränke: warm, kalt, süß, neutral, Suppe. Auch: Nüsse, Schokolade, Obst, Kekse. Außer Gebissreinigung verweigert er jede Form der Hygiene. Ich habe Angst, dass er sich wund liegt und lege die Dekubitus-Matratze in sein Bett. Er schläft in dem alten Ehebett, einem Doppelbett aus den Endfünfzigern. Es ist sehr flach über dem Boden. Durch die Matratze liegt er nun 20 Zentimeter höher auf Luft in Bewegung und hat keinen Halt beim Aufstehen. Er ruft mich. Ich helfe. Im Zwei-Minuten-Takt. Gebe ihm den Nacht-Eimer, dreh mich weg und gebe ihm das Papier.

Die ganze Atmosphäre in der Wohnung ist eine andere: feierlich, eine gefüllte Ruhe. Sie wird so prall-friedlich, dass ich nicht mehr schreiben kann. Wenn ich das Drehbuch nicht bis Ende Januar fertig habe, ist die Chance der Verfilmung um ein Jahr verschoben mit dem Risiko, dass der Stoff dann nicht mehr interessiert. Bei den Mahlzeiten im Wohnzimmer fragt meine Mutter nicht nach ihrem Mann. Zur Toilette geht sie direkt an seinem Schlafzimmer vorbei. Nichts. Keine Reaktion. Gar nichts. Kein Blick, kein Antrieb hineinzugehen. Keine Frage zu mir. Ich bitte unsere neue Zugehfrau Selma um mehr Zeit. Ohne Worte zu verlieren hat sie uns Couscous als Mahlzeit mitgebracht. Sie ist Muslimin aus Nordafrika, Tunesien, lebt mit ihrem Mann und ihren vier Kindern seit Jahrzehnten in Deutschland. Sie sagt, ich sei nicht deutsch, und sie wäre stolz, mich zu kennen. Sie übernimmt die Fürsorge für meine Mutter. Ich bitte den mobilen Hospizdienst, zu uns zu kommen. Die Dame bestätigt schon allein durch die Stimmung, die sie in der Diele unserer Wohnung spürt, dass hier ein Sterbender ist. Sie sieht den Frieden in der Wohnung, die Liebe, eine dichte Atmosphäre. Sie und der Hausarzt bestätigen mir, dass mein Vater seine letzte Reise angetreten ist. Nun gilt: Sein Wille geschehe.

Brief von Henning auf Weltreise – Nicaragua

Liebe Ilse,

nun bin ich schon das zehnte Mal in Nicaragua. Beim ersten Mal 1981 war alles jung. Die siegreichen Revolutionäre nannten sich Muchachos und ihre Kommandanten sahen (einzige Ausnahme Tomás Borge) wie Studenten aus. Alle redeten von Aufbruch, vom Nuevo Homo. Alle Alten schienen in die USA emigriert zu sein.

Dieses Bild änderte sich von Mal zu Mal. Der revolutionäre Charme verflog. Bürokratische Willkür, Vetternwirtschaft und der Contra-Krieg veränderten die Lage grundlegend. Schrittweise entdeckte ich alte, weiter funktionierende Familienstrukturen. Nicht nur in der dünnen Oberschicht, bei denen funktioniert das seit Jahrhunderten, sondern auch unter den bettelarmen Massen gab und gibt es dieses Zusammenhalten der Generationen in der Familie. Das ist darum so verwunderlich, weil der uralte Machismo die Familie dramatisch bedroht. Es gibt immer wieder Familien, in denen der Erzeuger sich vom Acker gemacht hat und die verlassene Ehefrau Kinder und Großeltern zusammenhält.

Inzwischen ist mein Interesse an den nicaraguanischen Parteien gänzlich erloschen. Die korrupten Caudillos verhalten sich alle gleich, egal von welcher Partei oder Bewegung sie getragen werden. Dafür ist mein Interesse an den einfachen Menschen, die diesem Desaster widerstehen, es jedenfalls zu überleben versuchen, ständig gewachsen. Ihnen möchte ich nahe sein, von ihnen möchte ich lernen, ihnen möchte ich helfen. Und das bedeutet, ganz entgegen meiner Ursprungsabsicht, nicht in Strukturen oder besser gesagt in Institutionen zu investieren, sondern Menschen zu unterstützen, ihnen Lebensperspektiven zu öffnen, ihre Selbsthilfepotenziale zu entfalten.

Und dabei sind mir immer wieder ältere Menschen aufgefallen, die Enkelkinder aufziehen, während die Mutter arbeiten geht, die die Infrastruktur über kleine Märkte, über Dienstleistungen aufrechterhalten oder die sich untereinander, wie zum Beispiel zwei mit uns befreundete, verarmte ältere Schwestern, gegenseitig schützen.

Früher hätte ich gesagt, die werden ausgebeutet, heute denke ich, die sind aufgehoben in sinnstiftenden Aufgaben bis ins hohe Alter. Natürlich gibt es, allerdings nur für wenige Reiche, Alterseinrichtungen und die dann auch überwiegend im Ausland. Die breite Bevölkerung hilft sich selbst und überlebt so. Wir achten in unseren Kulturprojekten mit pan y arte sehr darauf, dass die Alten mit einbezogen werden. Wer beide Seiten gewonnen hat, kann eher darauf rechnen, dass sich Kontinuität und damit Kompetenz entwickelt. So kommen zu den Musik-Übungsstunden der Kinder die Großeltern mit, achten auf den Transport und auf Pünktlichkeit und bei den Aufführungen und Konzerten strahlt dann die ganze Großfamilie über den gelungenen Nachwuchs.

Wir werden bald weiterreisen. Ich melde mich aus Chile wieder.
Mit herzlichen Grüßen an Deine Eltern
Henning

Ich habe Angst

Was muss ich wissen, um richtig reagieren zu können? Mein Vater nimmt gar nichts mehr zu sich – auch keine Tabletten mehr. Früher hieß es, die seien lebensnotwendig, schon eine kleine Verspätung der Einnahme gefährlich. Davon ist nun keine Rede mehr. Der Arzt sagt: »Wenn der Kreislauf wieder anspringt, hat er noch eine Runde. Sie müssen jetzt durchhalten, kein Notarzt, kein Krankenhaus. Er will doch keine lebenserhaltenden Maßnahmen.«

Wie geht denn dieses Sterben? Was, wenn er Schmerzen be- kommt? Panikattacken? Er hat doch Herz-Rhythmus-Störungen? Bluthochdruck? Was, wenn sein Herz stolpert und er in Panik gerät? Wird das einen Herzinfarkt, einen Schlaganfall provozieren? Was mache ich, wenn er nicht mehr aufstehen kann? Wie versorge ich ihn im Bett? Ich telefoniere mit dem Hospizdienst. Wie erkenne ich, wann mein Vater stirbt? Was kann ich für ihn tun? Wie ihm helfen, es ihm zu erleichtern? In ruhiger Art werden mir die Anzeichen des Todes erklärt, ich lese das auch im Internet nach. Das hilft alles nicht wirklich. Vom Hospiz haben wir eine ehrenamtliche Begleitung bekommen, eine Dame, die einmal die Woche für eine Stunde kommt. Wir kennen sie schon. Sie hatte uns betreut, als meine Mutter vor einem Jahr fast von uns gegangen wäre. Sie setzt sich ruhig an das Lager meines Vaters. Ruhe. Einfaches Dasein. Während ich irgendwie auf der Straße rumlaufe, einkaufe, mich fremd in der Welt fühle.

Papo liegt auf seinem Tagesbett und ich auf seiner Seite des Ehebettes. So können wir uns sehen, und er kann leichter mit meiner Hilfe aufstehen. Das Sofa ist höher und schmaler. Seine Haut hängt in Lappen runter. Seinen Mund darf ich befeuchten. Trinken verweigert er. Trotzdem bleibt der Urindrang. Urin auf seiner dünnen, trockenen Haut wirkt wie ätzendes Gift. Um gehört zu werden, muss ich ihm hierzu direkt ins Ohr brüllen. Das klingt wenig liebevoll, kann es in der Lautstärke auch nicht sein. Die Hygiene und die Pflege seiner Haut sind ein großes Problem für mich. Ein Spagat zwischen Einhaltung der Schamgrenze und der Notwendigkeit und dem Tochtersein. Mir helfen Seifenwasser und Wasser pur aus der Sprühflasche und Hautschutzcreme aus der Sprühdose.

Intuitiv erzähle ich ihm die Stationen seines Lebens, von denen ich weiß, dass sie ihn bedrücken. Ich versuche ihm zu sagen, dass zum Beispiel seine Mutter 1925 nicht anders handeln konnte, als sie mit ihm seinen Vater verließ. Sie musste arbeiten gehen, um sie durchzubringen, und er wurde so zum Schlüsselkind. Dass sie das nicht zu seinem Schaden, sondern aus ihrer Sicht aus Liebe zu ihm getan hatte. Ich versuche ihn zu entlasten. Wir sind wie in einem gemeinsamen Vakuum. Ich erzähle ihm in sein linkes Ohr aus unserem gemeinsamen Leben, von schönen Erlebnissen, Reisen, Bildern in Galerien, Musik. Aus meinem Leben. Ein leiser Fluss anerkennender Worte. Mir fällt zeitversetzt auf, dass mein Vater wieder gut hört. Auch sein Kurzzeitgedächtnis funktioniert wieder.

Gemeinsam liegen wir im Schützengraben hinter dem Bett, ich als sein Kamerad Konrad. Durchleiden diese Qualen: Werden wir erschossen? Müssen wir schießen? Wir sind doch Funker? Nur Funker! Müssen wir? Ich spüre Papos Todesangst, eigentlich erlebe ich sie selbst. Ja, er war gegen den Kommunismus erzogen worden, aber diese gleichaltrigen jungen Männer dort? Müssen wir schießen? Töten? Darf das sein? Mein Vater ist so froh, in mir den damals neben ihm erschossenen Konrad wiederzufinden. Drei Tage liegen wir so. Auf wundersame Weise ist der Nacht-Pipi-Eimer auf unsere Seite des Bettes gelangt. Eine Decke darf ich nicht holen: »Im Krieg war es kalt.«

Wir sitzen auf der Sofakante nach einem Eimer-Toiletten-Gang. Mein Vater sagt: »Weiß gar nicht, was los ist.« Er lehnt sich kraftlos an mich, ich halte ihn im Arm: »Ich glaube, du bist dabei, die Welt zu verlassen …«, sage ich mit einer Stimme, die ich an mir nicht kenne. Mein Vater strahlt mich

an: »Das ist schön …« In seinen Augen sehe ich die ganze
Welt, sein Leben: ihn als kleinen Rolf, als schönen jungen
Mann, froh, bockig, schelmisch, reif und jetzt sein altersloses
Gesicht. Ich höre mich: »Du brauchst keine Angst zu haben,
du hast gesagt, dass du unter meinem Schutz stehst …« Er
betrachtet mich genau: »Das ist gut.« Stille, zarte Umarmung,
meine Tränen fließen.

Dann: »Darf ich mich wieder legen?«

»Gerne, Papo.«

Eine neue Angst stellt sich ein: Was mache ich mit einem to-
ten Vater? Was würde sein Tod mit mir machen? Mit meiner
Mutter? Die Dame vom Hospiz rät: »Heizung ausschalten,
Fenster auf und drei Tage den Leichnam in Ruhe liegen lassen.« Mein Homöopath gibt mir die Adresse von einem guten
Bestatter, den soll ich dann sofort anrufen, der würde alles
erledigen. Diese Gespräche zu führen, während mein Vater
lebt, quält mich. Meine Mutter steht nicht zur Verfügung.
Ich spreche mit einer befreundeten Ärztin, die mich zusam-
menpfeift: »Ilse, du schreibst doch ›TATORT‹, du kennst dich
doch mit Forensik aus. Du rufst sofort einen Arzt und die Polizei und einen Bestatter an. Das mit den drei Tagen tust du
dir nicht an.« Sie hat recht, in einem Krimi kommt es doch
immer darauf an, wie lange das Opfer tot ist, und das erkennt
man an den körperlichen Veränderungen. Oje.

In der Nacht höre ich die Stimme meines Vaters: »Sterben ist
nicht einfach.«

Auf seinem Bett liegend antworte ich: »Vielleicht kann dir
Oma helfen?«

»Wie?«, fragt er mit geschlossenen Augen.

»Na, sie ist doch schon tot.«

»Ach ja, stimmt«, bestätigt er mir.

»Man sagt doch, die Eltern holen einen dann ab …«

Papo erschrickt, ich empfange seine Gedanken: Angst vor seinem Vater. Das war ein Fehler, seinen Vater hat er seit seinem fünften Lebensjahr nicht wiedergesehen: »Vielleicht kann dich deine Mutter abholen?«

»Ob das geht?«

»Denk einfach an sie …«

Er lächelt. Viel später höre ich ihn fragen, ganz leise – ein verwehter Ton: »Kannst du nicht mitkommen?«

»Nein!«, entfährt es mir, laut und hart. Das will ich nicht. Ich atme durch, gehe zu ihm. Es spricht aus mir: »Ich begleite dich bis zur Schwelle, dann musst du alleine den nächsten Schritt machen.« Wir hören beide dem Klang meiner Worte nach. Draußen schneit es.

»Ja, natürlich, ja, das geht nicht«, sagt Papo.

Brief von Henning auf Weltreise – Chile

Liebe Ilse,

trotz des mörderischen Pinochet-Terrors, trotz der Zigtausenden Geflohenen und Verschwundenen, ist Chile im Aufbruch. Quer durch alle Gesellschaftsschichten ist das zu spüren. Warum gibt es so viele positive Entwicklungen in Chile? Mein erster Eindruck nach vierwöchigem Chile-Besuch: Pinochet hat die Zivilgesellschaft, die sich in den 200 Jahren republikanischer, parlamentarischer Verwaltung entwickelt hat, nicht im Kern zerstören können. Sein Militärterror, sein neoliberaler Deregulierungsterror haben die durch Einwanderer aufgebaute innere Gesellschaftsstruktur nicht abräumen können.

Es ist quer in allen Gesellschaftsschichten zu sehen, wie die Generationen zusammenarbeiten. Alte Menschen leben in Familien und in Nachbarschaften: Bei unserem mehrtägigen Besuch in Valparaiso haben wir wie im Havanna Social Club alte und uralte Musiker erlebt, die begeistert ihren Tango gespielt und gesungen haben und dabei mittendrin in der sie tragenden Gesellschaft lebten. In Viña del Mar bin ich alten aus Deutschland zurückgekehrten Pinochet-Flüchtlingen begegnet, die ihre Emigrationsgeschichten mit den im Lande gebliebenen Jungen austauschten. Die Jahre haben sie nicht entzweit. Und in Santiago waren wir Gäste bei unserem Freund Amital Palma, der zwölf Jahre in Bremen als Emigrant überlebt hatte, und nun wieder bei seinen inzwischen erwachsenen Kindern, die übrigens in Chile geblieben waren, ein neues Leben im alten Land entfaltet.

Natürlich gibt es auch besorgniserregende Berichte über Verwahrlosungen allein gelassener alter Menschen. Unser Freund Johnny, Bürgermeister eines riesigen Santiago-Quartiers, hat uns darüber berichtet. Seine Antwort ist aber nicht, massenhaft große Pflegehäuser aufzubauen. Er will mit den Menschen in vertrauter Umgebung bleiben. Er will durch Ambulanzen und aktive Nachbarschaftsnetze ein kleinzelliges, dezentrales, die Selbsthilfebereitschaft der Menschen ernst nehmendes Care-Management aufbauen.

Wir setzen unsere Reise auf einem Kreuzfahrtschiff Richtung Asien fort. Zum Programm gehören Lesungen von mir für die Passagiere. Ich werde Dir davon berichten.

Mit herzlichen Grüßen an Deine Eltern
Henning

Meine Angst wandelt sich in Stolz

Papo hatte recht, jetzt war der beste Zeitpunkt für ihn, aus eige-
nem »Entschluss«, eigener Kraft zu gehen. In meinem Inneren
entsteht ein Einverständnis. Ich halte seine Hand feierlicher.
Papo wird physisch weniger und weniger, geistig jedoch klarer und klarer. Diese Ablösung voneinander ist auch wie eine
Auflösung von Gegensätzen, irgendwie fühle ich mich eins
mit ihm. Eins in einer Liebe ganz neuer Dimension. Wir haben beide drei Wochen nicht länger als 30 Minuten im Zusammenhang geschlafen. Sechs Wochen versorge ich ihn in seiner
finalen Phase zu Hause. Ein Fingerhut voll Wasser, selten. Drei
Löffel Milchreis insgesamt. Ein Stück Schokolade. Das gesamte
Ess- und Trink-Sortiment immer bereit im Angebot. Wir singen
Kinder- und Weihnachtslieder, summen. Viele Hundert Male
am Tag sage ich ihm, dass er alles erledigt hat, alles in Ordnung ist. Dass ich ihn liebe und er ein guter Vater war.

Ich bin gerade eingenickt: »Ilseeeee!« – »Ja?« – »Darf ich
sterben?«

Was für eine Frage. Wir sehen uns lange an. Er wünscht eine
Antwort. »Ja, Papo.«

Ein paar Stunden später: »Darf ich dich alleine lassen?«

»Ja.«

»Habe ich alles erledigt? Keine Schuld offen?«

»Alles erledigt, du hast alles gut gemacht.«

»Ich darf also sterben?«

»Ja.«

»Dann bin ich weg.« Weg? Das ist mir zu viel!

»Du lebst in mir weiter«, tröste ich ihn. »Wenn ich sterbe,
erwartest du mich«, tröste ich mich. Es ist mir ernst.

Papo lacht: »Das werd ich ja bald wissen.« Lächelnd döst er weg.

Seelischer Schluckauf

Plötzlich, von einer Sekunde zur anderen, fängt mein Vater an zu schreien, zu jammern, zu wimmern, im 3-Sekunden- bis 2-Minuten-Takt: »Hilfe, Hilfe, HIIIILLLFFEEEEEEE!!!«

Was hat er? Schmerzen? Nein. Angst? Nein. Er kann es nicht beantworten. Er kann es nicht stoppen. Er weiß selbst nicht warum. Was kann ich tun? Hand halten, ihn in den Arm nehmen, mich zu ihm legen, vorsingen, sprechen, aufsetzen, Wärmflasche, Kuscheltier, Licht, Wärme … Nichts hilft.

Hilfe, Hilfe, Hilfe in allen Tonarten, jeder Lautstärke. Es trifft mich direkt in der Seele. Ich bin bereit, alles zu tun, nur WAS? Der Arzt sagt, ja, das gibt es, ein Automatismus, eigentlich eher bei Frauen bekannt. Die Nachbarn beschweren sich. Ich bin hilflos, ängstlich, was mache ich falsch? Ohnmächtig. Komme an meine Grenzen. Hilfe? Ja gerne, welche? Der Arzt rät Musik anzustellen, damit es die Nachbarn nicht mehr so hören, auch ich. Ich soll ihn alleine im Zimmer lassen, ihm ein Schlafmittel geben. Mein Vater ist in Not, und ich soll ihn alleine lassen? Er ist nicht in Not? Es ist nur ein Konzert der Synapsen?

Ich stelle Mozart an, verstecke mich im hintersten Winkel der Wohnung, stopfe mir Ohropax in die Ohren: »Hilfe, Hilfe, Hilfe …« Das verordnete flüssige Schlafmittel wirkt nicht. Höher dosieren traue ich mich nicht. Er ist nur noch Haut und Knochen. Zwischendurch hieve ich meinen Vater gefühlt alle halbe Stunde hoch, er kann nicht mehr alleine stehen, halte ihn, reiche ihm bzw. halte ihm den Toiletteneimer vor. Einlage oder Windel lehnt er ab. Ich will verhindern, dass seine Haut kaputtgeht, das bedeutet, ich muss ihn gegen seinen Willen waschen und salben. Diese Doppelfunktion empfindet mein Vater irgendwann als Bedrohung. Mir geht es an die Substanz. Gleichzeitig die Versorgende und die Tochter zu sein. Also einerseits das vernünftig Notwendige tun zu müssen und andererseits der seelische, liebende Beistand zu sein. Bedrohung darf das Vertrauen nicht fressen.

Mein Vater hört wieder schwer. Meine Fragen nach dem WARUM seiner Hilferufe muss ich brüllen. Auch nicht schön. In meiner Verzweiflung biete ich ihm einen Pfarrer an, ja er ist bereit, ihn zu treffen, glauben tut er nicht, dass der ihm helfen kann. Nach einigen Tagen könnte ich selbst aus dem Fenster springen. Ich beschließe, Versorgung und Beistand zu trennen. Meine Stärke hatte ich auch aus dem Bewusstsein gezogen: Wenn es gar nicht mehr anders geht, könnten wir Zuflucht in einem Hospiz nehmen. Mein Anruf im Hospiz nimmt mir die letzte Hoffnung. Ich brauche einen freien Hospizplatz, eine Seltenheit, eine Überweisung und eine Kostenübernahme der Krankenkasse. Arzt und Neurologe sind in Urlaub. Überraschung: Eine Kostenübernahme für meinen Vater zu bekommen ist mehr als unwahrscheinlich, erklären mir JETZT die Hospizdienste. Einen geregelten Anspruch an die Krankenkasse hat man mit den Krankheiten: ALS (Erkrankung des motorischen Nervensystems), AIDS und »austherapierter Krebs«, und man ist besser jung!

Mein Vater zieht ins Hospiz

Nach einem Telefonmarathon mit meinem Vater im Arm, xO-Ton-Hörspiel für meine Gesprächspartner, arbeite ich mich die Entscheider-Hierarchie in der Krankenkasse nach oben. Endlich habe ich es geschafft, habe eine Kostenübernahme von einem Monat errungen und – oh Wunder! – habe einen Platz in einem Hospiz gefunden. Die Überweisung zaubere ich auch herbei. Den Transport ins Hospiz muss ich selbst organisieren! Hat denn hier keiner Erbarmen?! Der Pfarrer bietet an, meinen Vater im Krankenwagen zu begleiten. Dafür bin ich ihm sehr dankbar. Ich werde mit meinem Wagen mit seinen Sachen hinterherfahren. Eigentlich bin ich fahruntauglich. Ich erkläre meinem Vater alles. Versteht er? Ziehe ihn sorgfältig an, draußen ist es Winter, eiskalt. Die Sanitäter sind sehr nett, ein Mann und eine Frau. Ich habe die Möbel in der Diele zur Seite geräumt. Papo wird aus der Wohnung getragen: ein alter König auf seinem Thron.

Brief von Henning auf Weltreise – auf dem Kreuzfahrtschiff

Liebe Ilse!
Die Reise war gewöhnungsbedürftig. Die meisten Menschen auf diesem Musikdampfer wollten sich amüsieren, wollten dem Alltag entfliehen. Das war nicht unser Interesse. Trotzdem kann man das stehen lassen und seinen eigenen Weg gehen.

Wir haben sympathische Leute getroffen. Wir haben eine sehr gute Crew erlebt. Und das Schiff hatte die richtige Größe und auch schon Patina angelegt. Mit dem Wetter haben wir großes Glück gehabt.

Was will man eigentlich mehr? Vielleicht dies: Mehr von den Län-
dern erfahren als das, was bei dem Programm und mit Rücksicht
auf die Unterhaltungsbedürfnisse der Mehrheit nur oberflächlich
möglich ist. Nicht nur professionelle Begleiter, sondern persönliche
Begegnungen mit den Menschen in den verschiedenen Ländern,
mehr Nachdenkliches und Anspruchsvolles über die gerade erlebte
»Eine-Welt«. Wir werden wohl so schnell nicht wieder auf solch
einem Musikdampfer mitschippern, aber anderen davon abraten,
das wollen wir auch nicht. Wer nur vom Alleinsein und nur vom
Älterwerden abgelenkt werden will, der sollte sich kostengünstigere
Aufgaben in seiner vertrauten Umgebung suchen. Keine Weltreise
wird dieses lebenswichtige Gefühl, in vertrauter Umgebung einge-
bunden in altersgerechte Aufgaben zu sein, ersetzen können. Wer
nicht weiß, warum er morgens aufsteht und abends den vergangenen
Tag nicht mit eigenen selbst gestalteten Beiträgen vorm Einschlafen
vorbei-ziehen lassen kann, wird sich über den Daueramüsierbetrieb
freuen, der ja verhindern will, dass man zu sich kommt.

Dennoch ist eine Weltreise eine zwar verbesserungsbedürftige,
aber auch verbesserungswürdige Möglichkeit, unsere klein gewor-
dene Welt kennenzulernen, um vielleicht auch an dem einen oder
anderen Platz, wie wir das in Nicaragua tun, mit anzufassen.

Mit herzlichen Grüßen an Deine Eltern
Henning

Im Hospiz

Mein Vater wird von den Krankenschwestern und Pflegern
freundlich aufgenommen. Ein Einzelzimmer mit Blick auf
den ehemaligen Mauerstreifen und den Berliner Fernseh-
turm. Das Bad ist von zwei Zimmern aus zugänglich. Mein
Vater ist wieder im Osten der Stadt, wo er auch geboren

wurde. Zu meinem Schock ist hier alles unter einem Dach. Um in die große Empfangshalle zu kommen, muss man an einem Beerdigungsinstitut vorbei. Im verglasten Atrium fährt man in einem verglasten Fahrstuhl an den Stationen des Alters- und Pflegeheimes vorbei. In einem Stockwerk endet ein breiter Gang in der Altersheimstation vor einer großen grauen Metall-Doppeltür. Dahinter ist das Hospiz. Kurze Wege. So hatte ich mir das nicht vorgestellt. Für meinen Vater hat das keine Relevanz. Eine friedliche, feierliche Stimmung ist auf der Hospiz-Station. Vor einer Tür steht ein Gestell mit einer brennenden Kerze und Blumen. Eine Mitbewohnerin ist gerade gestorben. Die Tochter des Pfarrers arbeitet hier, ein gutes Zeichen, denke ich.

Mein Vater entspannt die nächsten Tage ein wenig, er nimmt ein wenig Getränk an, isst ein bisschen. Seine Hilferuf-Endlosschleife bleibt. Das ist für das Hospiz nicht tragbar. Der Hausarzt weigert sich, meinen Vater im Hospiz weiter zu betreuen. Zu weit entfernt, das wird ihm nicht bezahlt! Im Telefonat prahlt er, dass er eben extra nach München geflogen ist, um seiner Tante beizustehen. Glückliche Tante. Armer Vater. Der Arzt des Pflegeheimes übernimmt meinen Vater als Patienten. Er stellt meinen Vater mit Neuroleptika ein. Zu viel: Nun liegt er wie ein Gemüse da. Versuch und Irrtum: Zu wenig bedeutet, die Hilferufe beginnen von Neuem. Die Hospizleiterin sieht aus wie ein Familienmitglied der Adams Family: weiß-schwarz, weiße ungesunde Haut, schwarze Haare, streng zurückgekämmt zum Dutt, schwarze Klamotten. Sie verbietet das homöopathische Mittel! Verweigert eine Begrenzung des Bettes zur Wand hin. Mein Vater sucht mit der rechten Hand immer nach einem Halt, um sich aus eigener Kraft umdrehen zu können. »Nein, das ist Freiheitsberaubung, das muss das Gericht bestimmen«, sagt die Pflegeleiterin des Hospizes. »Ich habe alle Vollmachten, notariell bestätigt!« Das akzeptiert sie nicht: »Das Gericht entscheidet.«

Für meine Mutter habe ich in meiner Not eine private Hilfe engagiert. Ich sitze Stunden am Bett meines Vaters. Er stabilisiert sich ein wenig. Ich bitte den Pfarrer, den Ehrenamtlichen und einen Freund, mich bei meinem Vater zu »ersetzen«, und fliehe für vier Tage zu meinen Freunden Frank und Uli aufs Land. Pendle bei ihnen zwischen Bett und gedecktem Tisch. Bin kein Gast, eher ein Geist. Ich bekomme unerträgliche Schmerzen unter-der-Haut, gegen-die-Haut: Feuerbrünste. Innere Dialoge toben durch mich: Sterbehilfe? Gott? Braucht er diese Leidenserfahrung? Stirb, lieber Vater, stirb. Ein Gebet an meinen Kindergott: »Lieber Gott, nimm ihn zu dir …«

Brief von Henning auf Weltreise – Sri Lanka

Liebe Ilse,
wir sind jetzt in Sri Lanka, dieses Land hat nicht nur Tsunami-Opfer, sondern noch viel mehr Kriegsopfer. Nirgends auf der Welt habe ich so viel Militär auf den Straßen und überhaupt im ganzen Land gesehen. In Colombo ist ein Großteil der Innenstadt einfach gesperrt. Man braucht eine Erlaubnis vom Militär. Wo bleiben in dieser Katastrophe die Alten? Eingestimmt war ich durch HelpAge, einer weltweiten Hilfsorganisation, für die Hannelore Hoger und ich in Deutschland für alte Menschen in Afrika und anderswo trommeln.

Bei unserem Besuch in einem Fischerdorf, das schwer zerstört durch den Tsunami mit Hilfsgeldern aus Bremen wiederaufgebaut wurde, habe ich in den Fischerhütten Drei-Generationen-Familien gefunden. Sie halten die Großeltern zu Hause, zum Kinderhüten, zum Essenbereiten, zur Gartenarbeit oder auch nur zum Beaufsichtigen der Habseligkeiten. Das Gleiche ist uns dann bei den armen Teepflückern begegnet. Ich erinnere mich an eine hochbetagte Großmutter, die mit ihren Enkelkindern und anderen Kindern in einer improvisierten Buschschule mithalf. Die Eltern arbeiteten in der Teeplantage, die Großmutter hütete die Kleinsten. Auch auf den Märkten, einige Marktleute hatten mit den Bremer Spenden Nähmaschinen oder Ladeneinrichtungen erworben und einen Neuanfang geschafft, auch auf diesen Märkten haben wir mitten zwischen den Marktfamilien gesessen und beobachtet, wie drei Generationen sich helfen. Bettelnde Alte habe ich in Sri Lanka nicht gesehen.

Mit herzlichen Grüßen an Deine Eltern

Henning

Mein Vater soll wieder nach Hause

Die vier Wochen Kostenübernahme sind vorbei. Die Krankenkasse würde einer Verlängerung zustimmen. Sie braucht dazu eine Stellungnahme des Arztes. Der vom Hospiz herangezogene Arzt, der eine Praxis in dem Heimkomplex hat, weigert sich. Die Hospizleiterin stand von Beginn an auf dem Standpunkt, mein Vater gehöre ins Pflegeheim, und so ein Zufall: Da ist ein Bett frei, Überkapazität. Der Hausarzt könnte verordnen, will aber nicht hinfahren und dem Kollegen nicht dazwischenfunken. Immerhin telefonieren sie, das bewirkt einen Aufschub von einer Woche. Mir wird geraten, auf keinen Fall meinen Vater in ein Krankenhaus oder Pflegeheim verlegen zu lassen. Da wird sein Wunsch, in Ruhe zu sterben, nicht erfüllt. Seine Vorgeschichte würde sich da nicht vermitteln lassen und das Programm »Leben erhalten« würde automatisch ablaufen. Also muss ich meinen sterbenden Vater mit nach Hause nehmen. In mir schreit alles. Wie sollen wir das schaffen? Egal. Weiter! Ich bestelle ein Pflegebett. Wer wird ihn medizinisch zu Hause versorgen? Keine Ahnung. Ich finde eine kleine private Pflegestation, eher ein Zusammenschluss mehrerer Damen, Abrechnung über die Pflegekasse nicht möglich. Dafür flexibel und auf Stundenbasis einsatzbereit. Sein Schlafzimmer ist nun ein Sterbezimmer, alles ist bereit.

Die beiden Mediziner haben kein Erbarmen. Voller Angst bestelle ich den Krankentransport für den nächsten Tag.

Darf man sterben?

Nach fünf Wochen, an dem Tag, an dem er nach Hause entlassen werden sollte, fällt mein Vater ins Koma und kommt in die Notaufnahme eines Krankenhauses. Plötzlich in die Notaufnahme. Aus einem Hospiz! Das ist gegen die Überzeugung der Hospiz-Bewegung! Gegen seinen und meinen ausdrücklich schriftlich in der Patientenverfügung fixierten Willen. Ich werde vor vollendete Tatsachen gesetzt. Ins Krankenhaus wurde mein Vater als Bewohner des Pflegeheimes eingeliefert! Ohne seine Patientenverfügung!

Im Krankenhaus werden zwar die von mir mitgebrachten Kopien seiner Patientenverfügung akzeptiert, aber nicht der Wunsch, sterben zu dürfen. Infusionen werden in den bewusstlosen Körper eingeleitet in Mengen, die der sterbende Körper nicht verstoffwechseln kann. »Er ist dehydriert. Die haben in dem Pflegeheim nicht auf ihn geachtet.« – »NEIN, falsch. Mein Vater hat nicht mehr getrunken, er ist im Sterbe-

100

prozess! Er kommt aus dem Hospiz!!!« – »Was macht er dann hier? Da hat er in der Notaufnahme nichts zu suchen!« Das Notaufnahme-Team ist empört. Trotzdem: Gegen unseren Willen wird infundiert. »Wir dürfen ihn nicht verdursten lassen«, heißt es. Das Hospiz hat die Patientenverfügung nicht mitgeschickt! Ich lege sie in Kopie vor: Lebenserhaltende Maßnahmen werden eindeutig abgelehnt! Auch meine notarielle Vollmacht, über alles entscheiden zu dürfen, gebe ich ab. Die 1,5 Liter Infusion täglich bleiben. Das Koma lässt sich nicht erklären: vielleicht Folge einer Überdosierung der Neuroleptika. Oder die Nebenwirkungen eines Medikamentenmixes? Ein Hirntumor? Das CT zeigt: Beide Frontallappen des Gehirns sind zerstört. Mein Vater wird nie wieder das Bewusstsein erlangen.

Er liegt in einem Dreibettzimmer. Sein Bettnachbar, ein junger Türke, begrüßt mich: »Keine Sorge, ich passe auf deinen Opa auf, er ist ein großer Mann.« Die Pfleger im Hospiz hatten meinem Vater einen Schnauzbart stehen lassen. Mein Vater hasst Bärte: Hitler, Stalin, Mussolini. Im Bett am Fenster gibt ein Mann seiner Frau mit schneidender Stimme Anweisungen, was sie im Haus wie zu tun hat: die Mülltonnen, die Nachtbeleuchtung, sie kennt sich ja mit nichts aus. So kompensieren sie ihre Angst. »Was ist mit Ihrem Vater?«, wird rübergerufen. »Er ist im Sterben.« – »Oje.« – »Wünschen Sie ihm Glück«, sage ich. Der Fernseher in der Mitte an der Decke ist auf Dauerbetrieb geschaltet: terrorisiert! Ich befeuchte meinem Vater die Zunge, die Mundhöhle mit einem medizinischen Wattestäbchen, den Zitronengeschmack wasche ich vorher aus. Tausche ihn gegen Sanddornsaft. Ich kann seine Gedanken empfangen. »Du kannst dich auf mich verlassen, Papo. Dieser Umweg bringt uns nicht vom Ziel ab.«

Der Assistenzarzt erläutert mir Vaters Zukunftsaussicht:

Pflegeheim. Für immer Koma, Magensonde, Infusion, ausleitende Schläuche. Ein Leben nur möglich durch Apparatemedizin. Das sind genau die Umstände, die mein Vater immer entschieden vermeiden wollte. Ich flehe die Ärzte an, doch die Diagnose Krebs, Hirntumor zu stellen. Dann kann ich versuchen, einen Hospizplatz zu bekommen. Die Kostenübernahme zumindest wäre so kein Problem. Das wird mir verweigert. Mein Vater gilt jetzt nicht mehr als Patient in der finalen Phase. Ein Pflegeheimplatz auf dem Krankenhausgelände wird mir angeboten. »Bei guter Pflege, kann Ihr Vater erfahrungsgemäß noch 10, 12 Jahre leben.« – »Wollen Sie ihm das verweigern?«, ergänzen die Augen des Arztes.

Pflege? Leben? Wie ein lebendiger Leichnam?

Zweieinhalb Jahre hatte mein Vater mich gebeten, mir befohlen, ihn umzubringen. Hat er mir mein Versprechen für sein gnädiges Ende in aussichtsloser Situation abgerungen. Ich frage den neuen Hausarzt von meiner Mutter und mir, ob er meinen Vater zu Hause medizinisch versorgen würde. So erfahre ich, dass der Hausarzt zuvor in diesem Krankenhaus gearbeitet hat. Er ruft die Kollegen an. Erklärt unsere Hintergründe.

Inzwischen sind Papos Arme, Beine und sein Hals aufgeschwollen, Ödeme von den Infusionen. Ich verhandle vor Ort mit den Ärzten, erlange, dass milliliterweise die Flüssigkeitszufuhr heruntergesetzt wird. Gebe keine Einwilligung für die künstliche Ernährung durch eine Magensonde. Gebe keine Einwilligung für die Überstellung in das Pflegeheim. Krankenhausplätze in der Neurologie sind knapp. Von seinem Krankheitsbild her hat er hier nichts mehr zu suchen. Aber in Pflegeheimen würden alle lebenserhaltenden Maßnahmen massiv durchgesetzt werden. Ich muss mir vielfach anhören, dass ich meinen Vater verhungern und verdursten lassen will! Ich bitte um die Zeit, ein Pflegeteam für zu Hause zusammenstellen zu können, um ihn heimzuholen. Ich habe Angst davor. Ich habe alles richtig gemacht, und nun ist alles falsch. Oder braucht mein Vater diese Erfahrung? Was ist richtig? Was ist falsch?

Auf dem Bett meines Vaters liegt ein Flugblatt von Ver.di: »Liebe Patientin, lieber Patient, an dieser Klinik finden heute und an den nächsten Tagen Streiks statt (…) Selbstverständlich wird durch unsere Aktionen kein Patient/keine Patientin zu Schaden kommen.« Ich sehe, wie die Schwestern und Ärzte hier schuften. Trotzdem freundlich, ja gut gelaunt sind. Nach wie vor wird Papo so viel Flüssigkeit eingeleitet, dass die Flüssigkeit bei sanfter Berührung durch die Haut austritt! Schluss, so nicht weiter. Als Nächstes wird die Lunge volllaufen. Ertrinken im eigenen Körper. Das habe ich bei Anna, meiner Großmutter mütterlicherseits, erlebt. Das alles ist, was wir nicht wollten. Ich zwinge mich zur Sachlichkeit, bestehe auf ein Oberarzt- und Assistenzarztgespräch am Bett meines Vaters. Letztmalig erkläre ich den dokumentierten Willen meines Vaters. Jetzt schließt ein langer Prozess in mir ab. Ich bin zu allem bereit. Wir werden erhört. Ich setze den Wunsch meines Vaters durch. Auf den letzten Millimetern des Lebensweges gelingt ein würdevoller Tod.

Am 6. Dezember 1919 kam mein Vater auf die Welt.

Am 23. Februar 2008 verlässt Rolf Pfeiffer diese Welt.

Teil II

Jetzt bin ich 50 Jahre alt, ein anderer Mensch

In 10596, also rund 10600 Tagen werde ich meinen 80. Geburtstag feiern. Familiär und statistisch ist es sehr wahrscheinlich, dass ich da am Leben und bei guter Gesundheit bin. Sie können es sich selber ausrechnen, ich bin kurz über 50. Wenn Sie diese Zeilen lesen, sind schon wieder Tage vergangen. Ich hoffe, ich habe diese Tage gut erlebt, verlebt. Und Sie? Wie ist das bei Ihnen?

Ich könnte auch sagen: In etwas über 29 Jahren feiere ich meinen Achtzigsten. Das klingt besser. Reicher irgendwie. Nahezu unendlich.

Allerdings: nur noch 29-mal die Kastanien blühen sehen? Nur noch 29-mal die Weihnachtskugeln aus der Verpackung befreien? Nur noch eine bedingte Anzahl von Küssen? Diese Betrachtungsweise macht es auch nicht besser.

Ein kleines bisschen mehr als 10 600 Tage. Nur noch so kurze Zeit werde ich gesund und munter, das ist meine klare Vorstellung, auf dieser Welt sein? Nur sooo kurz noch? Das macht mir Angst und weckt Protest. Eigentlich weiß ich noch gar nicht so richtig, wie ich das fühle und finde: 10 596 Euro auf dem Konto. Ja, das ist was. Da gibt's Zinsen.

Der Wecker am Bett meiner Mutter tickt plötzlich penetrant und überlaut in meinen Ohren. Ihr Schnarchen dröhnt in meinen Ohren. Sie hält gerade ihren Mittagsschlaf. Ich sitze am Esstisch, keine drei Meter von ihr entfernt. Denke und schreibe. Schaue hoch, wenn ihre Atempausen länger als gefühlte 90 Sekunden sind. Mein Blick sucht dann eine Bewegung ihres Brustkorbs. Bleibt sie aus, dehnt sich die Zeit bis ins Unerträgliche. Entspannen kann ich erst, wenn ihr Atem, meist laut knatternd, wieder einsetzt. Wie wird es sein, wenn er es nicht mehr tut? Ich werde stolz auf sie sein, denke ich, wenn sie es schafft, so in Frieden zu gehen. Vor einem größeren Leiden, denke ich. Wie es mir dann geht? Wie wird es mir dann gehen? Auch das möchte ich jetzt vorbereiten. Jetzt die innere Bereitschaft entwickeln, meine Mutter gehen zu lassen, ihr beizustehen und auch mein weiteres Leben vor-zudenken und vorzubereiten. Jeder Klick des Sekundenzeigers ihrer Uhr eine gewesene Zeit. Für sie und für mich. Nein! Ich bin dagegen, da kann ich doch nicht dafür sein.

Das Empfinden, mit welcher Jahreszahl das Alter beginnt, unterliegt einem stetigen historischen Wandel. Die Einteilung in Jung, mittleres Alter und Alt blieb bis jetzt weltweit die Gleiche. Es gibt geografische Unterschiede. Unterschiede durch Klima, durch die politische und gesellschaftliche Situation und die jeweilige Versorgungssituation. In einem Dritte-Welt-Land ist man jünger alt. Das Alter muss bemessen werden an der ortsüblichen Lebenserwartung. Arm stirbt früher, egal in welcher Gesellschaft. Nur eins bleibt weltweit gleich: Es wird gestorben! Was ist nun das Alter? »80 Prozent der Bevölkerung empfinden sich als alt, wenn sie in ihrem alltäglichen Leben ohne Hilfe nicht mehr auskommen können«, habe ich gelesen. Alter ist demnach, wenn ich alleine nicht mehr kann? Ich nicht mehr selbstständig bin?

Wie ist das nun mit mir? »Wer, wie, was, wieso, weshalb, warum, wer nicht fragt bleibt dumm.« Der Refrain des Sesamstraßenliedes könnte mein Motto werden. Das ist doch eine grandiose Entwicklung! Finden Sie nicht? Wie geht es Ihnen? Können Sie mir das sagen? Ehe ich weitere Zeit mit Auflehnung gegen die Endlichkeit des Seins verschwende, blicke ich dem Unabwendbaren in die Augen. Diesem Dämon. Mein Vater schaltet sich in meinem Kopf ein: »Es geht um die Qualität der Zeit! ›Die Gegenwart allein ist wahr und wirklich: Sie ist die real erfüllte Zeit, und ausschließlich in ihr liegt unser Dasein‹«, hätte Papo jetzt bestimmt mit Schopenhauer gekontert. Mir fällt nur Hamlet ein: »Sein oder nicht sein!« Geht's nicht 'ne Nummer kleiner? Nein natürlich nicht: Ein bisschen Leben, das gibt es nicht, es gibt nur DAS Leben: leben, voll und ganz. Wenn du es nicht ändern kannst, mach das Beste daraus.

»Das Alter kommt auf meine Weise.« Ein heimtückischer Titel. Wieso Alter? Wieso ich? Wieso auf eine »Weise«? Puh, da klingt ja auch »weise« mit. Noch schlimmer: »meine Weise«? Ich muss mich also stellen. Ich muss es annehmen … das haut mich jetzt um. Muss ich wirklich? Eine Herde innerer Schweinehunde jault ein Konzert. Vom Schmerz zur Heiterkeit: Also gut, wenn's denn schon sein muss, dann »my way«! Hennings way! Your way! Wie? Jetzt ist für mich die Zeit, das herauszufinden. Heeeeeeeeeenning, wo bist duuuuuuuuu???????

Plötzlich geht alles ganz leicht: Henning findet mein Buchkonzept gut. Er ist bereit zum Gespräch. Kommt sowieso nach Berlin und hat auch Zeit für mich. Alle Weichen sind gestellt: Eine neue Lebensphase kann beginnen. Meine Mutter versteht, dass ich bald einen Termin mit Henning habe. Sie zeigt beim Frühstück auf meinen Kopf und schüttelt sich theatralisch, will mir damit verdeutlichen: So kannst du dich nirgendwo sehen lassen. »Ich weiß, ich habe weiße Haare«, sage ich. »Wo mo?« Sie nimmt ihre Brille. Ich hebe meine Haare an der Schläfe an. Laut, sehr deutlich und mit Gefühl: In so einem Brustton der Überzeugung, als hätte sie nie einen Schlaganfall gehabt, sagt sie: »Das tut mir sehr leid!« Ich muss lachen: »Das ist gut!« Ich gehe zu meiner Friseurmeisterin und lasse meine Haare abschneiden und tönen.

»Kopf besser.« Findet meine Mutter. Ganz sanft sagt sie: »Ich habe eine alte Liebe …«, und zeigt auf mich.

Ein Treffen in der Bremer Vertretung in Berlin

Henning hatte gesagt: »Wir treffen uns um zehn, ich kann aber nicht pünktlich sein. Um eins muss ich weg, wichtiger Termin.« Ich bin auf dem Weg zur Bremer Vertretung. Adresse und Weg kenne ich noch von der Präsentation der Biografie. Punkt zehn parke ich vor der Bremer Vertretung. Der Fotograf, Christian Weiß aus München, wartet bereits vor dem Eingang, er wird unser Gespräch dokumentieren. Der Pförtner begrüßt mich mit den Worten. »Für Ihr Gespräch haben wir das Zimmer auf der Galerie reserviert. Der Bürgermeister war da, Sie nicht. Nu isser weg ins Büro.«

In dem kleinen Raum stehen heißes Wasser, Tee, Kaffee, Obst und Gebäck bereit. Ich bereite das Aufnahmegerät vor, der Fotograf das Licht. Wenig später kommt Henning schnellen Schrittes. »Ilse, da biste ja.« Er umarmt mich, begrüßt den Fotografen. »Kann losgehen!« Henning setzt sich mir gegenüber: »Was hast du dir gedacht?« Er entdeckt die reichhaltige Obstplatte, die Kekse. »Hier wird aber gut für uns gesorgt, greift zu, das muss ja nicht zurück in die Küche.« Ich nehme von der Ananas: »Gut, dann legen wir am besten gleich los: **Laut Statistik werden knapp 70 Prozent der Pflegebedürftigen zu Hause gepflegt**. 70 Prozent! Also, das finde ich immer noch eine unglaublich hohe Zahl.« Henning genießt die süße Melone: »Ja, in Zahlen heißt das, es gibt mehr als zwei Millionen Pflegebedürftige, und um die 700 000 werden in Einrichtungen versorgt. Überwiegend sind die Hochbetagten zu Hause, manche eben auch alleine, das muss man auch sehen.«

»Das ist klar«, stimme ich zu. »Natürlich werden die nicht alle unbedingt in der oder von der Familie gepflegt, die werden auch vielleicht nur versorgt von mobilen Pflegediensten. Haben nur ein paar Mal Besuch …«

»Es gibt auch ganz Erbarmungswürdige, die völlig alleine versuchen, irgendwie über die Runden zu kommen, und das ist auch nicht gut. Ja, einsam mitten in so einer Gesellschaft, und wir sitzen jetzt hier in Berlin, und ich kann mir vorstellen …«

»Wir sind umzingelt, absolut!«

»… da gibt's ein paar Tausend.«

Wir schweigen.

»Henning, ich bin heute Nacht aufgewacht, also ich darf ja im Moment in meiner eigenen kleinen Wohnung schlafen, weil nachts eine Hilfe bei meiner Mutter ist, das ist auch dringend nötig. Wir waren drei Monate alleine miteinander, davon einen Monat komplett. Es waren Sommerferien, alle waren im Urlaub, auch die Therapeuten. Das war echt hart für uns. Und wir verstehen uns ja. Es ist hart, mit jemand zu leben, der fast 90 ist. 100-prozentig jede Sekunde parat zu stehen, ohne Pause. Das ist auch hart für meine Mutter, denn sie möchte mir, ihrem Kind, ja nicht zur Last fallen. Das muss immer wieder in Balance gebracht werden. Und deshalb schätze ich das sehr, in meinem eigenen Bett schlafen zu können.

Hinter dem Hof meines Hauses schließt ein Altenheim an. Heute Nacht bin ich aufgewacht, weil ich, wie so oft, Hilfeschreie aus dem Haus gehört habe. Ich bin dann in der Zwickmühle: In dem Altenheim haben sie natürlich eine Nachtschwester, aber für alle Bewohner vielleicht nur EINE Pflegeperson, für circa 300! Gehe ich hin und sage, dass ungefähr beim Zimmer 230, das kann ich inzwischen einschätzen, einer um Hilfe ruft? Mach ich das, ernte ich wahrscheinlich irgendwie einen blöden Kommentar, und dann?

Ich weiß nicht, was dann in dem Heim geschieht. Rufe ich die Polizei? Dann gehen die hin und machen das als verlängerter Arm. Aber ob das was hilft? Oder ignoriere ich das? Ich denke erst einmal positiv, wenn ich das über den Hof hören kann, müsste es doch die Schwester intern auch gleich hören. Ich höre die Schreie, versuche zu verstehen: Wie schreit der jetzt, ist der hingefallen, sind es Schmerzen? Ist es seelisch? Das kannste ja nicht hören, alles Quatsch. Ich hab schon mal den Kommentar geerntet: ›Das sind krankheitsbedingte Schreie.‹ Punkt, aus. Auf meinen Blick hin kam der Zusatz: ›Wir haben keine Zeit, Händchen zu halten.‹«

Ich höre es klicken, der Fotograf macht Bilder von Henning. »Heute Morgen gehe ich in den Hof, um mein Auto zu holen. Ein zweites Heim, ein Blindenpflegeheim, schließt direkt an das Haus, in dem meine Wohnung ist, an. Neben der Einfahrt ist deren kleiner Speisesaal. Da sitzen acht alte Damen, hochbetagt, nahezu blind bis vollblind am Tisch und versuchen zu essen. Mit Lätzchen, eine Dame wird gefüttert.«

»Sind die alle blind?«, fragt Henning.

»Die sind stark sehbeschädigt, bis hin zu blind und halt alt, auch dement. Sie sitzen, wie auch immer fertig gemacht mit Lätzchen und werden entweder gefüttert oder probieren grade noch, selber zu essen. Vier Damen links, vier Damen rechts sitzen sich gegenüber und sehen oder hören das Immer-weniger-Werden der anderen. Und das tut mir jedes Mal so in der Seele weh, dass ich manchmal gar nicht den Mut habe rauszugehen, um mein Auto zu holen. Ein Bild des Jammers ...«

»Das ist die Situation im Heim, die ist schrill, aber eben waren wir bei denen, die die ganze Zeit alleine sind ...«

»Ja, aber im Pflegeheim bist du unter vielen und doch alleine ...«

»... die haben niemand ...«, führt Henning meinen Satz zu Ende.

»Bei Pflegestufe III werden elf Minuten individuelle Pflege im Heim kalkuliert.« Ich bin nach wie vor schockiert von dieser Tatsache. Was kann man tun?

Henning führt zum Thema zurück: »... es gibt ganz viele Leute, auch hier in Berlin, die es eigentlich nicht mehr schaffen, ganz alleine, ohne Hilfe zu sein. Und weil niemand auf die Idee gekommen ist, mit ihnen was zusammen zu machen, sie selber auch nicht, sind sie ganz alleine und erreichen auch niemanden mehr. Da wird es dann immer schriller.«

»Immer schriller, ja. Das sind die Bürger, die irgendwann dehydriert ...«

»Ja, ja.«

»... ins Krankenhaus eingeliefert werden, verwirrt, weil sie vergessen zu trinken, weil dem Körper und dem Hirn die Flüssigkeit fehlten, wahrscheinlich verkotet ...«

Henning streicht mit einer Hand über den Sesselbezug, es klingt wie ein Regenschauer: »Ja, wenn sie dann überhaupt noch leben ...«

»... und da werden sie dann aufgenommen als ›der Müll‹. So wird das bei der Notaufnahme bezeichnet.«

»... viele sterben dann auch ...«

»Viele werden auch erst gefunden, wenn es stinkt.«

»… sterben ganz einsam, ganz alleine. Das ist grausam.«

Wir hängen unseren Gedanken nach.

»Was sind die Alternativen?«, frage ich uns: »Selbst wenn ein mobiler Pflegedienst dreimal am Tag kommt, ist das ja auch nur eine kurze Zeit, in der die da sind. Deshalb hab ich mich von dem mobilen Pflegedienst getrennt. Von jedem! Was heißt das? Bei Pflegestufe III bekommst du ungefähr 1400 Euro Pflegegeld, wenn du einen offiziellen Pflegedienst nimmst. Wie berechnen die das? Alle gleich, nach Tätigkeitsmodulen (z. B. Wechseln der Bettwäsche: 2,94 Euro). Da sind Zeiten unterlegt, die kriegst du als Kunde aber nicht gesagt, auch wenn du nachfragst‹ – ›Nein das dürfen wir nicht!‹ – was ja schwachsinnig ist. So, was ist passiert? Meine Mutter wurde aus dem Bett geholt, gewaschen, angezogen, zum Frühstückstisch gebracht. Sieben Tage die Woche, 40 Minuten am Tag. Um die 1400 Euro. Wie kommt das zusammen? Die Damen, die da kommen, kriegen 6 Euro die Stunde, sie arbeiten auf 400-Euro-Basis, müssen im Akkord von einem zum anderen hetzen. Jede Eigenaktivität des zu Pflegenden ist unerwünscht. Kostet Zeit. Geht nicht! … Ich habe die Mädels auch gefragt: ›Fühlt ihr euch da wohl mit der Arbeit?‹ Sind ja viele Langzeitarbeitslose oder Studenten, zu 99 Prozent Ausländerinnen bzw. Migrantinnen. Viele supernette Menschen, die machen es nicht lange, weil die natürlich so ausgebrannt werden, weil die immer, wenn die was Freundliches machen, stoppen müssen. Bis vor ein paar Jahren konnte man Zeiteinheiten kaufen, man konnte sagen: Eine Stunde, und was darin gemacht wird, wird sich zeigen. Das entscheiden Klient und Pfleger. Das geht nicht mehr. Dann habe ich gedacht: Ja gut, also ich erwarte ja keine Vollversorgung von der Pflegeversicherung, ist ja eh klar, aber ich habe dann noch

23 Stunden und 20 Minuten offen. So geht das doch nicht. Und ich wollte, dass die Ressourcen meiner Mutter erhalten bleiben, dass sie unterstützt und höflich behandelt wird. Sie noch dazu verlockt wird, mehr selber zu machen. Also habe ich das beendet und habe gesagt: ›Jetzt finde ich doch einfach mal selber ab 6 Euro die Stunde nette Menschen aus der Umgebung, die das machen wollen.‹ Gut, das ist ein langes Thema, die zu finden. Und da bist du schnell in der Illegalität. Von der Pflegeversicherung bekomme ich bei privater Pflege nur die Hälfte ausbezahlt. Damit ist niemandem geholfen! … Es wird der Wasserkopf bezahlt.«

Henning nickt: »Nee, da ist der Wurm drin!«

»So ist es, da fühlen sich beide Seiten unwohl. **Das Pflegebudget,** die volle Pflegesumme, also das Budget, das der privat Pflegende einsetzen kann, wie er will, wurde ja versprochen, ist aber nicht durchgekommen, was ich persönlich extremst übel nehme. Was erdreistet sich die Bundesregierung, mir zu unterstellen, dass ich per se Betrug machen will? Das ist ein Generalverdacht! Wieso werde ich als so unmündig behandelt? Diese Pflegestützpunkte, die da gedacht sind, finde ich falsch, weil sie dann ja nur mit den üblichen Trägern, also so teuer wie jetzt die mobilen Pflegedienste, stattfinden werden. Das ist eine absolute Verschwendung von Volkskapital. Das geht gar nicht.«

Henning stellt seine Tasse mit heißem Wasser ab.

»Ja, alles Riesenthemen. Also ich bin dafür, dass du das alles, so gründlich du kannst und so energisch du kannst, aufpickst. Je mehr konkrete Punkte kommen, umso besser wird das Buch. Im Konkreten bist du so ein richtig großes Pfund, das kannst du gut. Das ist überzeugend, das ist knapp, das ist nicht aufgeplustert.«

»Da kann ich dir reihenweise direkt aus meinem praktischen

Erleben Beispiele bringen. Sammeln wir mal. Städtebau: In Berlin tut sich gar nichts. Selbst ich habe manchmal Probleme, einen hohen Bordstein zu ersteigen. Durch meine ganze Verkrampfung in meiner Situation habe ich plötzlich Schmerzen. Jetzt stell dir das mit dem Rollstuhl vor. In Steglitz sind die Platten auf den Bürgersteigen vollkommen uneben. Die Wurzeln von den Straßenbäumen haben sie gehoben. Früher gab es einen Begeher, der hat alle Unebenheiten ausgebessert, seit Langem wird da nichts mehr gemacht. ›Trottoir de Buenos Aires‹ nennt man das: Du bist gezwungen, mit den Augen nach unten zu gehen. Vorausgesetzt, du kannst so weit sehen. Die Bordstein-Absenkungen sind grundsätzlich zugeparkt oder sind ungepflegt, sind zu tiefen Kuhlen verworfen, sodass du mit dem Rollstuhl drin hängen bleibst. Sind dir schon mal alte Männer aufgefallen, die ganz gerade an Häuserwänden stehen? Das sind alte Männer, die nicht mehr weitergehen können, die ruhen so aus. Wenn es überhaupt noch Bänke und Sitzmöglichkeiten gibt, auch von den Verkehrsbetrieben, dann sind die so tief, dass die kein älterer Mensch nutzen kann. Denn er kommt alleine nicht mehr hoch. Also städtebaulich muss richtig was passieren.

Nächstes Beispiel: Wie kommt ein alter Mensch an sein Geld? Ich war grad bei der Bank, unsere Filiale ist geschlossen worden, jetzt muss man zehn Minuten zur nächsten laufen, und das ist meine Geschwindigkeit. Am Schalter stand Herr Martin. Er ist der Vater einer Schulfreundin von mir. Er muss auch so um die 80 sein. Der alte Mann stand in dieser Bank, am Schalter, bei der er seit 60 Jahren Kunde ist, und weinte. Warum? Weil er zwar seine EC-Karte mithatte, aber sich nicht an seine PIN-Nummer erinnern konnte. Er wurde von so einem schnöden Banker angemacht: ›Ohne PIN-Nummer kein Geld!‹ Herr Martin sagte: ›Ich komme doch immer hierher, man kennt mich doch, können Sie mir nicht helfen? Ich kann mich grad nicht erinnern, und die aufgeschriebene PIN-Nummer soll man doch nicht in Begleitung mit der Karte haben. Bei Diebstahl von beidem würde die Versicherung doch nicht zahlen!‹ – ›Dann müssen wir die Karte sperren‹, bekam er als Antwort. Ich bin dazwischengegangen, habe mich beiden vorgestellt. Herr Martin war ganz verblüfft. Der Zufall kam zu Hilfe. Ich entdeckte eine Mitarbeiterin hinter dem Tresen, die schon in unserer alten Bankfiliale gearbeitet hatte, sonst werden ja alle immerzu ausgetauscht, und habe gesagt: ›Sie können doch Herrn Martin identifizieren. Geben Sie ihm bitte eine Ersatz-PIN für eine Auszahlung. Das ist ein technischer Vorgang, das weiß ich, dass es den gibt. Und das machen Sie jetzt bitte auch.‹ Mit dieser ausgedruckten PIN ist sie dann mit Herrn Martin hinausgegangen an den Automaten, hat das Geld gezogen und ihm gegeben. Was steckt da dahinter? Alle alten Menschen, die noch laufen können, sind gezwungen, in der Öffentlichkeit Geld abzuheben. Du kriegst ja Geld nur noch am Automaten und nicht mehr an der Kasse. Es gibt ja meistens keine Kasse mehr in den Filialen selber … Dann nehmen sie einen Zettel raus, wo die PIN draufsteht, das kann jeder sehen, weil alles aus Glas ist, und haben schön alles immer beisammen, also wird zu jedem Missbrauch eingeladen. Es gibt ja auch keinen Geldboten mehr. Du kannst dir deine Rente nicht mehr nach Hause schicken lassen. Du musst zum Geldabheben jemandem die Kontokarte und die PIN-Nummer anvertrauen. Was soll derjenige machen, der im Rollstuhl sitzt, im Bett liegt und dankbar ist, dass er überhaupt an sein Geld kommt? Mal abgesehen von dem weiten Feld der amtlich bestellten Aufsichtspersonen …«

»Gebrechlichkeitspfleger!«

»Ja, dieser …«

»Vormund gibt es ja nicht mehr. Gebrechlichkeitspfleger.«

»Dass Post, Bank und sonstige Dienstleister nicht in der Lage sind, einen normalen Geldservice nach Hause anzubieten, ist unglaublich! Und das im demografischen Wandel. Wie soll denn das gehen in Zukunft? Ich finde es persönlich total unangenehm, an so einem Automaten zu stehen …«

»Meine Schwester, die ist 77, die hat panische Ängste davor. Sie ist Lehrerin. Lebt allein. Sie hat Angst.«

»Das wissen wir alle. Früher bist du halt zur Bank gegangen, du kanntest deine Leute da, die kannten dich, du wurdest nett begrüßt, auch in Berlin, du hattest deinen Mitarbeiter, du bist zur Kasse gegangen, hast dein Geld genommen oder hast es dir nach Hause schicken lassen, dazu gab es immer auch noch einen kleinen Schnack. Das fällt ja auch wég! Das Einzige, wo noch Kommunikation stattfindet, ist in der Apotheke.«

»Wenn man Glück hat und da nette Leute sind.«

»Die Ärzte. Das wäre das nächste Riesenthema. Also, meine Mutter hat ein Problem … Ich habe den Hausarzt meiner Eltern gewechselt, weil der meinen Vater schmählich im Stich gelassen hat. Ich bin zu einem neuen Arzt bei uns im Umkreis gegangen und habe gesagt: ›Die ganze Familie möchte bei Ihnen Patient sein. Ich bin privat versichert, meine Mutter bei der AOK, übernehmen Sie die hausärztliche Versorgung und die Verordnungen für Massage und Krankengymnastik?‹ – ›Ja, ja, das muss ich ja natürlich.‹ So, immerhin hat der dann einen Hausbesuch gemacht. Als es dann zu der Verordnung kommen sollte für Massage und Krankengymnastik, was für meine Mutter lebensnotwendig ist, zweimal die Woche, sagt der Doktor: ›Ja, das kann ich ja nicht übernehmen, weil das belastet mein Budget.‹ Ich habe ihm geantwortet: ›Meine Mutter ist Pflegestufe III und zu 100 Prozent schwerbeschädigt, das ist außerhalb des Regelfalls, das belastet Ihr Budget gar nicht. Es geht in Ihr Budget rein und wieder raus, wie die Mehrwertsteuer.‹ – ›Nein, das mache ich nicht, da müssen Sie erst einmal zu einem Orthopäden, zu einem Facharzt.‹ Also bin ich zu meinem Orthopäden gegangen und habe ihm gesagt: ›Ich bin jetzt in dieser Zwangslage, können Sie diese Verordnung ausstellen?‹ – ›Ja, ja, das machen wir.‹ Einmal hat er es gemacht. Beim zweiten Mal will ich das Folgerezept abholen, kriege ich zu hören: ›Nein, das erste Mal war ein Versehen, es geht gar nicht, Ihre Mutter war ja nicht hier.‹ Sage ich: ›Meine Mutter kann nicht herkommen. Sie kann nicht die drei Stockwerke hinunter, und jetzt einen Krankentransporter zu bestellen, um sie hierherzuschaffen, das würde sie total durcheinanderbringen.‹ – ›Ja, dann kann ich nichts verschreiben‹ – ›Aber irgendeine Lösung muss es doch geben? Kann nicht der Hausarzt, der gerade bei ihr war und ihren Zustand kennt, kann nicht der Ihnen ein Fax schicken, und dann können Sie von Arzt zu Arzt Informationen austauschen und diese Verordnung ausstellen?‹ – ›Mmmh, ja, das geht auch nicht! Das kann nur jemand verschreiben, der den Patienten auch sieht.‹ Aber es gibt in Berlin keinen Orthopäden, der nach Hause kommt. Dann bin ich hin und her geschickt worden, und du weißt, jedes Mal, wenn ich das Haus verlasse, muss ich jemanden engagieren, der bei meiner Mutter bleibt, ich habe hierfür 200 Euro verpulvert, nur um hin und her zu rasen, um irgendwie die blöde Verordnung zu kriegen … Wenn man da einen Ökonomen von der Uni Berlin fragen würde, was diesem Land verloren geht, weil ich nicht arbeiten gehe. Ich werde hin und her gehetzt wie ein Idiot, muss mich in Sachen aufreiben, die nichts bringen. Sonst müsste das, was ich jetzt leiste, dass nämlich meine Mutter nicht schon seit Jahren in einem Pflegeheim ist, das Sozialamt bezahlen, wenn ihr Kapital nicht mehr reichen würde. **Ich verhindere, dass sie**

irgendjemandem zur Last fällt. Das wird null angerechnet, oder? Ich kenne ja auch solche Hochrechnungen. Ich leiste ja richtig was!«

»Es klingt jetzt wie eine Ausrede, Ilse, aber ich will es trotzdem sagen. Es gibt inzwischen zum Überwinden solcher Kommunikationsbrüche und solcher unnötigen Hinundherrennerei über die Telekommunationsspezialisten Modelle, wie man das bewerkstelligen kann, dass man auch Behinderte, nicht mehr beliebig Bewegbare, aber mit dem Kopf noch klare Menschen beteiligen kann durch eine entsprechend angepasste Form der Telekommunikationsstruktur. Das habe ich mal in Oldenburg beobachtet. Die basteln an Wohnungen, bei denen man sich alle Versorgungen bestellen kann übers Telefon. Also es gibt Ansätze. Ob das wirklich funktioniert, weiß man noch nicht.«

Der Kaffee ist kalt und bitter: »Henning, hier wäre es ja ganz simpel, hier ist es ja nicht an der Kommunikation gescheitert, sondern daran, wie die Krankenkassen das bewerten. Also am Unvermögen der ...«

»... also, dass die Ärzte von deiner Mutter verlangen, dass sie nur versorgt wird, wenn sie zu ihnen kommt, sie kommen aber nicht zu ihr, das ist ein klassischer Konflikt. Daran entzünden sich diese Modellbastler. Wie können wir das überwinden, wie können die Ärzte kommunizieren? Die nennen das **Telemedizin**. Kommunizieren mit den Patienten, ohne dass man sie hin und her transportiert, ohne dass man sie ständig in der Praxis hat und trotzdem präsent ist, nahe dabei ist ... ich glaube, das ist der Sinn von Telemedizin ... und ich glaube, das muss man sich genau angucken, ob da was dran ist, ob das wirklich eine Hilfe ist, weil die Konsequenz ist ja immer die, dass die immer im Heim landen, weil sie nicht mehr selbstständig sich ihre ärztliche Versorgung organisieren können …«

»Die allerwenigsten Heime haben einen eigenen Arzt vor Ort. Dann gibt es einen Hausarzt, der alle drei Monate kommt und einmal durchgeht, das ist eher schon Luxus. Ansonsten wird für fachärztliche Versorgung einfach die Feuerwehr oder der Krankenwagen gerufen. Und dann gibt es da auch noch Verträge, Abmachungen zwischen Heimträgern und Krankenhäusern, zwischen Heimträgern und Sanitärhäusern, zwi-schen Heimträgern und Beerdigungsinstituten etc. Das müsste auch mal offengelegt werden. Die ganzen Provisionen. Die Gewinne!«

»Die guten Häuser werben doch damit, dass sie im Haus eine ärztliche Versorgung haben.«

»Ja, aber das ist die Königsdisziplin. Ein normales Heim …«

»In der Bremer Heimstiftung haben sie eine richtige Praxis im Haus und die Ärzte gehen natürlich ständig rum. Ob das im Detail überall klappt, weiß ich natürlich auch nicht. Aber ich habe beobachtet, dass es das gibt und dass damit geworben wird.«

»Ja, das war früher ganz normal, und das ist jetzt die positive Ausnahme.«

»Und dann kann immer noch einer seinen niedergelassenen Arzt mitbringen.«

»Wieder die Problematik mit den Hausbesuchen. Und dann gibt es ja auch noch das Thema mit dem Ärztemangel.«

»Ja, **Ärztemangel** …«

»Eigentlich gibt es doch genug arbeitslose Ärzte. Den Ärztemangel verstehe ich ehrlich gesagt nicht.«

»Den Ärztemangel gibt es nicht überall. Aber es gibt ihn auf dem flachen Land. In Berlin und Bremen und ähnlichen Großstädten, wo die Universitäten Mediziner ausbilden, die da bleiben wollen. Da ist es anders, als wenn du nach Mecklenburg-Vorpommern gehst ...«

»Ich kenne in Berlin ganz viele Ärzte, die arbeitslos sind, die kriegen halt keine Niederlassung, die kriegen die Budgets nicht, und dann fahren sie Taxi oder was ...«

Henning streicht wieder über den Sessel: »Dann müssen sich die auf die Socken machen. Ich weiß von einem Freund, der war in Hoyerswerda Arzt, dass die nur noch Ausländer als Ärzte haben. Das ist die einzige Chance, das Krankenhaus zu managen. Aber auch das wird immer schwieriger, weil die Polen mittlerweile in Polen Gehälter bekommen, die genauso sind wie unsere, manchmal sogar noch besser ...«

»Aber das hat natürlich mit dem Budget des Arztes zu tun«, wende ich ein. »Ich weiß wirklich, dass Leute gemobbt werden, chronisch Kranke werden gemobbt, werden vorgeführt, damit die bloß zu jemand anderem gehen, damit das dessen Budget belastet. Als ich für meine Mutter vorstellig werden wollte, bei mehreren anderen Orthopäden, am Telefon, dann kam: ›Ja in vier Monaten.‹ ... Habe ich gesagt: ›Moment mal, das tut JETZT weh, das Knie, und in vier Monaten hilft uns das gar nix!‹ – ›Ja, nein, also einen anderen Termin haben wir aber gar nicht. In vier Monaten. Nehmen Sie den oder lassen Sie es bleiben.‹ Ich zitiere jetzt die freundliche Variante. Und dann habe ich gesagt: ›Das lasse ich mir nicht gefallen. Ich möchte jetzt den Arzt sprechen.‹ Das möchten die natürlich nicht. Dann kam irgendwann die Nachfrage, in welcher Kasse wir sind. Habe ich gesagt: ›Ja, in einer privaten!‹ Dann hat sie gesagt: ›Ja dann können Sie übermorgen einen Termin haben.‹ **Als chronisch Kranker kriegst du fast keinen Arzt mehr, du kriegst ihn nicht mehr in deiner Nähe, du kannst als chronisch Kranker auch nicht hinfahren ...«**

»Das wird wieder eine **Klassenmedizin**!«

»Das ist schon eine Klassenmedizin! Ist es wirklich! Wie kommst du hin? Musst du auch wieder mit den Öffentlichen fahren? Dann sind es hin und zurück wieder über 4 Euro für den Fahrschein. Die musst du auch erst einmal haben. Mal abgesehen von sich festhalten, laufen, gehen, ob du das überhaupt kannst. Taxi ist noch teurer. Und das sind ja jetzt nicht Leute, die sich bereichern wollen.«

»Ich finde es richtig, wenn du das benennst. Finde richtig, wenn du das scharf zeichnest und nicht nur nett berichtest. Trotzdem würde ich gerne sagen, dass nicht alles ein steiler Absturz und ein finsteres Loch ist. Ich möchte trotzdem immer noch sagen, das muss nicht so sein, das kann man auch ändern. Und dann suche ich Leute, die das ändern können.«

»Telemedizin ist sicher ein Anfang für bestimmte Dinge, du kannst halt Blutdruck messen, tust deinen Finger irgendwo rein, und der Computer misst dann den Blutdruck, die Daten, und schickt sie rüber und so ein paar Sachen. Das ist sicher ganz sinnvoll. **Aber Menschen brauchen Menschen!** Und wir haben doch genügend arbeitslose Krankenpfleger, Krankenschwestern, die was abholen können. Vielleicht kann man ja bestimmte Verfahren vereinfachen bei einem Hausbesuch, früher ist **die Gemeindeschwester** gekommen. Es ist doch nicht gleich der Arzt gekommen.«

»Ja das stimmt! Die sind abgeschafft worden.«

»Aber die bräuchte man doch. Wir wissen doch seit Paracelsus: **Lachen ist die beste Medizin.** Und Aufmerksamkeit. **Wir sind Resonanzwesen.** Wenn schon jemand fragt: ›Wie geht's Ihnen denn jetzt?‹, und: ›Ach, es ist ja schon viel besser mit dem Knie!‹, und: ›Können wir nicht noch was tun?‹, und: ›Was, Sie spielen Domino? Da kenne ich jemand drei Häuser weiter, der spielt auch Domino, sollen wir Sie mal zusammenbringen?‹ … Schon ist derjenige doch ein bisschen gesünder.«

Henning nickt zustimmend.

Ich fahre fort: »Wir kennen das Phänomen von alten Damen, die ihr schickes Pelzkrägelchen auflegen und zum Arzt dackeln, nur um im Wartezimmer mal ein Gespräch zu haben. Und die Zeitung umsonst. Und dann gehen die auch wieder. Wenn ich eine Arztpraxis hätte, würde ich die kombinieren mit einer Teestube, in der es umsonst Tee gibt, und ich schwöre dir, die wäre immer voll. Ich würde sämtliche Budgets einhalten. Was ich aus meinem Budget nicht leisten kann an großem Gespräch, würden die miteinander machen. Ich würde alle halbe Stunde vorbeigehen und sagen: ›Ach Frau Meier, Sie sind auch wieder da. Und kennen Sie Frau Schulz? Sie hatte auch schon mal so ein Hühnerauge!‹«

Henning lächelt: »Klingt gut! Kenne ich im Übrigen von meiner Schwiegertochter hier im Haus, Sybille, die macht das auf St. Pauli ...«

»Ja schön, da gibt es sicher noch mehr, die müssen wir stärken! Ich habe von einem Krankenhaus gehört, ich muss recherchieren, wo das ist... Da haben sie festgestellt, die Ärzte haben so und so viele Überstunden. Und zu viele Krankmeldungen. Sie arbeiten nicht mehr rentabel. Sie haben ein Experiment gemacht: Jeder muss auf 100 bis 200 Euro im Monat verzichten. Dafür wurden drei neue Ärzte eingestellt. Es gibt keine Überstunden mehr. Überstunden werden nicht mehr bezahlt. Es wurde die ganze Klinik umstrukturiert. Die haben gesagt: ›Wir machen wieder gemischte Stationen, auf denen jeder dem anderen auch helfen kann.‹ Also der eine hat den Fuß gebrochen, der andere erholt sich vom Schlaganfall, dann können sie sich ja gegenseitig helfen, unterstützen ... Also die haben nicht diese Sortierung nach Krankheiten und Schwere der Fälle. Der Erfolg war: Sie haben viel schneller die

Patienten aus dem Krankenhaus entlassen können, die Ärzte hatten keinen Krankheitsstand mehr, und sie hatten plötzlich eine fröhliche Stimmung im Krankenhaus. Das Personal ging gerne hin. Die Patienten gingen gerne hin und noch lieber weg, und es haben sich auch Freundschaften gebildet unter den Patienten.«

Henning ist begeistert: »Das glaube ich sofort. Wenn Menschen sich untereinander helfen, führt das schnell zum Erfolg!«

»Da wären wir beim nächsten Thema: Ehrenamtliche. Das ganze letzte Jahr über habe ich versucht, einen ›**Ehrenamtlichen**‹ zu finden. Es ist mir tatsächlich in zwei Fällen gelungen, eine junge Dame ist uns geschickt worden, über eine Hilfsorganisation. Also erst mal habe ich alle Hilfsorganisationen natürlich angefragt: ›Kann ich einen Ehrenamtlichen bei euch bekommen?‹ Die Antwort war: ›Nein, privat geht das gar nicht.‹ Ich führe **ja kein Altenheim**. Dann hat eine Nachbarschaftsorganisation uns gesagt: ›Na gut, also probieren wir das mal, wir schreiben das jetzt als ein eigenes Projekt aus, und dann dürfen wir unsere Leute auch zu jemandem privat schicken.‹ Dann kam nach Monaten eine junge Dame, 21, Zahntechnikerin, wollte sich weiterbilden zur Heilpraktikerin, ein bezauberndes Mädchen, auch kirchlich engagiert. Weil man mit meiner Mutter nicht mehr richtig sprechen kann, wurde die Sache natürlich etwas schwierig. Aber ich hatte da nach zwei Besuchsterminen Zutrauen.

Beim dritten Mal, ich musste mal runtergehen und was einkaufen, hab ich dann gesagt: ›Bitte, hier ist der Schlüssel, bleiben Sie bis dann und dann. Meine Mutter kann danach eine halbe Stunde alleine sein, dann bin ich wieder da.‹ Nun ist ein goldener Armreif, den meine Mutter zu ihrem 40. Geburtstag von meinem Vater geschenkt bekommen hat, und eine Scheckkarte verschwunden. Ist mir auch nicht sofort aufgefallen. Der nächste Termin, der dann anberaumt wurde, wurde plötzlich abgesagt, da hatte sie Halsschmerzen. Der darauf folgende Termin wurde abgesagt.

Jetzt kann sie gar nicht mehr kommen. Aber die Sachen waren definitiv weg. Und es war kein anderer Mensch da. Die junge Frau ist nicht mehr zu erreichen … Wir öffnen unser Haus immer gerne. Das war aber ein echter Tiefschlag. Ich weiß nicht, wie ich damit umgehen soll. Wie soll ich da Vertrauen entwickeln?«

»Ich glaube, schönfärben ist nicht richtig. Man muss das nüchtern sehen, dass es so was gibt, was du hier beschreibst, und wahrscheinlich bist du nicht die Einzige, sondern wahrscheinlich passiert das häufig. Man erfährt es nur nicht.«

»Das war nix Besonderes bei uns. Und natürlich schädigen die schwarzen Schafe den Ruf von all den Menschen, die sich anständig engagieren und wirklich helfen! Aber trotzdem: Das passiert massenhaft!«

»Man muss es enttabuisieren, man muss es benennen.«

»Das meine ich. Ich will überhaupt nicht die Ehrenamtlichen in Misskredit bringen, aber man kann ja auch nicht so tun, als gäbe es diesen Missbrauch nicht.«

»Das ist richtig. Und du machst das auch ganz toll, dass du darüber redest und sagst: ›Leute, nun ist aber Schluss mit schönfärben, so, jetzt will ich das benennen.‹ Da bin ich sehr dafür. Aber dann muss man weiterdenken und sagen: ›Wie kann man dagegen angehen?'«

Es entsteht eine kurze Pause. Ja genau, denke ich, WIE kann man dagegen angehen? Henning fragt mich: »Gibt es bei euch keine offiziellen Stellen?«

»Es gibt hier die Stelle ›**Koordination im Alter**‹ (www. koordinierungsstellen-rundumsalter.de), die diese ganzen verschiedensten Aktivitäten zusammenfasst und informiert. Da bin ich natürlich als Erstes, schon 2005, hingegangen und habe gefragt: ›Was kann ich hier am besten tun?‹ Dann haben sie mich angeguckt und gesagt: ›Hier haben Sie Kataloge von den Heimen, und tschüss.‹ So, dann bin ich noch mal, ermutigt durch andere Leute, hingegangen und habe gesagt: ›Gut, ich möchte jetzt einfach Menschen, die uns besuchen. Ich kann das ja so alleine nicht stemmen, ich brauch einfach mal ein, zwei Stunden, wo ich rausgehen kann.‹ Und dann haben die ein Jahr lang gesucht und nur gesagt, dass sie niemanden finden.«

»Deine Mutter ist Sonderschullehrerin?«

»Hm, hm«, nicke ich zustimmend.

»Da müssen sich doch in der Schule, in der sie gearbeitet hat, noch Leute an sie erinnern.«

»Nein. Na ja, sie ist jetzt fast 90.«

»Aber im Kollegium.«

»Im Kollegium? Die wären jetzt zwischen 75 und 120. Es gibt einen Kollegen, den habe ich auch angerufen, der wohnt auch bei uns um die Ecke, der kann dann halt gerade nicht.«

Ja, es ist richtig schwer, Menschen zu finden.«

»**Auch die Nachbarn im Haus kommen gar nicht mehr**. Die hatten früher alle einen engen Kontakt. Viele sind schon tot.«

»Ja, das ist bitter.«

»Ja soll ich …«

»Also, ich will das nicht schönreden.«

»Zu meiner Grundschulzeit gab es drei Parallelklassen mit je 35 Schülern, alle wohnten in unmittelbarer Nachbarschaft. Die Kinder und zumindest die Mütter hatten ein reges Miteinander. Man könnte denken, dass die, weil sie sich nunmehr seit 47 Jahren kennen, im Alter mehr unterstützen würden.

Sie waren nachbarschaftlich verbunden bis zum Schlaganfall. Der Schlaganfall wurde noch mit großer Anteilnahme – Blumen und Genesungswünsche – aufgenommen. Danach nichts mehr, wie abgeschnitten. Meine Eltern hatten ein paar **Freunde**, die sind deutlich 20, 30 Jahre jünger, doch die haben sich vollkommen zurückgezogen. Und gleichaltrige Freundinnen meiner Mutter, Freundinnen aus Grundschulzeiten, also Menschen, die sie seit über 80 Jahren kennt, rufen nicht mehr an, sagen, sie ertragen es nicht: ›Anneliese war ja immer unser Fels in der Brandung, da haben wir Rat geholt, da konnten wir uns ausweinen. So, das halte ich nicht aus. Ich kann da keinen Trost spenden.‹ Sag ich: ›Aber ruf sie doch wenigstens jeden Sonnabend um vier an und erzähl ihr was. Sie muss doch nicht antworten müssen. Sie freut sich doch, wenn du ihr einfach was erzählst, und drei Minuten sind ausreichend.‹«

Henning hört aufmerksam zu.

»›Nein, das kann ich nicht. Weil sie ist nicht mehr wie vorher.‹ Das ist alles irgendwie zerfallen. Die sind aber alle noch da. Also wären wir in einem Dorf, wo die Leute …«

»Das ist bitter. Das ist genau das, was ich vermeiden möchte.«

»Das wäre auch mein Ansatz: Wie kann man das vermeiden?«

»Deine Eltern haben offenbar nicht hingekriegt, dass sie mit den anderen wirklich vertraut im Haus zusammengelebt haben.«

In mir grummelt es. Das stimmt doch so nicht.

»Wie war das denn so, als deine Eltern 70 waren?«, fragt mich Henning.

»Da war ich 30 Jahre alt, da habe ich in München, Hamburg, Paris, LA und New York gelebt. Aber ich war alle vier bis sechs Wochen in Berlin und habe beide gesehen. Oder sie haben mich besucht. Bis zu ihrem 80. Lebensjahr lief das total rund. Sie haben die Nachbarkinder als Enkelkinder ›adoptiert‹. Sie haben ihre Reisen gemacht. Das waren keine Reisen mehr bis Ägypten, sondern das war Italien und am Ende nur noch die Ostsee und dann schließlich nur noch der Bezirk. Meine Mutter war komplett vernetzt, sowohl im Haus als auch in der Straße. **Wenn ich gekommen bin, mussten sie sich für mich freinehmen.** Speziell meine Mutter. Das ist dann abgerissen, weil sich mein Vater immer mehr zurückgezogen hat. Aber er war ja sowieso nicht der gesellschaftliche Kommunikator. Das war die Sache meiner Mutter. Sie hat das Leben reingebracht, und er hat eher so seine Studien gemacht. Abgerissen ist das bei ihr mit dem Schlaganfall. Da gab es, nachdem ich nach Hause kam, noch so zwei Monate eine Überlappungs-Phase, und als klar war, sie bleibt so, sage ich mal so primitiv, da waren die Leute weg. Als meine Eltern 75 waren, habe ich gesagt: ›Sollen wir nicht ein Haus bauen? Lass es uns einfach so konzipieren, dass das so ein Ziehharmonika-Haus ist, ihr zieht mit Freunden zusammen. Da kann eine kleine Einliegerwohnung drin sein für eine Mutter mit Kindern, die euch hilft, wenn ich nicht in Berlin lebe. Beide wollten es nicht, meine Mutter wegen der Leute, die sie hier kannte, mein Vater aus Angst vor allem Neuen. ›Im Alter bleibt am besten alles, wie es ist‹, sagte er.«

Henning nickt: »Das ist schade … diese Angst muss man überwinden, sich öffnen für Neues, so früh wie möglich. Und sein Leben von Anfang an mit anderen teilen.«

»Das ist auch genau das, was ich empfinde. **Deine Generation will offen und dynamisch, im Sinne von geistig dynamisch, teilen. Diesen Wert kennt man aber, glaube ich, in der Lebensphase als 30-Jähriger und vielleicht 20-Jähriger so nicht**. Als ich 30 war, hat mein Vater immer sehr schnell gesagt: ›Ja, aber lerne doch auch hier den Onkel und die Tante kennen, die sind zwar entfernt verwandt, aber du musst sie doch kennenlernen, und das ist doch gut, wenn du da ein Gespräch hast. Und wo sind deine Freunde, **pflegst du denn deine Freundschaften**?‹ Und ich in diesem Medienberuf habe gedacht: ›Ja, mach ich ja!‹ Bis ich erst jetzt festgestellt habe: Hab ich gar nicht! Ich hab nur Leute getroffen, wenn's zur Arbeit gehört hat. Ich habe Freunde definiert über mein Arbeitsumfeld. Ich habe Freunde definiert, weil ich die öfter gesehen habe und weil man vielleicht einen intensiven Austausch hatte. Aber eigentlich war dieser Austausch immer mit einem Nutzen verbunden, jetzt mal ganz schwarz-weiß gesagt.«

Henning weiter: »Du bist halt so eine richtige Medienfrau, und ich glaube, bei diesen Medienleuten ist es auch noch schriller …«

»… weil ich ja auch Städte wechsele und Länder wechsele und …«

Henning: »…und ständig sollst du wendig und beweglich bleiben und um Himmels willen keine Auszeit nehmen, dann bist du sofort raus. Also die Medienleute, die machen's sich besonders schwer.«

»… haben's besonders schwer«, bestätige ich.

»Ja.«

»Jetzt, mit dem Tod meines Vaters ist mir überhaupt erst aufgefallen: **Es ist nicht sehr ›sexy‹, bei seinen Eltern zu leben**, um sie zu versorgen. Wer mag denn da hinkommen? Das ist ja nicht meine Wohnung. Ich hab keine eigenen Räume, mein altes Kinderzimmer ist 8 Quadratmeter groß. Da mögen natürlich nur Menschen hinkommen, die dafür eine Seelenbereitschaft haben oder die wirklich mit mir oder mit ihnen befreundet sind.«

Henning nickt.

»Also das ist dann nochmals ein Plus, **da muss sich eine Freundschaft eher beweisen, als dass sie entstehen kann.** Interessanterweise sind aber auch zwei Freundschaften dadurch erst entstanden oder es ist mir erst bewusst geworden, dass sie schon Freunde waren.«

»So wie du das beschreibst, bist du **von der Medienfrau zum Familienmenschen** geworden?«

Ich muss lachen: »Es ist noch verdrehter: Ich habe immer gesagt, ich bin Regisseur geworden, weil ich an vollen Mittagstafeln essen wollte, so wie mir das meine Großmutter erzählt hat. Urgroßvater war Prokurist, Urgroßmutter hatte eine Schneiderwerkstatt. Sie hatten 13 Kinder. Mittags saßen um die 30 Menschen am Tisch, Gesellen und Lehrlinge, die Familie. Ich dachte, die Medienfamilie ist meine große Familie. Aber jetzt zu meiner Kleinfamilie: Das erste Jahr hab ich mehrere Dinge Gott sei Dank noch gar nicht gewusst, sonst hätte ich das gar nicht tun können. Ich dachte: ›Meine Mutter ist krank, die wird wieder gesund.‹ **Mit 85 wird man nicht wieder gesund, sondern kann vielleicht eine gewisse Stabilität erreichen und es kann mal wieder besser gehen. Man muss akzeptieren, dass es jetzt nicht ein Leben im Aufwärts gibt,** physisch zumindest. Sondern dass es sich dem Ende zuneigt. Das war schon mal schwer zu akzeptieren. Dann haben wir drei nach einem Jahr Bilanz gezogen und gemerkt: ›Okay, jeder von uns hat verstanden, wir sind eine Familie‹, was sehr positiv war, eine wirklich neue Erfahrung, ›wir sind auf Augenhöhe, und jeder für sich muss **seine Endlichkeit akzeptieren**‹. Die fast 50-Jährige, wie die zwei fast 90-Jährigen. Wir haben dann beschlossen, wir öffnen uns mehr – genau wie du immer sagst – für einen **Pflegemix.** Nur war das so einfach nicht möglich. Natürlich habe ich versucht, mich noch mal mit Pflegediensten ins Benehmen zu setzen, es auszuprobieren. Ich hab auch mal 'ne Anzeige geschaltet: ›Suche Menschen, die mich unterstützen‹, dann kamen ungefähr 80 Leute, davon waren es 70, die nur den Stempel haben wollten fürs Arbeitsamt, dass sie sich wo vorgestellt haben. Die andern sagten gleich: ›Na ja, 20 Euro die Stunde, dann bleib ich hier, drunter kann ich nicht arbeiten, und das bitte schwarz!‹ In Berlin wohlgemerkt. Eine Freundin von mir ist Ärztin und verdient im Nachtdienst unter 12,69 Euro auf Rechnung, vor Steuer! Oder es waren Leute, die gesagt haben: ›Ja gut, machen wir für 5 oder 8 Euro die Stunde, aber dann schwarz oder ich muss was klauen, sonst komm ich nicht auf meinen Schnitt.‹

Fazit war: Ich hab daraus niemand nehmen können. Dann hab ich so mehr im Umfeld gefragt, hab Zettel ans schwarze Brett im Kirchengemeindehaus gemacht, hab in dem Gemeindekindergarten, in den ich als Kind selbst gegangen bin, Zettel aufgehängt, im Sinne von ›Suche Putzfrau‹. Und hab dann jemand gefunden, der wirklich toll war, 'ne Mutter, übrigens immer Mütter, die haben eben diese Kompetenz, die haben die seelische Kraft. Es wird dann für Mütter allerdings trauriger, wenn das ›Kann-nicht-mehr‹, dieser Altersverlust immer deutlicher hervortritt. Bei Kindern wird es immer besser! Im Alter ist es umgekehrt! Es wird immer weniger. Ja, da sind wir mit ihr 'ne Weile gut gefahren. Dann hab ich gedacht: ›Gut, ich mach jetzt bei meinen Eltern in der Wohnung auch Geschäftsgespräche und lade Freunde ein, die kommen jetzt einfach. Ich lebe da, und wenn ich es nach außen propagiere, muss ich es auch wirklich tun.‹ Und hab mitten am Esstisch meine Geschäftsbesprechungen abgehalten, und dann ist mein Vater rein, raus, ›mit seinem Alzheimer‹, meine Mutter saß daneben und hat was dazu gesagt. Da ich das zur Normalität erklärt habe und die Besucher meine Eltern natürlich nicht grässlich fanden, das vorausgesetzt, ging es dann auch. Es hat Menschen auch stark verändert, die zu uns kamen. Das fand ich einen total positiven Effekt. Dann bin ich vollkommen in den Wahnsinn gelaufen, weil es mit meinem Vater immer schwieriger wurde mit dem Alzheimer. Ich wusste, wenn ich jetzt nicht mal weggehe, dann passiert ein Unglück, dann zerreißt es mich einfach, und wenn es mich zerreißt, läuft hier gar nichts mehr. Und die Alternativen, die dann gegeben sind, wollen wir alle nicht. Da kann man schnell in eine illegale Lösung gedrängt werden. 24-Stunden-Pflege legal ist nicht bezahlbar. In der Sterbephase meines Vaters hatten wir eine Hilfe, sodass ich einfach in dem Zimmer mit ihm bleiben konnte und wo ich wusste: Meine Mutter ist versorgt. Das ist doch kein Zustand, in den mich die Pflegeversicherung zwingt, oder?«

»Und wie ist jetzt die Situation?«

»Jetzt sind wir beide alleine, und ich freu mich, dass ich das Buch schreibe, denn da hab ich was zu tun, was ich zu Hause machen kann. Aber ich werde leben mit jemandem, der dreimal am Tag schläft, der alle 45 Minuten auf die Toilette begleitet werden muss, der, wenn er am Tisch sitzt, in kürzester Zeit mit offenem Mund dasitzt und in sich zusammensackt. Also mit einem von mir sehr geliebten Menschen, der immer weniger wird.«

»Aber sie kann sich immer wieder verständigen mit dir?«

»Inzwischen ist es so, dass sie leider, auch wenn man sagt: ›Nimm mal den Löffel‹, eigentlich nicht mehr weiß, was ein Löffel ist. In Phasen kann man sich sehr auf der Oberfläche und nur in Phrasen verständigen. Das Positive ist, dass sie, wenn ich sie jetzt anrufen würde, sich super freut und sagt: ›Ja, alles Gute und alles Gute und ist der auch dabei? Ja, alles

Gute, super, und auch ihm alles Gute!‹ Und am Ende würde sie sagen: ›Und mir auch.‹ Was ich so schön finde: Alle müssen es jetzt gut haben. Das ist eine ganz große Liebe von ihr. Dass wir beide uns jetzt treffen und dass ich dann zu ihr komme und da berichten kann, das ist für sie großartig.«

»Das nächste Mal verabreden wir uns bei dir.«

»Ich glaube, es wird für mich noch mal schwerer, eine Mutter gehen zu lassen, als einen Vater gehen zu lassen. Ich hab davor Heidenrespekt«, gestehe ich.

»Hängt davon ab, wie du mit ihm konntest. Man kann nicht sagen, die Mutterbeziehung ist überall wichtiger als die Vaterbeziehung. Ich kenne auch ganz schwierige Mutterbeziehungen, ich glaube, es hängt davon ab, wie nah man zusammen gewesen ist und wie vertraut man gewesen ist. Bei mir war es die Mutter, um die ich noch mehr getrauert habe als um den Vater, das stimmt. Aber mein Vater interessiert mich mächtig, zumal ich ständig entdecke, dass ich so bin, wie er war.«

»Ja, das verstehe ich.«

»Ich habe ihn kritisiert, aber ich beobachte an mir, dass ich Unarten von ihm übernommen habe. Und das wird mir erst im Alter klar.«

»Ich habe von beiden charakterliche Anteile – Unarten wie gute Anteile. Und ich hab zwischendrin sogar auch mal gedacht: ›Wo bin ich eigentlich? Wer ist denn jetzt Ilse?‹«

»Eine Mischung«, wirft Henning ein.

»'ne Mischung? Das ist auch was Eigenes, es ist nicht nur die Mischung.«

»Es entsteht was Eigenes«, bestätigt er.

»Es entsteht was Eigenes. Ich denke, das Eigene darf dann vielleicht nach 50 noch mal neu gepflegt werden.«

Mit meiner Mutter alleine

Um halb acht wecke ich meine Mutter, erlebe jeden Morgen diese Verwandlung: Im Bett liegt eine schnarchende oder tot wirkende alte Frau. Ich gebe ihr einen Kuss, und sie schlägt ihre Augen auf und strahlt mich von null auf hundert an, schlingt ihre Arme um mich und drückt mich fest. Wirklich fest, sie hat erstaunlich viel Kraft. Manchmal falle ich auf das Bett. Sie begrüßt mich, den Tag, das Leben. Woher nimmt sie dieses Positive? Dieses Licht und die Liebe in ihren offenen, hellen, braungrünen Augen. Kindlich und weise. Ihr Blick nach außen und innen. Kostbare Momente. Ich wünsche mir, dass das auf mich überspringt. Das möchte ich auch in meinem Leben. Besonders im Alter möchte ich auch so sein.

Ich schlage ihre Bettdecke zurück und reiche ihr die Hand. An der Hand ziehen geht nicht, wegen der Arthrose. Es ist also eher eine symbolische Hilfe. Mit ihrer trainierten Bauchmuskulatur schafft sie es, sich aufzusetzen und die Beine mühsam, sehr mühsam, aber alleine, rauszuschwenken. Ich setze mich dann neben sie und nehme meine Mutter in den Arm, reiche ihr dann ein Getränk und streichle ihren Rücken.

Im Bad machen wir jeden Tag eine Ganzkörperwäsche. Ein Bad nehmen kann sie leider trotz Wannenlifter nicht, unsere Wanne ist zu kurz. Die Morgentoilette ist ein Spaß. Unter Anleitung macht sie selbst, was sie kann, beim Rest helfe ich. Dann das Ritual: Welche Creme heute? Oder lieber Franzbranntwein? Während ich ihren Rücken eincreme, heult sie wie ein Kojote. Für die Nachbarn klingt es nach Schmerzensschreien. Tatsächlich ist es ein Ausdruck von Lust und Feiern. Meine Toleranz darf sich erweitern mit jeder neuen Arie. Mundhygiene, Gebiss reinigen, Fußmassage, Haare kämmen, anziehen – alles Training für mehr Beweglichkeit und Sprachverständnis und eigenes Sprechen. Alles, was sie selbst kann, fordere ich spielerisch ein. Lasse auch mir helfen – zum Beispiel Zahnpasta auf die Bürste machen. Wir lachen viel.

Ein neuer Tagesablauf

7.30 Uhr	wecken, trinken, Bad, Frühstück, Bett machen, Morgentoilette, anziehen, Inkontinenz-Versorgung
8.30 Uhr	gemeinsames Frühstück, Zeitung vorlesen, Tablettengabe
9.30 Uhr	Toilettengang (TG) und dann hinlegen und schlafen
10.50 Uhr	wecken und TG
11.00 Uhr	Logopädie
12.00 Uhr	TG und zusammen kochen, Getränk beim Kochen
12.30 Uhr	gemeinsam essen, immer eine Suppe, Hauptgang, Dessert, Tablettengabe
13.30 Uhr	TG und Mittagsruhe
15.00 Uhr	TG und spielen oder Physiotherapie, dann danach eine halbe Stunde liegen
16.30 Uhr	TG und Kaffee und Kuchen,
17.00 Uhr	Bilder ansehen, vielleicht Besuch, Tiersendung im TV
18.00 Uhr	TG und trinken
19.00 Uhr	Abendbrot und TV und Tablettengabe, trinken

| 20.30 Uhr | Bad, Abendtoilette |
| 21.00 Uhr | Bett und lesen, Musik hören |

Viermal die Woche verteilt auf zwei Logopädinnen gibt es logopädische Therapie. Zweimal die Woche hat sie Physiotherapie. Einmal kommt ein ehrenamtlicher Herr, der eigentlich zu meinem Vater kam, um Rätsel zu raten, und der sich nun um meine Mutter kümmert. Vor seinem Termin waschen wir jede Woche ihre Haare und machen eine Wasserwelle. Durch die Therapietermine kann sich ab dem ersten Schlaf alles um eine Stunde nach hinten verschieben. Alle 45 bis 90 Minuten ist ein Toilettengang nötig. Alle Stunde trinkt sie ein Glas Saft mit Wasser verdünnt oder Kaffee, Tee, Schokolade. Wenn sie weniger als einen Liter trinkt, ist sie am ersten Tag müde und am zweiten Tag verwirrt.

Meine Mutter hat neben mir sieben exklusive Termine von einer Stunde pro Woche. Mein Springer ist unsere Zugehfrau. Sie übernimmt auch Toilettengänge und manchmal die Morgen- oder Abendtoilette. Schreiben kann ich, wenn meine Mutter am Vormittag schläft, und während ihrer Therapie und ihres Mittagsschlafs. Immer begleitet von lautem Schnarchen und langen Atemaussetzern. Nach gefühlten 90 Sekunden springt mein Alarmsystem an. Ich versuche, meine Schreibphasen zu verlängern, indem ich unsere Zugehfrau bitte, im Anschluss an den Mittagsschlaf zu kommen oder die Abendroutine zu übernehmen. Alle Menschen, die zu uns kommen, möchten aber auch mit mir Kontakt haben, Anerkennung bekommen. Die immer gleich lautende Frage meiner Mutter ist: »Machst du Henning?« Wenn ich nicke, ist sie zufrieden. Sie liebt es, mich am Laptop zu sehen. Nur wenn sie nicht beschäftigt wird, sinkt erst ihr Kiefer, dann ihr Kopf und sie schläft ein. Lebenswichtig ist die Struktur im Tagesablauf. Natürlich darf sie schlafen, wann sie möchte. Alles wird angeboten, nichts erzwungen. Ohne Angebot, Ansprache und ein in das Leben Miteinbeziehen wäre sie verloren, würde aufgeben, dahinsiechen.

Dass ich bald zu Henning nach Bremen fahren will, ohne sie, das passt ihr nicht so ganz. Ich träume davon, über Hamburg zu fahren und endlich mal wieder im Hamburger Hafen spazieren zu gehen oder die Alster zu besuchen. In Hamburg war ich immer glücklich. Meine Mutter weiß das, sie hat mich öfter in Hamburg zu Premieren oder Dreharbeiten besucht. Besonders stolz ist sie, dass sie mich zum ersten Vorgespräch für die *Sesamstraße* begleitet hatte und dass das dann auch geklappt hat und ich die »Ilse« von der *Sesamstraße* wurde. Weil sie erfolgreich alle Daumen gedrückt hatte.

Sie ist traurig, alt zu sein und nicht mitzukönnen. Allein, dass die Möglichkeit nahezu nicht besteht. Diese verfluchten 76 Stufen! Holzstufen mit Linoleum belegt, angenehme Gehhöhe, aber eben kein Fahrstuhl. Wir wohnen im dreieinhalbten Stock. Im Frühjahr möchte sie ihr Treppentraining wieder beginnen. Noch einmal an die Ost- oder Nordsee? Auf Hennings Gegenbesuch freut sie sich.

Erst einmal mein Besuch bei Henning in Bremen

Sechs Wochen nach unserem Treffen in der Bremer Vertretung in Berlin schlägt mir Luise Scherf in Hennings Namen ein Datum für meinen Besuch in Bremen vor. Ich nehme es freudig an. Ich möchte schon am Nachmittag vorher anreisen, ich will nicht morgens um fünf loshetzen. Ich werde eingeladen, bei Scherfs zu wohnen, allerdings braucht Luise »die Bude« frei am Morgen nach unserem Gesprächstag. Zwei Nächte wären okay. Henning ruft an: »Aber an beiden Abenden bist du auf dich alleine gestellt, wir haben was vor.« Am Tag der Abreise fällt mir auf: Ich habe gar nicht die Adresse. Natürlich ist bei Scherfs keiner zu erreichen. Wo habe ich die Briefe von Henning? Sie tragen als Absender das Rathaus. Super, also googlen. Und zack wird mir einfach das Telefonbuch von Bremen angeboten und da steht's. Henning ist ganz simpel offiziell im Telefonbuch gelistet.

Henning ruft an, ich gebe meine Ankunftszeiten durch, und er beschreibt mir den Weg vom Bahnhof: »Kannste zu Fuß gehen, keine fünf Minuten, da brauchst du kein Taxi.«

Ich habe eine Dame gefunden, mit der sich meine Mutter gut versteht und die auf Absprache 24 Stunden bei meiner Mutter bleibt und mich ersetzt.

Ich sitze im Zug nach Hamburg. Leider wird es schon bald dunkel. Mein Handy klingelt: »Anneliese Freitag, Lilo, gut?« Über eine Speichertaste am Telefon kann meine Mutter mich anrufen. Sie ist enttäuscht, nicht schon Neues von Henning zu hören. Für ihre Zeitempfindung bin ich schon lange weg. Ich bin zu doof, den richtigen Zug zu finden. Metrozug? Nie gehört. Oder Fernzug? Ich verpasse den Anschluss an den Metrozug. In Bremen gehe ich über den Vorhof des Bahnhofs den beschriebenen Weg entlang. Wie immer hab ich eine Freude daran, dass auch hier Menschen leben. Das hab ich seit meiner Kindheit, diese Verwunderung, dass man ganz weit weg, egal ob Afrika, Argentinien, Los Angelos oder eben Bremen, dass man woanders ankommt und da sind auch Menschen, Häuser … das Leben.

Das Haus ist aus dem frühen 19. Jahrhundert und steht zwischen hässlichen Neubauten und Bauten aus den 1980er-

Jahren. Ein schmiedeeiserner Gartenzaun vor einem kleinen Vorgarten, am linken Hauseingang steht eine Magnolie, einer meiner Lieblingsbäume. Vor dem Haus in Berlin, in dem meine kleine Wohnung ist, steht auch eine. Das Haus sieht aus wie ein typisches Haus aus der Mark Brandenburg. Dreiviertelhohes Souterrain, zwei Etagen und Dachgeschoss. Hauptportal mit Stufen und Nebeneingang zum Souterrain. Hier ist das Hauptportal stillgelegt, der rechte Eingang führt zu den ebenerdigen Wohnungen. Links ist das Haus um ein schmales Treppenhaus mit Fahrstuhl erweitert worden. Es grenzt an einen großen Wohnblock aus den 60er-Jahren, ca. 400 Ein- und Eineinhalbzimmerwohnungen.

Ich gehe durch den Vorgarten und klingle. Es wird geöffnet, und ich gehe auf den Fahrstuhl zu. Henning ruft aus der Beletage: »Wir sind hier oben. Willst du etwa Fahrstuhl fahren?« Natürlich verneine ich das und steige die Treppe hoch, an deren Ende Henning zwei Meter und vier Zentimeter groß. Henning nimmt meinen Rucksack: »Hast du es gefunden, hab ich es gut beschrieben?« – »Ja, nur an einer Stelle war ich unsicher, Rembertistraße, das könnte doch gleich Biberti heißen?« Wir lachen. »Remberti war ein Erzbischof.« Von der Diele gehen zwei Zimmer mit verglasten Türen ab, die Küche und Luises Arbeitszimmer. Luise kommt aus der Küche. »Das ist aber ein schöner Mantel!«, begrüßt sie mich. Ich freue mich und antworte blöde: »Ach, der war ganz billig.« Als es raus ist, ist es zu spät. Mein Mantel hat etwas Theatralisches, er ist ein vorgetäuschter Daunenmantel, bodenlang, tailliert, mit stehendem Kragen.

»Ich habe Tee gemacht«, lädt sie mich ein. »Ich zeige Ilse erst einmal alles«, sagt Henning und führt mich durch die Küche, durch das Wohnzimmer, geht eine Wendeltreppe nach unten. »Hier ist mein Arbeitszimmer und das Reich der Kinder und Enkelkinder, wenn sie uns besuchen. Ich hab dir das Bett bezogen. Dir meinen Bademantel hingelegt, den hat mir meine Mutter vor 30 Jahren geschenkt. Hier ist die Küche, die brauchst du ja nicht, und hier das Bad, da hast du alles, Handtücher und so, da kannst du dich versorgen. Das ist dein Schlüssel, da kommst du hier direkt von der Straße rein. Zu unserer Wohnung gehst du dann hier innen wieder hoch, die Tür lassen wir für dich offen. Richte dich mal ein, und dann trinken wir oben Tee.«

Oben in der Beletage erwarten mich beide zu einem frühen Abendessen: guter Schinken, Käse, Tomate, Gurke, drei Sorten Brot, Butter. Luise und ich trinken Tee, Henning heißes Wasser aus dem Hahn. Ich zucke zusammen, als ich das sehe. Meinem Vater habe ich das wegen möglichen Keimen immer verboten, habe ihm das heiße Wasser immer abgekocht, in meinem Inneren sehe ich meinen Vater mich angrinsen, so mit dem Impetus: ›Na, siehste.‹ – ›Mea culpa, Papo, aber ich bin immer noch meiner Meinung …‹ – Henning weiht mich in die Tagesordnung ein: »Ich gehe jetzt zu einer Lesung, Luise hat eine Veranstaltung im Lehrhaus. Du kannst entweder mit zu der Lesung kommen, aber ich würde dir raten, heute Abend ins Rathaus zu gehen. Heute Nacht ist die ›Nacht der Jugend‹, das habe ich vor elf Jahren eingeführt, da …«

»Wann stehen Sie auf?«, fragt mich Luise. »Ich richte mich nach Ihnen, wann wollen wir loslegen?«, frage ich Henning. »Ich muss morgen früh ins Rathaus, da kommen zwei Schulklassen und wollen mir noch zum Geburtstag gratulieren, da muss ich Punkt neun Uhr dreißig sein. Um elf Uhr bin ich fertig. Um elf Uhr dreißig bin ich zurück. Dann fangen wir an.« – »Darf ich dich morgen früh begleiten?« – »Gut, dann frühstücken wir um acht.« – »Kaffee oder Tee?«, will Luise wissen. »Ich kann mich anpassen.« – »Kaffee oder Tee?«, wiederholt Luise. »Ich trinke beides gerne«, antworte ich. Ihren Blick interpretiere ich als: Beides mache ich nicht. »Bitte Tee«, entscheide ich mich. Henning beschreibt mir den Fußweg zum Rathaus. »Du gehst dann durch die Unterführung, da musst du keine Angst haben, da sind viele Leute.« Wir trennen uns.

Als ich bereits an der Gartenpforte bin, verlässt auch der Priester das WG-Haus. Ich grüße ihn freundlich, er nickt nur kurz zurück. Wie wird das in der WG gehalten? Ist man Besuch von allen? Oder nur bei dem, den man kennt? Ich gehe bewusst langsam in Richtung Rathaus, will ihm so Gelegenheit geben, mich anzusprechen, wenn er möchte. Er geht an mir vorbei. Ich nehme ihn heimlich als Führer zum Rathaus. Ich folge also durch die Straßen in die Wallanlagen. Sollte ich hier nicht links? Der Priester verschwindet im Park. Ich sehe den Turm vom Dom, die Richtung stimmt also, und folge ihm lieber. Auf der anderen Seite des Parks muss ich mich auf den Verkehr konzentrieren, um eine breite Straße zu überqueren. Als ich wieder aufblicke, ist der Priester weg, vom Erdboden verschwunden. Ich gehe weiter und entdecke eine schmale Passage durch ein Haus. Das gefällt mir, eine verwinkelte Altstadt, alles proper. Ich entdecke das Haus der FDP, auf deren Fassade werden die aktuellen Steuerschulden von Bremen angezeigt. »So'n Quatsch!«, wird Henning später kommentieren. Das Haus vom Chorverband, im Schaufenster Henning singend im Chor. In einer hell erleuchteten Souterrain-Wohnung unter einer Galerie lümmelt ein junger Mann mit einem Teller Spaghetti auf dem Sofa vor dem Fernseher. Diese Wohnung kann man von zwei Gassen aus einsehen.

Ich komme am Dom heraus, gehe direkt auf das Rathaus

zu. Ein fieser Nordseewind verwirbelt Plastiktüten und Papier, Blätter. Das Rathaus steht wie eine Kulisse für einen Edgar-Allan-Poe-Film in der Nacht, jedes Fenster bis in den zweiten Stock erleuchtet. Davor Grüppchen von gebückten dunklen Gestalten. Ich umrunde das Gebäude, sehe es mir genau an. An der Seite gegenüber der Böttcherstraße, an der Bushaltestelle kreuzt ein Ehepaar meinen Weg. Der Mann sagt zu seiner Frau: »Werden auch immer mehr Ausländer hier, so ein Pack.« Im Rathaus freundliche junge Gesichter vieler Nationen. Direkt am Eingang ein Stand für den Kirchentag in Bremen mit dem Motto: »MENSCH, WO BIST DU?« Henning hatte mir voller Stolz erzählt, dass er die »Nacht der Jugend« ins Leben gerufen hat, um der Pogromnacht zu gedenken. »Die Schüler sollen frühzeitig wissen, dass die im Rathaus für sie da sind! Wenn die Kinder und Jugendlichen kommen, kommen auch die Eltern.«

Ich lasse mich treiben, bin bei einer Diskussion im Kaminsaal über Homophobie in der Gesellschaft, in der oberen Rathaushalle mit den antiken Schiffen, die von den Decken hängen, höre ich Chansons zu, im Mittelsaal einem Rapper und sehe später einem Breakdancer zu. Überall fröhliche Gesichter. Ein selbstverständliches Multikulti. »Du wirst sehen, da sind kaum Ordnungskräfte, wir überlassen denen wirklich das Rathaus, immerhin ein Weltkulturerbe, da ist noch nie auch nur die kleinste Kritzelei vorgekommen!«, höre ich Henning in meinem inneren Ohr.

Ich verlasse das bunte Treiben und erkunde noch ein bisschen Bremen. Gehe wieder durch die Wallanlagen. Nun ist kein Mensch mehr zu sehen. Einen Punker sehe ich im Lichtkegel einer Laterne. Enten schwimmen. Plötzlich kommt eine schwarze Gestalt die kleine Anhöhe hoch. Ich bin ja nicht ängstlich, aber plötzlich fällt mir mein letzter Besuch in Bremen ein, das war die erste Premiere *Die lustigen Weiber von Windsor* von András Fricsay Kali Son als Oberspielleiter am Bremer Stadttheater, das war 1989, da gab es eine profunde Rauschgiftszene in Bremen. Die schwarze Gestalt geht parallel zu mir. Sie spricht am Handy: »Ich weiß nicht, was ich machen soll, ich sage ihr: ›Ich liebe dich‹ … und nichts … keine Reaktion …« Eine Windböe treibt mich weiter voran.

Luise hatte gesagt, dass in ihrem Viertel fast alle ihre Gärten zugunsten von Parkplätzen aufgegeben hätten, dass es ein paar Straßen weiter einen versteckten Kern alter Bremer Häuser gebe. Die suche ich und finde sie: Eine Straße mit intakter Architektur, weiße, schicke, hanseatische Reihenhäuser mit steiler Portaltreppe zur Beletage. So ergibt sich noch ein Dreiviertel-Geschoss extra im Fast-Souterrain. Für Gehbehinderte ein unüberwindliches Hindernis. Alles super gepflegt, die meisten ohne Gardinen. Ich bin ein »Bürgersteig-Window-Watcher«: kurze Einblicke von schräg unten nach oben in das Leben anderer. Vor langer Zeit lief ich so einmal traurig durchs vorweihnachtliche Hamburg, schaute in die Fenster und dachte, alle anderen seien glücklich. Aus einer Wohnung schallten Gesprächsfetzen, die mir bekannt vorkamen, auch die Stimmen. Dort lief ein Film von mir im Fernsehen, das hat mich getröstet.

Auf dem Meer muss ein Sturm toben. Laub, Papier wirbelt durch die Luft. Ein Dackel hebt fast ab. Ich verlaufe mich.

Das Zimmer, in dem ich schlafe, ist aus zwei Räumen zusammengelegt. Bei der Tür steht ein großes Doppelbett, zwei Kinderbetten, ein Kindertisch mit Kinderstühlen. Tom Sawyer auf dem Nachttisch. Hinter zwei Säulen steht ein hochlehniges Sofa als Raumteiler, davor ein großer Couchtisch voller Bücher. An der Fensterfront zum Garten steht Hennings Schreibtisch, links ein großer Baum, rechts eine Stehlampe, ein Lehnstuhl, ein Regal. Wieder zurück, setze ich mich in den Lehnstuhl neben Hennings Schreibtisch. An der Säule rechts von dem Sofa hängt ein Porträtfoto von Gustav Heinemann. In dem Buchregal entdecke ich mehrere Bücher von Pfarrer Heinrich Albertz (1915–1993, ev. Pastor und Politiker in der SPD). Der hat mich als Jugendliche schwer beeindruckt, wie er sich damals, in den 70ern, bei der Lorenz-Entführung als Geisel zum Austausch angeboten hatte. Später hatte ich die Gelegenheit, ihn zu treffen und ihm das auch mitzuteilen. Im Schein der Stehlampe sehe ich über den großen Ablagestapeln, ich glaube Gratulationen zum 70. Geburtstag, ein Jugendbild von Luise.

Mir ist kalt, die Heizung hatte schon lange auf Nachtbetrieb umgeschaltet. Der Garten liegt im Dunkeln. Absolute Stille. Von der Tür zum Garten kann ich in die Nebenwohnung sehen, dort sitzt ein Mann und liest. Das muss wohl Manfred Hallscheffel sein, der ein halbes Pferd besitzt, den die Scherf-Enkelkinder auch deshalb lieben und der Literatur-Nachmittage für Ältere anbietet. Ich wünsche der WG innerlich eine gute Nacht und lege mich in Hennings Bademantel gehüllt ins Bett.

Am nächsten Morgen: Höflich sein und fünf Minuten nach der verabredeten Zeit zum Frühstück kommen oder pünktlich, was war hier angebracht? Ich entscheide mich für akkurat acht Uhr. Luise und Henning begrüßen mich freundlich. Der Frühstückstisch ist gedeckt. Heißes Wasser steht bereit, Tee. Sie haben mit dem Frühstück gewartet, nach der Zeitungslektüre zu urteilen, sitzen sie aber schon länger hier. Henning im Anzug und barfuss, Luise Scherf leger. Gemeinsam frühstücken wir. Ich werde aufgefordert zu berichten, wie mein Abend war. Stolz möchte Henning alles von der ›Nacht der Jugend‹ im Rathaus hören. »Noch nie gab es auch nur eine klitzekleine Zeichnung an den Wänden. Du hast gesehen, wie schön unser Rathaus renoviert ist. Noch nie einen Schaden. Das ist eine tolle Jugend. Das ist möglich, weil wir ihnen vertrauen. Darauf habe ich immer bestanden.«

Ich erzähle: »Ich hab die Orientierung bei meinem Ausflug verloren, wusste nicht genau, wie ich zurückkomme und habe einen vielleicht 40-jährigen Mann auf einem Fahrrad gefragt: ›Wo ist denn bitte die Rembertistraße?‹ – ›Ja, der Ring‹, sagte er. Sag ich: ›Nee, nicht der Ring, sondern die Straße.‹ – ›Die Straße? Die gibt's nicht, nur den Ring.‹ Frage ich: ›Wo ist denn das Remberti-Stift?‹ Sagt er: ›Stift? Das weiß ich gar nicht! – Gibt es das noch? Da war ich als Kind mal.‹ Das ging etliche Male so hin und her und der Wind schmiss uns halb um. ›Wo wohnt Henning Scherf?‹ Sagt er: ›Ach so, da woll'n 'Se hin, der wohnt da!‹ Und zeigt es mir, das war total lustig.«

Luise schenkt mir Tee nach. Henning reicht mir die Butter: »Ja, ja, ich bin hier bekannt wie ein bunter Hund, das stimmt. Sehr schön! Also ich habe mir das früher nicht so vorgestellt, dass ich mich hier wohlfühlen könnte, aber ich fühle mich inzwischen sehr wohl hier. Ist ja eine nicht unbedingt bürgerliche Gegend hier: die Nachbarschaft mit den Discos, den Junkies … Da drüben ist die Drogenberatungsstelle, da hängen die Junkies rum … dann ist da der Bahnhof, da hängen natürlich alle möglichen Nachtschattengewächse rum. Klar, wie an jedem Bahnhof. Aber das ist auszuhalten. Hier nebenan wohnen Dirnen, die so auf Telefonanruf Kundschaft haben. Dann kommt eine Absteige, so ein kleines Hotel. Das war mal ein Asylheim. Dann kommt eine Schwulendisco. Dann kommt die Apotheke mit dem Ärztehaus. Also ganz anders als in unserer Neustadt. Wir wohnten in der Neustadt in so einem richtigen vom Krieg heil gebliebenen Karree, wo es schön war. Aber da konnten wir nicht mit zehn Leuten rein. Und dann haben wir lange gesucht. Die anderen wollten gar nicht hier rein, weil es hier doch relativ laut ist. Aber dann war vor allem klar: »Wenn wir das jetzt nicht nehmen, dann kriegen wir das überhaupt nicht mehr hin!« Und jetzt wohnen wir hier, und jeder hat sich daran gewöhnt und keiner will hier wieder raus.«

Bevor wir zum Rathaus aufbrechen, darf ich in Luise Scherfs Arbeitszimmer an den Computer ins Internet, um meine E-Mails bearbeiten. Von hier aus leitet sie ihre Projekte. Fotos aus Nicaragua. Blick in den Garten. Wand und Tür zum Flur sind aus Glas und fest verschlossen. Luise raucht. In der Küche gehen Luise und Henning Termine bis sechs Monate im Vorhinein durch: legen fest, wann sie gemeinsam ins Theater gehen werden, wann sie reisen, Besprechungen haben. Dabei bügelt sie ein Hemd von Henning: großer Mann, großes Hemd. Zum Mittagessen erwartet sie uns zurück. Mir wird ganz mau. Werden wir überhaupt Zeit finden, weiter für unser Buch zu arbeiten?

Früher als kleines Kind musste ich neben meiner Kinderfrau, Tante Susie, immer rennen. Sie war groß und schlank, hatte endlos lange Beine, immer in feinen Strümpfen und schönen Pumps. Wenn sie mit mir schlendern ging, wie sie es nannte, war es für mich ein Dauerlauf. So geht es mir mit Henning auch. Wir gehen jetzt den Weg zum Rathaus, den er mir beschrieben hatte. Jeder, der uns entgegenkommt, begrüßt ihn:

»Moin, Moin.« »Ach, der Bürgermeister, schönen Tach.«
»Grüße an Luise …« und so weiter. Wir gehen an Hennings
Friseur, seinem Fischladen vorbei, zu jedem bekomme ich
eine schöne Erzählung, wir gehen über den Domhof. Henning
erzählt mir, wie schwer es wegen der Unterkellerung
war, die Bäume darauf zu pflanzen. Die Marktleute grüßen
und die Bürger. Es macht Spaß, mit Henning durch Bremen
zu gehen.

Das Rathaus ist blitzeblank. Kein Stand, keine Reste vom Vor-
abend zu sehen. »Siehste? Hab ich dir doch gesagt, auf die
jungen Leute kann man sich verlassen.« Henning wird von jedem liebevoll begrüßt. Im Vorzimmer vom amtierenden Bürgermeister bekommt er Post gereicht. Die Schulklasse wartet
im Presseraum. Die Kinder sitzen in dem großen Saal und
singen für Henning ein Geburtstaglied, tragen Gedichte vor.
Sie haben Fragen vorbereitet. Henning schlägt vor, dass der
Frager vorkommt zu ihm. Jedes Kind bekommt eine ernst-
hafte Antwort, jedes bekommt Lob und wird zurückhaltend
geknuddelt. »Ich soll das nicht, sagt Luise.« Henning fragt jeden nach seinem Namen: Die Kinder heißen Nastaran, Kinga
oder Hadnet. 70 Prozent der Kinder sind Migranten. Henning
fragt sie, wo ihre Eltern geboren wurden, erzählt, wenn er
das Land schon besucht hat. Ja, er war schon in der Türkei,
in Griechenland, in Indien. Die letzte Frage ist: »Wo waren
Sie schon überall auf der Welt?« Henning antwortet: »Ich war
schon rund um die Welt.« Er zählt rund 50 Länder auf. »Ihr
merkt, ich stelle mir den Globus im Kopf vor und orientiere
mich.« Er vergisst Afrika. »Jetzt hab ich Afrika vergessen, das
gibt's doch nicht, wo ich da gerade aktiv bin.« Er erzählt von
Hannelore Hoger (www.helpage.de). Henning war in vielen
Ländern, und nicht nur die Kinder sind voller Staunen. *Mich*

zumindest plagt ein bisschen die Eifersucht: Das möchte ich auch erleben, noch in diesem Leben.

Pünktlich verlassen wir die Kinder, der Pressesaal wird für die wöchentliche Presseversammlung gebraucht. Nur wie mit Henning das Rathaus verlassen? Aus jeder Ecke kommt jemand und begrüßt ihn, berichtet ihm etwas. Im Ausgang an der Garderobe ist die Schulklasse noch dabei, sich anzuziehen. Die Lehrerinnen bedanken sich noch einmal bei Henning. Wieder werden Fotos gemacht. Henning streichelt den Schopf eines Schülers und parliert. Dann begreift er, dass er das Kind angefasst hat. Er lacht, sagt: »Jetzt hab ich das schon wieder gemacht und Luise sagt immer, ich darf das nicht, ich soll Distanz halten zu euch, das muss ich lernen.«

Der schöne Zeitplan beginnt zu wanken. Wird Henning nach dem Essen eine Mittagsruhe einlegen? Abends muss er zu einem Martinsgans-Essen. Morgen früh fahre ich wieder. Den Weg zurück zum WG-Haus geht Henning eilig, wir wollen Luise nicht warten lassen, das heißt für mich: joggen. Rechts und links wird gegrüßt. In den Wallanlagen kommt uns ein Mann, geschminkt, mit langem rotbraunen Ledermantel bekleidet und barfuß bei dem kalten Wetter entgegen. Auch er grüßt Henning mit Achtung. Henning erwidert den Gruß, ich spüre, dass er hier nicht so ganz zufrieden ist. In der Rembertistraße kommt uns eine hübsche junge Frau mit einem Kind im Jogging-Buggy entgegen. Sie spricht laut in ein Handy, russisch. Sie schaut uns an. Grüßt nicht. Kein Erkennen im Blick.

Wir sprechen über Lebenswege

Ratzfatz steht das Essen auf dem Tisch: Kartoffeln mit Linsen in Currysoße. Auf dem Tisch Feta und Joghurt. Henning räumt alles in den Geschirrspüler. Luise zieht sich nach dem Essen zurück, sie will noch ihre Post erledigen und ihre Fahrt nach Hamburg vorbereiten.

Ich stelle mein Aufnahmegerät auf den Küchentisch. Bei heißem Wasser aus dem Hahn und frischem Tee beginnen wir: »Unsere Kinder haben gesagt: ›Ihr seid postpubertäre Romantiker mit eurem Projekt.‹ ›Postpubertär‹ ist freundlicher als ›in der Pubertät stecken geblieben.‹ Das hab ich schon mal von dir gelesen …«

»Nee, hast du noch nicht gelesen, aber von mir gehört.«

Henning versteht mich falsch, sieht mich an.: »Ich sag nicht, du bist in deiner Pubertät stecken geblieben.«

»Nein, ich bin es ja auch nicht, ich bin mit 15 ausgezogen, habe radikal in meiner Pubertät gekämpft mit meinen Eltern. In der Pubertät sind die Leute stecken geblieben, die sagen: ›Ja ich war Ostern oder Weihnachten bei meinen Eltern, na, einen Tag ging's, aber dann, furchtbar, alles wie immer.‹ Pubertät, das ist ja nur eine Ablösung von den Eltern im Leben auf dem Weg zum Erwachsenwerden. Dadurch, dass mir mein Vater kein Wort zu seiner Stellung im Krieg mitgeteilt hat und dann, als er die Ehre seiner jungfräulichen Tochter in Gefahr sah, mich verprügelt hat, habe ich fast zehn Jahre nicht mit ihm gesprochen. Also er auch nicht mit mir. Seine Mutter, meine Großmutter, hat in mir den Samen des Verzeihens gelegt. Sie fand das Verhalten ihres geliebten und vergötterten Sohnes nicht gut. Mein Empfinden wuchs, dass ich mich erst erwachsen fühlen könnte, wenn ich in Frieden mit meinen Eltern bin. Irgendwann fand ich es lächerlich, dass ich die Erwartung hatte, mein Vater müsste sich so benehmen, wie ich es richtig fand! Oder eben umgekehrt, dass ich mich als Erwachsene so zu benehmen hätte, wie er es richtig fand. Oder es folgen Sanktionen. Ich entdeckte die charakterliche Ähnlichkeit von uns beiden. Übrigens nicht zu meinem Vergnügen, aber bald mit Humor. Dann ging es einfach: Ich trennte das Ich und Du. Ich, Tochter. Er, Vater. Ich trennte das Wir: in zwei gleichberechtigte Partner, natürlich unter Anerkennung und Respekt, dass er mein Vater ist, und setzte es zu einem neuen Wir zusammen. Ich fragte bei meinem Vater schriftlich um einen Termin zu einem Treffen an. Keine Reaktion. Also fasste ich mir ein Herz. Fuhr hin und klingelte zu einem Zeitpunkt, von dem ich wusste, er würde persönlich öffnen, da er seine Post entgegennehmen wollte. Da standen wir voreinander. Ehe er abwehren oder wegrennen konnte, entschuldigte ich mich für die stumme Zeit. Bat ihn um Verzeihung für meine Provokation damals, obwohl ich ja die Kleine war und er der Große. Im folgenden Gespräch schlug ich vor, dass wir unsere Krachthemen: Politik, Krieg, Sex etc. die nächsten Monate vermeiden sollten und uns erst einmal in den sanften Themen üben könnten. Das gelang uns lange bis zu einem gemeinsamen Sehen der Tagesthemen. Zusammen hatten wir keine Streitkultur, also verfielen wir in das alte Muster. Aber nur kurz, im Vergleich zu dem großen Bruch. Aber seine Diktatur war aufgebrochen. Wir erkannten uns an, konnten bald über unsere gegensätzlichen Meinungen, die wir aber mit charakterlich ähnlichen Mitteln durchsetzen wollten, lachen und grummelnd bestehen lassen.«

Henning holt sich frisches heißes Wasser: »Was unsere Kinder und erwachsenen Kinder früher belächelt haben, finden die inzwischen richtig gut. Wir mögen uns alle auch sehr gerne, so querbeet.«

»Schön, hm.«

»Die kommen auch gerne, einzeln, auch von weither, und bleiben dann ein verlängertes Wochenende. Oder wie nächste Woche. Da sind wieder drei Lütte bei uns, 'ne ganze Woche, die haben Herbstferien, und dann kommen sie zu uns. Wünschen sie sich auch.«

»Schön, ja.«

»Da freuen wir uns alle drauf, jeder überlegt: ›Was kann ich machen, gehen wir mit denen auf den Freimarkt?‹ – das ist bei uns der Jahrmarkt – ›oder mache ich was anderes mit denen?‹ Das hält uns sehr lebendig. Wir haben vor 14 Tagen an meinem 70. Geburtstag mit allen zusammen eine Riesenfete gefeiert. Wir machen auch Sachen, wo wir uns mitnehmen. Also, wenn ich mit meinem Chor eine Aufführung mache, vor ein paar Wochen haben wir das Brahms-Requiem aufgeführt, sind sie alle hingekommen. Oder jetzt üben wir für das Weihnachtsoratorium, da stell ich mir vor, dass wir dann auch alle zusammen hingehen, dass ich da allen vorsinge. Bei den Gottesdiensten, die unser Pastor im Haus immer hält, da sind wir alle zusammen und reden auch über das, was er da sagt. Das hält uns zusammen.«

»Genau, jetzt könntest du mir vielleicht mal über dich und dein Alter von 70 Jahren berichten. Was ist jetzt, was macht das aus?«

»Ich bin mit Abstand der Umtriebigste hier, die anderen schütteln auch den Kopf darüber, dass ich eigentlich fast mehr von zu Hause weg bin als früher, weil ich ständig unterwegs bin und irgendwelche Vorträge halte und Lesungen mache und an Podiumsdiskussionen teilnehme. Das halten sie für gewöhnungsbedürftig, dass man praktisch von einer Aufgabe in die andere so intensiv wechselt und gar nicht richtig diese neue freie Zeit annimmt. Aber ich glaube, die meisten sagen: ›Der hilft sich auf seine Weise und schützt sich vor so einer Unterforderung.‹

Luise ist ja schon länger aus dem Schuldienst raus, sie ist fleißig am Organisieren für unsere Projekte in Nicaragua, die kommandiert sie übers Internet, täglich, kennt auch alles, hält auch das Hilfsprojekt *pan y arte* zusammen, wo ich inzwischen auch mittrommle. Da bin ich der Vorsitzende geworden, Nachfolger von Dietmar Schönherr. Das hat uns noch ein Stück enger zusammengebracht. Wir sind ja 48 Jahre verheiratet, und plötzlich machen wir eine schwierige, komplizierte, größer werdende, wachsende Sache zusammen. Das ist eine ganz ungewöhnliche Erfahrung zwischen uns beiden. Und dann hat sie, wie früher auch, jede Menge anderer Aufgaben. Also sie ist im Vorstand der Villa Ichon, das ist so ein selbstverwaltetes Kulturzentrum ...«

»Wie heißt das?«, frage ich.

»Villa Ichon ...«

»Ichon.« Das habe ich noch nie gehört.

Henning spricht es überdeutlich für mich aus: »Ichon, das ist ein Bürgername aus der Mitte des 19. Jahrhunderts, eine alte Stadtvilla, die direkt neben dem Theater steht und die heute ein selbstverwaltetes Kulturzentrum ist. Da ist sie die Vorsitzende. Da gibt's ständig Veranstaltungen und Ausstellungen, da ist sie richtig mittendrin. Sie ist im Lehrhaus mit den anderen aus unserem Haus zusammen, da bin ich wieder nur Gast, da sind die anderen intensiver dran. Also, ich habe den Eindruck, Luise ist vollbeschäftigt. Tut mehr für die Kinder und die Enkelkinder als ich. Ich bin da im Schlepptau von ihr. Aber wir verlassen uns gegenseitig aufeinander. Wenn sie nicht kann, dann kann ich. Wir fahren richtig auf Telefonanruf nach Hamburg und springen da ein, machen dann, entweder sie oder ich, diesen kleinen Betrieb mit der Enkelkinderbetreuung.«

»Das ist schön«.

Henning lächelt. Eine kurze Pause. Dann fährt er fort: »Also, wir fühlen uns hier sehr wohl. Fünf Jahre haben wir unser Wohnprojekt vorbereitet. In dieser Zeit ist Luise anderthalb Jahre in Nicaragua gewesen, und als sie dann wiederkam, war der Umbau noch nicht fertig, da sind wir dann noch bei einer Freundin eingezogen. Unser Haus hatten wir schon verkauft, das war schon weg. Die Umzüge haben gut geklappt. Und sie hat eben immer die ganzen Jahre ertragen, dass ich Politik gemacht habe, ständig in der Zeitung war und ständig Journalisten hinter mir her waren. Sie hat daran teilgenommen, hat mich kritisiert, natürlich, wir waren nicht immer einer Meinung, das hat mir gutgetan. Das hat uns auch zusammengehalten. Viele Politikerehen gehen auseinander, weil sie zu Hause sitzt und strickt und denkt: ›Wo bleibt der Alte?‹«

»Furchtbar.«

»Das war bei uns anders. Luise hat mitgedacht, mitgemacht …«

»Na, aber ihr habt immer …«

»Das hat mir sehr geholfen. **Vieles habe ich ihr zu verdanken**. Jetzt, wo wir beide in Rente sind, ist das wieder ein völlig anderes Leben, ein anderes Zusammensein und den Alltag bewältigen. Natürlich ist es anders, wenn die Kinder groß sind und nun wie Gleichberechtigte mit uns umgehen. Wir sind uns nah, und wir haben viel miteinander zu tun, machen auch gemeinsam Urlaub.«

»Schön.«

»Und es ist wunderbar, wenn die Kinder aus der Unselbstständigkeit herauswachsen, ganz selbstständig sind, eigene Meinungen haben, alles organisieren, Leute mit ranschleppen, die auch mir wichtig sind. Wunderbar! Und das ist mit den Enkelkindern natürlich eine weitere Verstärkung. Dass die auch mit anpacken. Ich liebe die sehr. Das merken die auch. Kinder spüren das ja, ob man sie mag oder nicht. Und wenn sie sich akzeptiert fühlen, dann blühen sie auf und sind liebevoll und anhänglich und machen auch viel mit. Das ist eine gemeinsame Erfahrung. Wir konkurrieren nicht. Das ist ganz großes Glück, dass wir das erleben. Unsere Beziehung verändert sich in solchen Lebensabschnitten.«

»Aber da muss es …«

»Ja, mal sehen, was kommt, wenn wir nun tüddelig werden. Meistens ist es ja so, dass der Mann eher tüddelig ist. Mal sehen, wie das bei uns geht. Das weiß keiner genau und **ob wir uns da noch aushalten. Wir wünschen uns das, dass wir uns aushalten, wir möchten zusammen alt werden, das wünschen wir uns. Aber ob das wirklich klappt, das kommt darauf an. Das muss man dann sehen, wenn es wirklich so weit ist.«**

»Wie siehst du Luise denn jetzt? Siehst du sie noch mit 17 oder mit 25 oder siehst du sie so alt, wie sie jetzt ist? Mein Vater hat immer gesagt, er sieht meine Mutter so, wie sie im Hochzeitskleid aussah.«

Spontan antwortet Henning: »Nein, alles durcheinander.«

»Aber du hast diese Doppelbelichtungen auch, die vielen Facetten in einem?«

»Ich hab ganz viele Bilder von Luise, durchs ganze Leben durch, und die hängen auch hier zum Teil bei uns. Wir haben überall Bilder.«

Wir hängen beide unseren Gedanken nach. Ich fühle mich in dieser Küche richtig wohl. Nach einer Pause frage ich

Henning: »Was ist dein erster Gedanke, wenn du morgens aufwachst?«

»Das kommt drauf an, was ich am Tag vorher gemacht hab und was vor mir liegt. Manchmal holt mich der Tag vorher wieder ein, auch über den Traum. Dann überleg ich: ›Was habe ich geträumt?‹, ›Ist im Traum was passiert, was mit dem Tag davor zu tun hatte?‹ Dann reden wir auch darüber. Ich spritze auch nicht gerne sofort aus dem Bett, sondern ich bleibe gerne noch ein paar Minuten liegen und orientiere mich. Dann geht's los. Unter der Dusche heiß/kalt werde ich richtig wach.«

»Hu«, entfährt es mir, ich hasse kaltes Wasser.

»Wir machen das alles schön gemeinsam. Wenn wir nicht mit den anderen zusammen frühstücken, frühstücken wir gemeinsam und erzählen uns viel, was vor uns liegt und was wir gerade erlebt haben und was wir in den Zeitungen lesen. Unsere Zeitungslektüren tauschen wir aus. Auch was wir sonst so an Anrufen oder an E-Mails kriegen, das tauschen wir aus. Sie ist öfter da als ich, kriegt also viel mehr mit als ich. **Nein, es ist 'ne richtig lebendige, vitale Beziehung, die mich glücklich macht. Anders, als ich das mir als Jungverliebter ausgedacht habe, aber es ist voller Leben.«**

Das macht mich sehr neugierig: »Was hast du dir damals ausgedacht, Henning?«

»Das waren ja auch romantische Vorstellungen, wenn man sich so als 17-Jähriger verliebt. Es ist so wie in einer Seifenoper. Wenn man so ein langes Leben zusammen macht, ist das das genaue Gegenteil von Seifenoper. Da ist viel Stress, viel Arbeit und Konflikte-Aushalten und Niederlagen-Aushalten. Das schweißt zusammen.«

»Hm.«

»Dadurch wächst man zusammen.«

»Aber plant ihr …«

»Ich nenn das immer ›**die Mühen der Ebene**‹.«

»Was?« Ich hab nur »Mühe« gehört.

»›Die Mühen der Ebene.‹ Man kommt von den Bergen, auf denen man gejubelt hat und eigentlich nur über Paradiesisches, Sonnenaufgänge und so was gestaunt hat, dann muss man irgendwann runter. Und dann fangen die ›Mühen der Ebene‹ an. So nennen wir das, und ›**Mühen der Ebene‹ muss man aushalten**. Da muss man auch Frustrationstoleranz entwickeln, da muss man nicht gleich empört sein und weglaufen.«

»Gibt es auch Phasen, Termine, wo ihr sagt: Da sind jetzt nur wir, da ist jetzt mal nicht Stress von außen, da darf keiner rein, da gehen wir beide durch den Wald?«

»Ja. In den Wald gehen, Fahrrad fahren ist für uns wichtig.«

»Aber ihr habt schon so Zeiten, wo ihr außerhalb ...«

»Ja, aber das ist nicht so, wie du das jetzt fragst, nicht so, dass wir das irgendwie retten vor den anderen ...«

»Nö, nö.«

»... sondern wir freuen uns, wenn sich das immer wieder ergibt und wir immer wieder dafür Platz haben. Dann ist es schön. Wir müssen nicht wie so 'ne Art Aufstand machen: ›Und jetzt aber mal sind wir dran, also jetzt wollen wir niemand sehen!‹, das haben wir noch nie gehabt, sondern, wenn es sich dann ergibt, dann sind wir happy. Zum Beispiel fahren wir eben sehr gerne Fahrrad. Man kann wunderschön bei uns ins Umland fahren, in diese wunderbare Marschlandschaft, die lieben wir sehr. Wir kehren dort ein, besuchen auch spontan **Freunde**. Wir haben auch mehrere ältere Freunde, die eigentlich darauf warten, dass wir sie besuchen, dass wir was mit ihnen machen. Machen wir auch. Da beziehen wir auch unsere Enkelkinder mit ein. Die kommen dann mit, unsere Kinder finden das auch gut, sagen nicht: ›Oh Gott, das auch noch.‹«

»Na ja.« Das kann ich mir nun wirklich nicht vorstellen.

»Dann gibt's solche Anlässe, die wir uns richtig suchen, um **treu zu sein, treu gegenüber solchen Menschen.**«

»Wenn das jetzt …«

»… exklusives Treusein …«

»Ja klar.«

»… das ist eine Sache. Man kann auch andern treu sein und gar nicht das gegeneinander ausspielen, sondern das sogar gemeinsam machen. Das erlebe ich.«

Ich trinke Tee, dann traue ich mich zu fragen: »Und wenn es euren Freunden jetzt schlechter gehen würde, könnten die dann in die freie Wohnung hier im Haus einziehen? Wäre das eine Alternative?«

»Ich könnt mir das vorstellen, aber Luise will das Haus nicht voller Menschen stopfen und dann unseren Kindern sagen: ›Wir haben für euch keinen Platz.‹«

»Hm.«

»Das will sie nicht, sie will den Platz frei halten, damit die jederzeit kommen können, wann immer sie wollen, und wenn die dann ranwachsen, die Kleenen, dann kommen sie vielleicht irgendwann mal ganz alleine und sagen: ›Jetzt wollen wir mal bei denen bleiben.‹ Dann sollen die das doch können. Das ist für Luise und für mich ganz wichtig. Also nur das steht da im Augenblick dagegen. Mal sehen, wie sich das entwickelt. Wir haben ein paar Freunde, unterschiedliche Freunde, die sich noch nicht entschieden haben, ob sie dann wirklich mal zu uns ziehen wollen oder nicht. Das könnte mit dem einen oder anderen auch wunderbar klappen. Wenn das ganze Haus dann interessiert daran ist, dass da ein bestimmter Mensch einzieht, dann kann ich mir auch vorstellen, dass wir dafür zusammenrücken. Hängt dann von der Person ab.«

Henning entschuldigt sich für einen Moment. Eigentlich bräuchte die WG jetzt im Alter mehr Platz, ein größeres Haus. Noch das Nebenhaus dazu, wenn es ginge. Damit sie Kinder und Enkelkinder, die jüngere Generation und pflegebedürftige Freunde aufnehmen könnten. Hätten sie das vorbedenken können? Henning kommt zurück, ich frage ihn: »Vielleicht springen wir jetzt noch mal zum Haus. Was steht denn da als Nächstes an, welche Probleme müssen denn hier als Nächstes gelöst werden?«

»Das ist eine Herausforderung: Dass wir einen Kompromiss finden zwischen Zuziehen und zwischen Platz-Haben für die Kinder und Enkelkinder und Besuch. Das Haus ist ja relativ groß, und manchmal sage ich gummiartig, man kann es auch ganz mit Menschen vollstopfen oder man kann es länger so betreiben, wie es jetzt ist, aber das ist ein Altersproblem. Das kann ich auch nicht alleine entscheiden, sondern da muss ich auf die anderen Rücksicht nehmen, und das machen wir alles nur, wenn wir das gemeinsam machen.«

Ich nicke. Eine kleine Pause entsteht. Dann sagt Henning: »Vor ein paar Wochen hatte ich die Fantasie, dass meine Hamburger Kinder und Enkelkinder zu uns ziehen sollen.«

»Hm.«

»Das ist aber gescheitert aus beruflichen Gründen und auch, weil der Platz bei uns überhaupt nicht ausgereicht hätte. Aber da hab ich mal so richtig losgelegt, wie man das Haus noch ein bisschen ausweiten kann. Hat aber nicht geklappt.«

»Nein? Vielleicht noch nicht? Kleiner Anbau? Oder ein neues Haus?«

»Aber das hat sich zerschlagen.«

»Das hat sich zerschlagen?«

»Mein Sohn Christian will das nicht. Christian will nicht immer hin und her fahren müssen. Und das sehe ich sogar ein, obwohl ich mich so darauf gefreut habe. Er sagt, es dauert knapp zwei Stunden, bis er an seinem Arbeitsplatz ist, also knapp vier Stunden jeden Tag, das ist genau die Zeit, die er noch für seine Kinder hat, die ist dann weg, dann sieht er die überhaupt nicht mehr. ›Und ich arbeite nur für meine Kinder!‹, sagt er. ›Darum kommt das gar nicht in Frage.‹«

»Wenn ihr aber vorausdenkt, da ihr alle gleich alt seid, ist ja auch die Frage ...«

Henning weiß sofort, worauf ich hinauswill: »Ja natürlich. Wir gucken ja auch immer. Über uns wohnt ja eine 29-Jährige. **Also wir haben immer versucht, Jüngere hier zu haben,** eigentlich suchen wir eine ganze Familie. Aber dafür ist diese Wohnung wieder nicht groß genug. Also diese Idee, dass wir uns mit den Jungen wieder ergänzen, haben wir alle.«

»Je früher, desto besser, oder? **Sonst ist es irgendwann zu spät ...«,** sage ich.

»So ähnlich war es mit meinen Schwiegereltern. Mein Schwiegervater war Oberkreisdirektor, und als der gebrechlich wurde, hat sich keiner gefunden. Und da ist ihm erst klar geworden, dass er viel zu spät daran gedacht hat. Dann ist er erst in einem sehr unzulänglichen Heim in seinem Landkreis untergekommen. Dann hat Luise ihre eineinhalb Jahre Nicaragua unterbrochen, weil sie so ein schlechtes Gewissen hatte, dass sie den Vater nicht gut versorgt wusste. Sie hat beide Eltern dann mit Courage in die Bremer Heimstiftung gebracht. Meine Schwiegermutter wurde dann wieder ganz mobil. Sie hat angefangen mit Schreiben. Hat auf ihre alten Tage entdeckt, dass sie schreiben kann. Hat dann Geschichten geschrieben, die in der Heimstiftung veröffentlicht wurden. Sie war eine tolle Bridge-Spielerin. Immer wenn sie Bridge-Turniere hatte, schmiss sie ihren Stock weg und konnte dann wieder richtig ohne Stock laufen. Sie kämpfte wie ein

Profi-Bridge-Spieler. Schimpfte wie ein Rohrspatz, wenn ein anderer Fehler machte. Und lebte auf dadurch. Aber die hatte keine Lust mehr, sich selbst zu bekochen, das wurde ihr abgenommen. Das war ihr recht.

Also meine Schwiegereltern haben ähnlich wie unsere Freunde, die Albertz' im gleichen Haus, im Stift in der Rieke-Straße gelebt. Meiner Schwiegermutter haben wir später angeboten, hier zu uns zu ziehen. Da wäre auch Platz gewesen, als sie Witwe war. Sie hat erst geweint vor Rührung, dass wir ihr das angeboten haben, das fand sie hinreißend. Und dann hat sie sich mit ihren Freundinnen beraten und gesagt: ›Ich bleibe doch lieber da, wo ich bin. Ich wäre bei euch viel öfter allein als hier, weil ihr so aushäusig seid.‹ Wir haben überhaupt keinen unserer Eltern hier hereingekriegt. Meine Eltern waren schon tot, die Schwiegermutter von Rosmarie, eine Ärztin, die hat sich das überlegt. Aber da waren wir uns uneins, ob das ging oder nicht ging.

Jetzt lebt noch eine einzige alte Dame, 93, bei Godesberg, die Mutter einer von uns, die ich sehr schätze. Eine wunderbare Frau. Sie ist tapfer und macht alles noch. Fährt noch rum. Nicht mehr Auto. Das hat sie aufgegeben. Sie lebt in Godesberg, mit Sohn und Tochter und Schwiegertochter und Enkelkindern zusammen in ihrem alten Haus. Kennt da alles. Sie ist da in der katholischen Gemeinde integriert. Ich habe sie einmal spontan besucht, da saß sie da auf ihrer Veranda und schrieb, ich glaube, 300 Briefumschläge. Das machte sie ganz alleine. Bärenstark! Da dachte ich mir: ›Wieso sollte man so jemanden, so einen alten Baum, rausreißen?‹ Das geht nicht! Das ist aber die Einzige, die noch lebt aus unserer Elterngeneration. Und wenn die hierherkommt, freue ich mich. Sie erwartet dann auch, dass man mit ihr redet und sich nach allem erkundigt. Sie nimmt hier lebhaft Anteil an allem. Sie kennt uns nicht nur alle, sie weiß auch mehr als nur nett zu sein.

Darum sind WIR die ältere Generation und gucken jetzt, wie wir aus der Generation unserer Kinder und aus der Generation unserer Enkelkinder Leute in dieses Haus kriegen. Das ist nicht einfach, aber das geht. Man muss eben gucken. Wer passt hier rein? Wer freut sich darüber? Wir haben den Vorteil, dass wir hier mitten in der Stadt sind. Leben und Natur. Grün.«

Luise kommt in die Küche. Sie ist fertig angezogen. Sie hat offensichtlich die letzten Teile unseres Gespräches mitbekommen: Sie sagt: »Die Kinder ziehen nicht zu uns. Da fantasiert Henning. Das möchtest du gerne, aber wie soll das gehen?« Henning ist deutlich nicht Luises Meinung. Sein Wunsch arbeitet noch in ihm. Luise muss los, um den Zug nach Hamburg zu erreichen, sie fährt zum Enkelsitten. »Wenn du jetzt nicht da wärst, hätte ich das jetzt auch gemacht. Da sind wir ganz unkompliziert, wenn sie uns brauchen, dann sind wir da«, sagt Henning zu mir. Luise erklärt: »Ich bin morgen gegen Mittag zurück. In dem Topf ist noch Essen. Ihr müsst euch selbst versorgen.« Sie verabschiedet sich von mir, falls wir uns nicht mehr sehen werden.

Wir machen weiter. Ich fordere Henning auf: »Erzähl doch jetzt mal ein bisschen von deinen aktuellen Projekten.«

»Ich bin inzwischen **Schirmherr der *Stiftung für Demenzerkrankung*,** bundesweit. Wir wollen versuchen, Demenzerkrankte zu Hause zu halten. Da lese ich mich jetzt ein. Dann bin ich Mitveranstalter bzw. Aushängeschild für einen großen Kongress nächstes Jahr, da geht es darum, dieses **Miteinander-Wohnen als Prävention** darzustellen. Was muss man tun, damit man nicht vorzeitig krank und gebrechlich wird? Da kommt diese Form, wie ich sie anrege, **Mehr-Generationen-Häuser und offen und bunt und langperspektivisch zusammenzuwohnen, genau richtig**. Das gilt als **Präventionsansatz** ... wer sich so einrichtet, tut was für sein Alter. Jetzt gerade habe ich in Offenburg einen Kongress mitgemacht. Es waren nur junge Leute, 600 Teilnehmer, zahlende Teilnehmer ... mit der Uni Heidelberg, der Uni in Manchester, der Uni Freiburg. Da ging es um **Kinästhetik**. Das ist eine Therapiemethode, die Leute durch Bewegung wieder gesund zu machen. Die sind dagegen, die Leute ins Bett zu legen oder sie in den Rollstuhl zu setzen. Da hat eine Professorin aus Herdecke, Gabriele Meyer, für Krankenhäuser ein Konzept entworfen, dass die Betten hochgeklappt werden, also dass die Patienten nicht den ganzen Tag liegen. Sie entwickelt Rundgänge durchs Krankenhaus, damit die Leute sich bewegen, und das Gleiche macht sie jetzt für Altersheime, damit man die Leute aus den Betten holt. Und dass man sie nicht in den Rollstuhl setzt. Und sie hat dann auch festgestellt, was für billige Rollstühle es gibt, die nichts taugen und nur Schrott sind, wo man eher krank wird, als dass man von profitiert. Die hatte Beispiele drauf, also ich konnte überhaupt nicht aufhören zu staunen. Sie geht immer an Einrichtungen ran und evaluiert diese. Sie macht das sehr systematisch ... boah, das fand ich super. Ich versuche herauszukriegen: Was bewegt sich eigentlich um uns herum? Und beschäftige mich damit. Da gibt es ganz spannende Ansätze. Vor ein paar Wochen habe ich in Berlin an der FU bei einem Kongress von Betriebswirten mitgeredet (E-Health@home – Geschäftsmodelle für eine alternde Gesellschaft). Da entwickeln die Betriebswirte von der FU mit Leuten aus der Universität Essen und Duisburg ein Projekt, sie haben auch Geld für drei Jahre, mit dem **sie versuchen herauszukriegen, ob das eigentlich überhaupt geht, das alles mit seinen pflegebedürftigen Angehörigen alleine zu managen.** Sie rechnen das spitz als Betriebswirte vor, was da alles an Unfairness an Steuerlichem und Finanziellem existiert, und machen daraus ein betriebswirtschaftliches Problem. Erst dachte ich: ›Du bist bei der falschen Versammlung, die reden immer von Optimierung. Ich will ja keine Firma gründen, keine Geschäfte machen.‹ Bis ich mitkriegte, dass die ganz nah an der Praxis dran sind. Und dass sie das Interesse haben herauszubekommen, wo eigentlich die Weichen falsch gestellt werden und **die Leute schon ökonomisch, betriebswirtschaftlich, von der Steuer und von allem möglichen anderen genötigt werden aufzugeben.**«

»Richtig!«

»Da habe ich auch gedacht: ›Guck mal an, da wärst du nie auf die Idee gekommen. Im Senatssaal der Freien Universität, wo früher die Demos liefen, jetzt reden da Profis zum **Verändern der Pflegemisere!**‹ Dann mit der Musik – als ich damals an dem letzten Buch schrieb – wollte ich immer mit meinem Chorverband ein Programm auflegen: ›**Singen für Alte als Erfolgsmittel.**‹ Inzwischen läuft da ganz viel. Wir mit unserem Rathaus-Chor werden Heiligabend vom Deutschlandradio direkt übertragen, für die ganze Republik mit allen sechs Kantaten des Weihnachtsoratoriums. Ich sitze da mittendrin und bin total glücklich und denke immer, das ist das Allerbeste, was du machen kannst. Auf Geschenke pfeife ich, aber DAS brauche ich, das ist mir wichtig!«

»Und das Wichtige sind jetzt auch die Proben, richtig? Und das Menschen-Kennenlernen, das Sich-Verbinden?«

Henning ist in seinem Element: »Das kommt noch dazu, dass wir uns neu gegründet haben. Wir sind ausgezogen aus dem Domchor, weil der Kantor pensioniert wurde. Da haben wir mit ihm einen neuen Chor aufgemacht. Gleich mit 100 Leuten. Und wir fangen gleich mit dem stärksten Programm an, das man überhaupt machen kann. Gleich sind die Radio- und Fernsehleute hinter uns her. Es ist total gut! Das gelingt plötzlich aus einer Sache, die eigentlich eine Abbruchveranstaltung war ... eigentlich hatten diese Kirchenoberen im Dom beschlossen, mit Wolfgang Helbich ist jetzt Schluss, den vergessen wir bitte ganz schnell, jetzt kommt der Nächste. Der Chor hat gesagt: ›Nein, den vergessen wir nicht! Wir wollen mit dem singen, wir kennen keinen Besseren!‹ ... ›Ja, das könnt ihr bei uns nicht!‹ Und dann haben wir gesagt: ›Dann gehen wir raus!‹«

»Und da sind jetzt die Älteren mitgegangen oder der ganze Chor?«

»Ja, so gut wie der ganze Chor. Es sind, glaube ich, nur wenige geblieben.«

»Und 100 Leute mit. Wahnsinn!« Ich sehe das wie einen Film vor mir.

»Und als Orchester haben wir sehr gute Leute, die Allerbesten, gewonnen.«

»Und ihr seid aus verschiedenen Generationen, im Chor?«

»Ja natürlich, ein Chor lebt von vielen ... es gibt in Bremen einen Chor, den ich in meinem Buch beschrieben habe ... ›50 plus‹ ... und da sind wirklich nur Ältere. Ein super Chor, 240 Leute, eine tolle Musikalität, sie trauen sich an ganz große Sachen heran, haben jedes Mal die Hütte voll, könnten den größten Saal, den wir in Bremen haben, füllen und singen mit einer Begeisterung, man sieht es ihnen an, dass sie die größte Freude haben.«

»Man spürt bei dir, dass du eine große Sympathie für ältere Menschen hast ... wann hat das angefangen? Mit dem Zivildienst?«

»**Zivildienst** habe ich nicht gemacht. Ich habe zwar Kriegsdienst verweigert, aber damals gab es den Zivildienst noch gar nicht. Als ich dann so weit war, nach meinem ersten Staatsexamen, habe ich mich gemeldet und gesagt: ›Jetzt würde ich gerne meinen Ersatzdienst machen.‹ Und da ich so ein bundesweit Bekannter war, haben die gesagt: ›Das passt jetzt nicht, machen Sie jetzt erst einmal ihr zweites Staatsexamen!‹ Das war aber dann vier Jahre später … also dreieinhalb Jahre Referendarszeit und ein halbes Jahr Examen. Und dann haben sie mich vergessen. **Ich habe freiwillig Workcamps bei internationalen Organisationen organisiert**, angefangen bei der *Nothelfergemeinschaft der Freunde*, das sind die deutschen Quäker, dann bei *Service civil international*, das ist seit 1922 eine internationale Freiwilligenorganisation, die in der Schweiz gegründet wurde, aber überall arbeitet, dann bei den englischen Quäkern, bei den amerikanischen Quäkern, beim Jugendgemeinschaftsdienst.«

»Und was habt ihr da so gemacht?«

»Angefangen habe ich in einem alten Waisenheim in Niederbreisig am Rhein, da war ich noch Schüler, habe saniert, mit den Kindern zusammen. Dann habe ich eine Siedlung gebaut in Osthofen bei Worms, Nikolaus-Ehlen-Siedlung, das war so eine Selbsthilfesiedlung für behinderte und alleinstehende Frauen, die ihren Eigenanteil nicht erbringen konnten. Die Selbsthilfe haben wir dann erbracht, also die Selbsthilfeanteile für die Gehandicapten. Dann bin ich nach Haverick, in England, da haben wir für die Kinder aus dem englischen Ruhrgebiet ein Erholungsheim gebaut, wunderbar war das, mit super Leuten. Dann bin ich in Polen gewesen, das erste polnische Workcamp überhaupt in der Geschichte. Ich war der einzige Westdeutsche, da habe ich in Biesçadi im Südosten von Polen ein Jugendbegegnungszentrum gebaut. Das war immer körperliche Arbeit, und der Charme war eben, dass wir nur vier Stunden am Tag arbeiteten, dafür aber Unterkunft und Verpflegung erhielten und dass wir eben ganz international waren. Also total bunt. Da habe ich wunderbare Freunde gefunden aus Indien, aus USA und aus Afrika, aus Großbritannien und aus Skandinavien. Meine ganze Vorliebe für Skandinavien rührt aus diesen Workcamps. **Das war mein freiwillig geleisteter Zivildienst.**

Dass ich **Sympathie für alte Leute habe, hängt mit meiner Großmutter zusammen**, die ich bis zu ihrem Tod sehr geliebt habe. Sie hatte eine süße Schwägerin, die in einem dieser Häuser der Bremer Heimstiftung gewohnt hat. Die wiederum hatte ein Schwägerin, die meine Eltern verkuppelt hat, eine Kapitänsfrau, eine wunderbare Frau, voller Schalk und voller Witz. Die war mit Klaus Mann, mit Wedekind, mit Ringelnatz befreundet, ich weiß nie, wie intensiv, aber das hat sie uns nur angedeutet. Ihr Mann segelte auch auf großen Schiffen um die Welt, und sie hat hier in Bremen ordentlich gelebt.

Und dann gab und gibt es eben eine ganze Reihe alter Männer, die mir über meine Jahre hinweg sehr viel Herzlichkeit und Menschlichkeit und sehr viel Güte vermittelt haben. Und die berühmten, die ich natürlich nicht kannte, sondern nur gelesen habe: Albert Schweitzer war einer von denen, Gandhi war einer von meinen Vorbildern, Nelson Mandela, den habe ich ja noch kennengelernt, den habe ich sogar einmal besucht. Den schätze ich sehr. Schätzen ist gar kein Ausdruck. Den liebe ich! So, Gustav Heinemann (1899–1979, dt. Politiker) gehört auch dazu, den ich über unseren Pastor bzw. unsere Gemeinde gut kannte. **Ich habe eine große Zahl von Älteren und Alten, die Vorbilder für mich waren. Vorbilder sind.** Die haben meine Neugierde geweckt. Ich finde, denen nahe zu sein und von denen etwas zu hören und erzählt zu bekommen, ist ein Schatz. Die Weizsäckers zum Beispiel, das sind ganz wunderbare Leute, beide, Carl Friedrich und Richard. Und viele andere. Der alte Schaaf aus Berlin, Gollwitzer, Heinrich Albertz, diese drei Freunde. ›Drei Musketiere‹ haben wir die genannt. Die haben mich gütig in ihrer Mitte aufgenommen …«

»Und was bedeutet das für dich, dass dein Freund Pfarrer Albertz in dem Heim da drüben gestorben ist?«

»Ja, der wollte weg von Berlin wegen der Luft, wollte hier zu seiner Tochter, Enkelkinder hatte der auch hier in Bremen …«

»… aber der ist nicht zu denen gezogen?«

»Nein, die hatten einen Beruf und gar keinen Platz. Er wollte selbstständig bleiben, er suchte einen Platz für sich und seine Frau, wo er sich selbstständig halten konnte, wo er aber für den Fall, dass er gebrechlich würde, getragen würde. Und dann haben seine Tochter und ich die Bremer Heime abgeklappert. Er wollte eigentlich in ein Heim direkt an der Bahn, weil er so ein Bahn-Freak war, er wollte immer die Züge hören … und er ist dann hier in das Stift, in die Rieke-Straße gezogen. Wo meine Schwiegereltern später auch waren. Da war er hochwillkommen. Er hat gepredigt, er hat Vorträge gehalten, er hat das Fernsehen hergeholt. Jedes Jahr ein Buch geschrieben. Über lange Zeit war er ein sehr vitaler Mann, eigentlich viel zu vital für dieses überwiegend von Alten bevölkerte …«

»… und hat ihn das nicht bedroht oder unglücklich gemacht, nur Alte zu treffen?«

»Er war nicht zufrieden damit. Er hätte viel lieber zwischen jungen Leuten gewohnt. Das hat er mir immer wieder gesagt. Aber er sei zu spät auf den Gedanken gekommen, sich …«

»… sich zusammenzutun mit Menschen.«

»Ja, jetzt würde er die Kurve nicht mehr kriegen, sich zu öffnen. Dann hat er das Beste daraus gemacht, was er machen konnte. Er hat sich so viel wie möglich vernetzt, hat fleißig geschrieben, hat bis zuletzt, bis er nicht mehr gehen konnte, bis er bettlägerig wurde, gepredigt. Seine Predigten sind auch alle veröffentlicht. Er hat Filme gemacht, z. B. von seiner Reise nach Breslau. Er war geübt im Umgang mit Medien, er ist nie weggelaufen. Und wir haben alle genossen, dass wir so einen berühmten Mann hier in Bremen hatten. Wir waren glücklich, dass Heinrich unser St.-Stephani-Gemeindemitglied war, dass er bei uns predigte. Das war ein Glücksfall. Das hat ihm und uns gutgetan. Bis er nicht mehr konnte. Seine Frau hat ihn lange überlebt. Mehr als zehn Jahre. Und sie war in ihrer gütigen Art Pastorenfrau und Bürgermeisterfrau, gelernte Hauswirtschaftsleiterin, die Heimsprecherin dort. War für das ganze Haus erreichbar. Gütig. Klug. Hat sich um ihre Tochter und ihre Enkelkinder gekümmert. Sie ist noch besser damit klargekommen als er. Er hätte das, glaube ich, lieber anders gehabt.

Ja, so ist der hier in Bremen zu Tode gekommen. Ich habe ihn gerne begleitet. Ich fand das auch damals einen Glücksfall, dass er mich gefragt hat. Habe mir gesagt: ›Oh, das tust du gerne, so jemandem einen Gefallen zu tun.‹ Und auch dadurch das Heim ein bisschen aufzuwerten …«

»… aber da hat sich keiner in der Gemeinde gefunden, der sich gesagt hat, ›die können jetzt bei uns einziehen‹, das war nicht möglich? Ich kann das gar nicht glauben, wenn es ihm schon nicht gelungen ist …«

»Er hat hier Geburtstag gefeiert, hier bei mir, hier in diesem Raum, da auf dem Bild, da sitzt er da nebenan. Als ich hier in diesen Räumen meinen 50. feierte, und er war mittendrin, überall waren Leute, 70 bis 80 Leute waren hier, und ihm wurde das nie zu viel. Aber er wollte dann auch in Ruhe gelassen werden. Er hat gar nicht gefragt: ›Habt ihr noch Platz für mich?‹ Er war dann auch schon zu alt. Er hätte sich auch umstellen müssen. Man kann in einer Gemeinschaft ja nicht nur seine Marotten reiten. Die beiden zum Beispiel haben es als hilfreich empfunden – was ich als Nachteil empfand –, dass sie nicht EINE Wohnung im Stift hatten, die war ihnen nämlich zu klein, sondern dass sie zwei Wohnungen im gleichen Haus hatten. Nicht auf der gleichen Etage, sondern auf unterschiedlichen Etagen. Und er rief dann bei seiner Frau an: ›Liebe Ilse, ist es genehm, wenn ich dich besuche?‹ Und dann sagte sie: ›Heinrich, es ist mir genehm, aber gib mir noch eine Viertelstunde Zeit, dann kann ich alles richten, dann bist du hier herzlich willkommen.‹ Und dann wartete er, und dann besuchte er seine Ehefrau und war glücklich.

Und sie hatte alles aufgeräumt, schön hergerichtet. Sie war jemand, wo die Blümchen auch stimmen mussten, und die Gardinen mussten sitzen, es musste was auf dem Tisch sein. Sie besuchten sich gegenseitig. Als er dann bettlägerig wurde, ist er in seiner Wohnung bettlägerig geworden, und sie hat ihn dann besucht. Wenn sie dann nicht mehr weiterkonnte, dann ist sie eben in ihre Wohnung zurückgegangen und hat sich ausgeschlafen. Das haben die beiden zelebriert. Das hat bis in die letzten Monate für sie beide gepasst. Die Kinder haben sich bemüht um ihn …

Er hat gesagt: ›Nun, jetzt leben wir hier alle zusammen, aber Henning, wir sind hier zu spät eingezogen. Erreichen uns nicht mehr! Wir begegnen uns wie Lemuren. Wenn ich nachts aufstehe und mal rumgucke, dann laufen mir Leute über den Weg, die wollen zum Frühstück morgens um halb drei. Oder wenn ich mich zufällig mal auf den falschen Platz gesetzt habe, dann gibt es einen großen Krach, dass ich einem den Platz weggenommen habe. Anstatt dass wir darüber reden. Wir haben den Zeitpunkt verpasst!‹ Das hat er mir gesagt!« Es entsteht eine Pause. »Da habe ich durch ihn, diesen schlauen Mann, gelernt: Man muss den richtigen Zeitpunkt finden …«

»… Ja, das sind aber zwei Punkte. Das ist genau interessant. **Das eine ist der Zeitpunkt, den ihr ja auch gewählt habt**. Da wart ihr kurz vor 50. Das ist ja noch ein Zeitpunkt, wo jeder mal mit Freunden zumindest in einer Hausgemeinschaft wohnen möchte. Das glaube ich schon! Ob das gemacht wird, ist eine andere Sache. Ich habe ja auch Leute gefragt, die jetzt so um 50 sind, die ich kenne. Die haben fast ausnahmslos gesagt, dass sie sich das nicht vorstellen können.«

»Er wollte schon. Er ist ja so ein Kommunikator gewesen. Er hat ja gerne gepredigt, und er ist gerne unter Leute gegangen. Er ist auch gerne gereist, solange er reisen konnte.«

»Wie alt war er da?«, frage ich.

»An die 80, Ilse. Bis er nicht mehr konnte, bis er wirklich bettlägerig wurde, hat er sich immer Außenkontakte gesucht. **Aber für sein Zusammenleben mit anderen hat er den Zeitpunkt verpasst, hat er gesagt. ›Obwohl ich es gerne gemacht hätte.‹** Er war intellektuell mit dieser Sache vertraut …«

»… aber er hätte es schon gerne in einer Gemeinschaft mit Freunden gemacht und wollte nicht einzeln in ein Altersheim gehen?«

Henning stimmt zu: »Ja, mit Leuten, die man noch erreichen kann, also nicht mit Leuten, die man nur so erträgt. Er wollte schon angeregt sein. **Ich will nur sagen, dass deine Freunde, die gesagt haben, dass sie sich das nicht vorstellen können, die müssen sich einfach überlegen, ob sie diesen Zeitpunkt verpassen oder nicht. Und da rate ich, sich möglichst früh**

Gedanken drüber zu machen und das nicht immer aufzuschieben. Nicht immer wegzudrängen!«

»Die sind ja noch gar nicht bereit, über ihr eigenes Alter nachzudenken. Die haben jetzt auch schon tote oder alte Eltern und leiden durchaus darunter. Ihr eigenes Alter sehen sie aber noch gar nicht. Und das ist ja auch schwierig.«

»Ich bin schon dazu bereit«, denke ich. Denken Henning und die Hausgemeinschaft weiter? »Wie ist das bei euch? Also der Entschluss, hier Jüngere reinzuholen, ist wunderschön, und ich freue mich, wenn das bald Realität wird, aber habt ihr jetzt als die Älteren auch schon **Vorsorge getroffen für den Fall, dass jemand Pflege braucht?**«

»Wir haben oft darüber geredet. Wenn es so weit ist, müssen wir vielleicht jemanden suchen, der uns hilft. Und wenn das nicht geht, dann müssen wir uns mit unserem Gegenüber verständigen, da drüben, das alte Stift, da wohnen Leute genau wie wir. Ohne irgendeine Hilfe. Die müssen alle selbstständig klarkommen. Aber mitten in der Anlage ist in den 70er-Jahren ein Pflegeheim gebaut worden, auch von der Bremer Heimstiftung, ein richtiges Pflegeheim, mit Profis und mit allem, was die haben. Man kann sich da einkaufen. **Also man kann die Ambulanz einkaufen, die sind bereit, wenn man das bezahlt,** das sind ja eigentlich Nachbarn ... und das kann ich mir vorstellen, dass wir so etwas nutzen. Wenn das überhaupt nicht mehr geht, weil wir dann alle am Ende unserer Kräfte sind, ja. Dann kann ich mir auch vorstellen, dass einer oder beide von uns da drüben gepflegt werden, wir aber alle diese Nachbarschaft leben. Wir sagen: ›Wir lassen dich nicht allein, wir kommen regelmäßig und essen mit dir zusammen.‹ Da kann man ambulant essen, die haben einen großen Mittagstisch. Ich habe da, früher, als Luise in Nicaragua war, regelmäßig gegessen, und die haben sich gefreut, dass ich als Bürgermeister dort drüben zum Essen komme. Und auch die in der Küche freuen sich und die, die da Dienste machen. Da gibt's daneben eine Tagesstätte in dem gleichen Haus, die ›Lebensabend-Bewegung‹. Die ist ganz selbstständig. Das sind alles Leute, die sich freiwillig treffen. Der Sitz ist in Kassel, die haben in Bremen nur diese Tagesstätte, und das sind vielleicht 60 bis 70 Leute, die sich immer zusammentun. Und die haben eine sehr sympathische, in Teilzeit beschäftigte Leiterin. Da kann man ohne Mühe, auf allen vieren, wenn man will, hingehen. Da kann man sich jeden Nachmittag mit denen verbünden. Das ist nur eine der Möglichkeiten, wenn wir gebrechlich sind, uns anzulehnen.

Ja, es ist spannend, ob wir das schaffen, wenn möglich, selbstständig zu bleiben …«

»Und habt ihr dann auch so etwas **wie Patientenverfügungen** oder solche Vorsichtsmaßnahmen?«

»Sehr unterschiedlich. Also es ist ja auch noch nicht ausgereift. Ich zum Beispiel habe immer noch keine, weil ich dieses aktuelle Gesetzgebungsverfahren verfolge. Ich stehe dazwischen. Und zwar: Ich bin befreundet mit beiden Seiten. Ich bin mit dem Initiator der ersten Gesetzesinitiative Joachim Stünker vertraut. Für den habe ich Wahlkampf gemacht, der ist Sprecher des Rechtsausschusses. Und dann ist Frau Göring-Eckardt, die Grüne, mit CDU-Leuten dagegen auf die Bäume gegangen. Sie hat darüber ein Buch geschrieben. Dieses Buch habe ich auch mal genutzt bei einer Debatte bei der Anne Will. Also, ich hoffe, und tue auch so ein bisschen dafür, dass die sich nicht gegenseitig blockieren, sondern dass die zusammenkommen. Wenn die das noch in dieser Legislaturperiode schaffen, dann ist das eine Basis für mich, meine Patientenverfügung, in der dann vorgesehenen Weise, vor dem Notar abzulegen und aktenurkundig zu machen.

Jetzt ist das unverbindlich. Ob sich der Arzt daran hält oder nicht, ist völlig offen. Er muss sich nicht daran halten. Das ist, wenn es hochkommt, eine Orientierung für den Doktor. Aber halten muss der sich nicht daran. Luise orientiert sich, glaube ich, an mir. Und unser Mitbewohner Manfred hat längst eine gemacht. Findet die aber überholt. Die anderen Mitbewohner haben das. Das ist ein Prozess …«

»Aber habt ihr euch gegenseitig informiert?«

»Wir haben immer mal wieder darüber geredet. Aber nicht ununterbrochen. Das ist kein Dauerthema.«

»Nein, aber wenn jetzt plötzlich was passiert, wüsste jeder im Haus, was der andere will?«

»Ja, das wüsste jeder. Wir könnten schon die behandelnden Ärzte informieren. Ich könnte das jedenfalls. Ich weiß das von allen. Und die anderen von mir auch. Wenn sich das klärt in Berlin und das Gesetz wird, dann werde ich mich darauf einrichten. Und ich vermute, die anderen auch. Wir halten nichts von dem ganzen Kram, den die Schweizer anbieten, und von Kusch sowieso nichts. Das halten wir alles für absolute Verzweiflungstaten. Ich bin auch richtig angefasst. Kusch kenne ich, der war mal mein Kollege, der war Justizsenator in Hamburg, 2001 bis 2006 … **Der glaubt, er tut da was für die Freiheit. Er ist ein ganz zynischer Verletzer von humanen Grundregeln**. Wenn ich Leute erlebe, die sich einsam fühlen, muss ich Angebote machen, man kann denen doch nicht einen schnellen Tod verkaufen. Und das dann auch noch filmen, furchtbar! Also so was will hier keiner, aber die wollen auch alle nicht diese Apparatemedizin, die künstlich das Leben verlängert. **Wir haben alle den Verdacht, dass das der Rentabilisierung der Geräte dient, die müssen eben ständig in Arbeit sein, sonst werden sie teuer**, und also liegt auch immer jemand unter diesen Geräten, den sie erhalten. Wenn der Nächste kommt, wird abgestellt. Diesen eher **betriebswirtschaftlichen Gebrauch** beargwöhnen wir alle. Aber sonst wollen wir alle wissen, wie es uns geht, wenn es weniger wird.«

»Wenn jetzt eine Fee kommt und sagt: ›Lieber Henning, jetzt hast du drei Wünsche offen.‹ Was sind die drei Wünsche?«, frage ich Henning.

»Es ist noch nie eine Fee gekommen …«

»Ja, jetzt sitzt sie vor dir.« Ich muss lachen. »Stellvertretend. Ich mag aber die Frage gerne, weil sie so was Kindliches hat.«

»Also ich wünsche mir, dass endlich Schluss ist mit den Kriegen.«

»Ja.«

»Ich wünsch mir, dass endlich Schluss ist mit der Ausbeutung und Unterdrückung. Und ich wünsche mir von Herzen, das es endlich so was wie Gerechtigkeit auf der Welt gibt.«

»Da muss ich noch ein paar mehr Engel dazubestellen. Hast du für dich Szenarien: ›Wenn mir noch so viel Zeit bleibt, mache ich das, und wenn ich nur so und so viel Zeit habe, mache ich aber auf jeden Fall noch das?‹«

»Ich lebe mit dem Gefühl, das man ja Luther nachsagt: Wenn morgen die Welt untergeht, würde ich heute noch einen Baum pflanzen. Ich werde **mich nicht unter Zeitdruck** setzen durch mein Älterwerden. **Ich nehme jeden Tag so, wie er kommt**. Und freue mich, dass ich ihn annehmen kann, dass ich lebe, dass ich Aufgaben habe, dass ich Leute treffe, dass ich was bewirken kann, das ist auch ein Glück, dass jeder Tag anders ist bei mir. **Ich habe eigentlich nie Routine.** Seit ich aus den politischen Ämtern raus bin, ist es sogar noch viel spannender geworden. Früher war es Stress, aber auch keine Routine, sondern wirklich Stress. Schön, da hätte ich manchmal gerne Routine gehabt, gab es aber nicht, doch seitdem ich da raus bin, ist es eine ganz andere Erfahrung, da ist es **weder Routine noch Stress, sondern es ist schön,** das macht mich neugierig. Ich habe so viele neue Menschen kennengelernt, seit ich aus meinen politischen Ämtern raus bin. Ich habe neue Themen entdeckt. Ich habe neue Formen von Leben entdeckt. Dass ich Bücher schreibe, ist mir vorher völlig fremd gewesen. Dass ich male, war immer nur meine Privatsache, plötzlich kaufen Leute Bücher, weil da Bilder von mir drin sind. Dass ich in einem Chor singen kann mit so einem Anspruch. Es ist unglaublich! So was, das freut mich! Und da komme ich nicht unter Zeitdruck, wenn ich denke: ›Wie lange geht das noch?‹«

»Ich hatte mal so eine Übung vorgeschlagen bekommen, da stellt man sich vor: ›Ich lebe noch drei Jahre, was mache ich dann? Ich lebe noch drei Monate, ich lebe noch drei Tage …‹ Um so eine Klärung zu bekommen, in sich, was wo wie …?«

»Ich will mir keine Programme dafür vornehmen, **ich will die Tage so annehmen, wie sie auf mich zukommen**, ich will nicht sagen: ›Da habe ich aber was verpasst.‹ Oder: ›Da habe ich ja viel zu früh aufhören müssen.‹ Sondern ich bin glücklich, dass ich das bis jetzt alles so auf die Reihe gebracht habe …«

»Und bist jetzt frei …«

»Ich bin frei und bin unter **keinem Zwang mehr.** Ich wünsche mir ganz viel. Ich wünsche mir, dass die Enkelkinder in meiner Gegenwart groß werden. Ich wünsche mir, dass ich mit Luise zusammen alt werde. Ich wünsche mir natürlich, dass ich einigermaßen fit bleibe, dass ich meine Lust aufs Leben behalte, dass ich mit vielen Menschen, vielen Freunden zusammenbleibe. Das wünsche ich mir alles, aber es ist nicht eine Bedingung. Ich war schon mit so vielen Menschen zusammen.Und ich bin mit Luise 48 Jahre verheiratet, und ich habe diese tollen Kinder, und ich habe diese sieben Enkelkinder. Ich habe überhaupt keinen Grund zu sagen, dass ich zu wenig davon habe. Manchmal denke ich, ich habe viel zu viel. Ich bin … **ich fühle mich im Übermaß beschenkt.**«

»Ja, aber du schenkst ja auch weiter …«

»Ich gebe mir Mühe, trotzdem ist das nur ein kleines Weitergeben. Ich habe überhaupt keinen Grund zu sagen, dass ich was verpasst hätte oder dass ich noch hinter was herlaufe, nein, ich freue mich, wenn das noch ein bisschen andauert. **Aber eigentlich kann ich nur glücklich sein,** dass ich das so erlebt habe, dass ich das bei mir habe. So lege ich mich manchmal auch ins Bett und denke: ›Guck mal, das ist alles schon bei dir angekommen, das kannst du ja kaum fassen. Behältst du das alles? Ist dir das alles weiter wichtig geblieben? Oder hast du schon wieder viel vergessen?‹ Wie viele Leute habe ich schon wieder vergessen, wo bin ich kurzatmig gewesen, unsensibel gewesen, nicht hilfsbereit und nachdenklich. Aber was mir zugekommen ist, das ist unglaublich … das ist das Doppelte, Dreifache von dem, was ich verdient habe. So lebe ich. **Und darum habe ich keine große Mühe zu sagen: ›Es war ein erfülltes Leben‹, wenn ich morgen tot bin.**«

»Das kann ich akzeptieren. Aber wenn ich jetzt sterben würde, Henning … Nee, ich glaube, das möchte ich jetzt noch nicht.«

»Nee, ich will auch nicht sterben, ich bin überhaupt nicht lebensmüde. Im Gegenteil, ich bin neugierig, und freudig … merkst du ja auch.«

»Natürlich … ja!«

»**Und ich platze vor Lebenslust**, ich muss mich immer zusammenreißen, damit ich nicht über Tisch und Bänke gehe. Das stimmt, aber trotzdem ist es so, dass ich denke, ich habe überhaupt keinen Grund zu sagen: ›Ich bin zu kurz gekommen oder ich muss noch ein paar Jahre haben, damit ich, mit wem eigentlich, gleichziehen soll‹, ich weiß gar nicht, mit wem ich gleichziehen sollte, muss ich auch … bin überhaupt nicht im Wettbewerb. **Ich habe keinen Wettbewerb übers Gelingen im Leben, nein, ich habe Glück.**«

»Aber trotzdem regen dich Gott sei Dank noch bestimmte Sachen auf.«

»Klar, das haben sie immer getan. Das fände ich auch nicht gut, wenn ich … ich würde sagen: resigniert oder stumpf wäre oder dickfällig und sagen würde: ›Ach komm, halt doch den Rand, das ist sowieso immer dasselbe!‹ Nein, das will ich nicht. Ich möchte mich schon einmischen, so lange ich kann.«

Henning will sich umziehen zu seiner Martinsgans-Einladung. Ich werde in das Fernsehzimmer »verfrachtet« zu den Nachrichten. Auch dieses Zimmer ist mit einer breiten Korbcouch ausgestattet, auf der bequem zwei Menschen schlafen könnten. Nach den Nachrichten steht Henning wie aus dem Ei gepellt im abendlichen Anzug, aber barfuß vor mir. So könnte er auch in die Oper gehen. Passt das zu einem Geschäftsmänneressen in einem Problembezirk? Henning will wissen, was ich jetzt vorhabe, er nimmt die Zeitung und berichtet und kommentiert, was an diesem Abend alles in Bremen geboten wird. Ich kann mich so schnell nicht entscheiden. Entgegne, dass ich vielleicht einfach essen gehe und über unser Gespräch nachdenke und mir notiere, worüber wir morgen sprechen werden. Henning schlägt mir Lokale vor, mit Preisangabe. Ein Brementypisches hebt er heraus: »Da gibt es Suppe und Brot so viel du willst. Hier das Konzertangebot in der Musikschule, ist sogar umsonst, die sind sehr gut, da würde ich am liebsten hingehen. Man kann hier so viel Schönes machen. Ich stell dir mal Abendbrot hin, dann wirste sehen, was du machst.« Henning stellt mir Brot, Butter, Käse, Wurst, Tomaten hin. Seine Selbstverständlichkeit tut mir gut. Ich werde verwöhnt, wunderbar. Mit einem Blick auf die Küchenuhr stellt er fest, dass er erst in 20 Minuten los muss. »Das ist ja ein Geschenk, dann spiele ich noch ein bisschen Klavier.« Durch die angelehnte Tür höre ich ihm zu. Ich will nicht aufdringlich sein. Johann Sebastian Bach.

Pünktlich zur Abfahrt kommt Henning zurück in die Küche: »Ich bin jetzt mal indiskret, das ist ein Briefentwurf an meinen Bruder. Er liegt im Krankenhaus.« Henning legt vier DIN-A4-Seiten auf den Küchentisch. »Habe ich im Zug geschrieben.« Schwups hat er Schuhe und Mantel an. Schwups ist er weg.

Ein Abend in Hennings Haus alleine

Absolute Stille. Nur der Kühlschrank surrt, der Wasserhahn tropft, Druckausgleich zwischen den Etagen. Der gedeckte Abendbrottisch lacht mich an. Schon der Anblick des Briefes flößt mir Ehrfurcht ein. Vier handschriftlich eng beschriebe Blätter. Ich trage sie ins Wohnzimmer, lege sie neben den Lesesessel am Flügel. Stibitze ein bisschen Feigensenf aus dem Kühlschrank, der war mir bei Hennings Vorbereitungen ins Auge gefallen, die Lieblingsmarke von meinem Vater und mir. Lasse es mir schmecken.

Dann wandere ich herum, ich fühle mich wohl in der Atmosphäre der Wohnung. Sehe mir im Flur die Buchrücken, Fotos und Mitbringsel an. Eine prachtvolle roséfarbene Rose, noch vom 70. Geburtstag, steht im Regal neben der verglasten Küchentür. Durch die Küche gelangt man ins Wohnzimmer, das durch ein inneres Treppenhaus mit Wendeltreppe in der Mitte unterteilt wird. Im Bereich zur Straße steht der Flügel, ein Lesesessel mit Stehlampe, Tischchen und Regalen. Im Bereich zum Garten und der Terrasse laden zwei große Korbsofas zum Lümmeln ein. Auf einer Ablage Zeitungschaos. Auf dem Couchtisch Ordnung. Auf einem Sideboard die Musikanlage. Hinter dem Treppenhaus ein altes Cembalo.

Ich setze mich in den Lesesessel. Gegenüber, auf zwei niedrigen Beistelltischen stehen zwei über und über blühende Weihnachtskakteen. Sie haben schon viele Jahre hinter sich. Zur Blüte werden sie von ihrem Stammplatz an diesen Ehrenplatz gestellt. Wunderschön. Meditativ. Neben mir im Regal Fotoalben, wie gerne würde ich da hineinsehen. »Henning im Glück«, denke ich. Ich nehme den Briefentwurf an seinen Bruder Reinhard in die Hand. Ich betrachte die Seiten wie ein Gemälde. Henning hat sie im Zug geschrieben. Die Bewegungen des ICEs haben das Schriftbild beeinflusst. Einem Kugelschreiber versagte die Tinte. Die Schrift ist unregelmäßig: mal gedehnt, mal eng zusammen. Darf ich ihn wirklich lesen? Nach einer halben Stunde traue ich mich. Langsam entziffere ich Hennings Schrift:

Lieber Reinhard!
Nun habe ich mir meinen Besuch in Eisenberg oder auch in der Klinik in Jena so schön ausgedacht. Es hätte gut gepasst zwischen mehreren Leseterminen.
Da liegst Du nun im Krankenhausbett, leidest und willst niemanden sehen. Wie bitter muss das sein.
Ich möchte Dir gerne einige der vielen gemeinsamen Erfahrungen erzählen:
Wie Du als Jüngster von uns sechs Scherfkindern Dich durchwühlen musstest. Lange haben wir Dich »Dicker« genannt, wohl

weil unsere Mutter und Großmutter trotz der Notjahre im Krieg und in der Nachkriegszeit alles möglich gemacht haben, um uns Kinder gut zu ernähren. Ich habe Fotos, auf denen gerade wir drei Jüngsten proper aussehen und Mutter und Omi ausgemergelt danebenstehen.

Wir haben die Bunkernächte gemeinsam erlebt. Ich bilde mir ein, das Sirenengeheul, das Wändewackeln, die dumpfen Einschläge noch immer im Ohr zu haben. Jemand muss über uns seine Hände gehalten haben.

Dann Osterholz-Scharmbeck. Das enge Zusammenrücken, die Küche (die wohl früher Werkstatt war), die Diele mit den unfreundlichen Pächtern, ihr Garten, in dem wir nichts anrühren durften, weil alles verpachtet war und wo wir dennoch lustvoll genascht haben. Das Schlachten, die Pferdeschlachterei und Bäckerei auf Nachbarschaft. Der Bauer Tietjen. Ich sehe uns mit dem Indianerzelt spielen. Als die Engländer kamen, standen wir allein an der Brücke gegenüber dem Versammlungslokal und staunten über die Panzer und die fremden Barette.

Dann wieder in Bremen in der Brückenstraße. Wir vier Jungs schliefen mit Omi im vorderen Zimmer und staunten über alles: die Trümmer, die Straßenbahn, die Brücken. Es war wie ein riesiger Abenteuerspielplatz, und wir hatten große Freiräume. Sonntagmorgens sind wir durch die zerbombte Innenstadt zum Dobben in die Räume der Norddeutschen Mission gegangen. Da war Kindergottesdienst zwischen den vielen afrikanischen Mitbringseln. Die ausgebombte Börse (heute unser Parlamentsgebäude) hatte zwei steinerne Löwen, die in ihrem Maul eine feurige Kugel hatten. Das waren unsere Spielgeräte. Der zerbombte Teerhof mit seinen verwunschenen Kellern ebenso.

Weißt Du, dass wir eine kleine Jungensbande waren, die Angst hatte vor den Meier-, Otto-, und Wulkopstraßenjungens, die aber doch zusammenhielten mit den Barmann- und Grimm-Brüdern?

Dann hat sich alles langsam wieder geordnet: die Stephanskirche, das Gemeindehaus wieder aufgebaut; Vater hat sein, unser Haus in der Osterstraße wiedererrichtet.

Wir haben uns in die Gemeindejugend integriert. Ich bin ja noch immer in dieser Gemeinde und denke bei jeder Veranstaltung, ob im Konzert, im Gottesdienst, beim Orgelspielen, beim Singen ... an unsere Familie.

Unsere Schulzeit war nicht immer gut und doch waren wir Jungs alle Schulsprecher. Du hast eine Schülerzeitung gemacht. Wir beide haben im ABS (Arbeitskreis Bremer Schülerringe) zusammengearbeitet. Du hast als Erster der Familie Luise kennengelernt. Ich treffe in Bremen Menschen wie zum Beispiel Herrn Mosel, Generalbevollmächtigter der Firma Schopf, der noch heute von Dir aus dieser Zeit schöne Geschichten erzählen kann.

Dann unsere Wandertour durch die Alpen. Vater wollte nicht, dass wir zu dritt fahren, also machten wir das ohne Michael.

Jetzt in meinem 70. bin ich wieder am Wendelstein gewesen. Wir sind damals über Kufstein nach Zell am See gepilgert und weiter, als es regnete, auf der Südseite des Großglockner. Du musstest Dich um die Hofhunde kümmern, vor denen ich Angst hatte, während ich mich um Schlafmöglichkeiten in der Scheune bemühte. Wir haben uns nicht ein einziges Mal gekracht, obwohl doch vieles außerordentlich war. Beim Trampen nach München hatten wir uns getrennt, um besser voranzukommen. Wie froh war ich, als Du dann in der Jugendherberge aufkreuztest, ganz allein mit 13 Jahren!!!

Jetzt mache ich einen Satz: Als Vater starb, war ich Referendar und sollte die Erbenauseinandersetzung regeln. Du hattest zu unserer aller Entlastung das Geschäft mit Mutter im Haus übernommen. Du hast uns allen, besonders Mutter sehr geholfen. Als es dann schiefging, habe ich für Dich Eure Möbel wieder ersteigert und zurückgebracht. Nie werde ich das vergessen.

Du hast nie aufgegeben, immer neue Anläufe genommen: die

Erfolgsstory bei Dr. Wander in Worms, die Marburger Erfolgs-
geschichte mit diesem gigantischen Haus, in dessen Pool Michael
einmal in voller Montur gelandet ist, und dann die Wende und Du
als einer der Ersten in Thüringen. Du warst ein richtiger Pionier.
Einmal hast Du mir erzählt, wie Du Grundbuchakten in einem
völlig vergammelten Gerichtskeller gesucht hast und sie gefunden
hast, Du hast Grundstücke erworben, saniert und Arbeitsplätze
geschaffen. Was ist das für eine bärenstarke Leistung!

Ich wünsche von Herzen, dass Markus, dieser liebe, treue Sohn,
mit seiner Familie diese gigantische Aufbauleistung fortsetzen kann.
Ihm, meinem Patensohn, habe ich bisher wenig geholfen. Wenn er
sich zukünftig wünscht, dass ich mehr für ihn tue, will ich ihm, aber
auch Dir, das versprechen.

Jetzt bist Du nach diesen vielen Anstrengungen mit Deiner
schweren Krankheit geschlagen. Wie ungerecht! Wie schwer aus-
zuhalten!

Und doch, lieber Reinhard, ist das unser Leben. Es ist bunt, es ist
gelegentlich verrückt und es ist voller Erfahrungen mit Menschen
in allen Lebenslagen. Ich möchte nichts missen, auch meine Nieder-
lagen nicht.

Und dann, am Ende, sind wir allein.

Ich möchte Dir mit meinem Brief, mit meinen Gedanken, nahe
sein. Ich möchte dieses gemeinsame Leben hochhalten, mir selber
Rechenschaft ablegen.

In Gedanken umarme ich Dich und denke sehr an Dich, an Dorli,
an Eure Kinder, Schwiegerkinder und Enkelkinder.

Henning

Lange betrachte ich die filigranen Blüten der Weihnachtskakteen, lange.

Ich rufe meine Mutter an. Sie ist sofort am Telefon: »Lilo
gut? Henning gut?« – »Ja.« Sie spürt sofort meine innere Er-

griffenheit, fragt nicht nach, wünscht mir Liebe und Glück, auch für sich, für alle. Ich gehe früh schlafen. Schlafe zum ersten Mal seit Jahren durch. Mit wilden Träumen und sehr erholsam.

Der schon lieb gewonnene Anblick am nächsten Morgen: Henning, barfuss bei der Lektüre der Zeitung. Wir frühstücken und besprechen den Tagesablauf. Als Erstes ein weiteres Gespräch, dann möchte ich ein positives Projekt in Bremen ansehen: die Bremer Heimstiftung. Henning ist in einer Gesamtschule zur Eröffnung bzw. Premiere einer Website zu *Helping Hands* eingeladen, er ist Schirmherr und wird den entscheidenden Klick machen. Am Nachmittag hat er weitere Termine, am Abend die Jahres-Benefiz-Veranstaltung für *pan y arte*. Um alles unter einen Hut zu bringen, entscheidet Henning spontan, dass ich mit zu *Helping Hands* komme, wir dann gemeinsam spontan das Altersheim besuchen und er mich dann zum Bahnhof bringen wird. Das gefällt mir! Wir räumen gemeinsam auf, und ich schalte das Aufnahmegerät ein:

»Gut, dann lass uns noch einmal über Glauben … sag mir noch mal ein bisschen was über Glauben … deinen Glauben. Wie er dir hilft, wie er dir wichtig ist, wie du das gerne bei deinen Enkelkindern siehst.«

»Also ich bin ja am Reformationstag geboren, in eine Gemeinde reingeboren, die in der Bekennenden Kirche war, mein Vater war Kirchenvorsteher und mein Pastor Greiffenhagen war Karl Barths Assistent, hat promoviert bei Karl Barth (1886–1968, Schweizer ev.-ref. Theologe) und war finanziert von der Gemeinde, weil die Landeskirche ihn nicht bezahlen wollte. Da bin ich aufgewachsen. **Und da war ›glauben oder nicht‹ gar keine Frage**, sondern da bin ich aufgewachsen, als ob ich das in meine Windel mit hineingelegt bekommen hätte und als ob es nur die Frage war, wie intensiv ich das mache oder nicht. Dann habe ich langsam erst gelernt, dass nur mein Vater fromm war, meine Mutter nicht. Sie hat den Vater trotz seiner Frömmigkeit geheiratet, weil der Witwer war, drei kleine Kinder hatte, gegen die Nazis war, boykottiert wurde mit seiner Drogerie. Das hat sie alles so gerührt, dass sie ihn deswegen geheiratet hat. Und dann hat sie uns drei jüngere Brüder geboren und hat eigentlich bis zum Ende ihren Spagat zwischen Familie und Kirche nie auf die Reihe gekriegt. Sie hat nicht opponiert dagegen, hat auch nicht gestritten. Aber sie ist eigentlich nie eine fromme Frau geworden. Sie hat es toleriert, dass mein Vater daraus seine Kraft holte, seine Lebenskraft. Die brauchte er, weil er einen winzigen Laden hatte, weil er ein großes Unglück erlebt hatte mit seiner ersten Frau, die zu Hause bei der Hausgeburt verblutet war. Es war eine Zwillingsgeburt, und er hat nur meinen Bruder über die Runden gebracht. Dann war er einsam und allein und mittellos. Der hat's schwer gehabt! Und er hat sich immer an seinem Glauben festgehalten. Das hat sie beeindruckt.

Je mehr ich das mitkriegte, dass bei uns zu Hause nicht alles so ganz einfach war, umso nachdenklicher wurde ich. Ich weiß zum Beispiel, dass bei meiner Konfirmation unser Pastor, der ein starker Pastor war, sagte: ›Ihr müsst euch nicht konfirmieren lassen, ich respektiere, wenn ihr sagt: 'Ich will das nicht!' Aber das müsst ihr begründen.‹ Und ich wollte eigentlich zeigen, dass ich mich selbstständig entwickeln kann, aber ich wusste keine Gründe. Also ich wollte begründen, warum ich mich nicht konfirmieren lasse, hatte aber keine Gründe. Ich habe in Erinnerung, dass mich das beschäftigt hat.

Dann bin ich konfirmiert worden, mein Vater wünschte sich

immer, dass ich Pastor würde, darum musste ich auch auf das humanistische Gymnasium gehen. Das hat mir große Mühe gemacht. Ich bin dann auch sitzen geblieben, nachdem ich in der Grundschule vorher gesprungen war. Unser Klassenlehrer sagte: ›Ihr seid alle viel zu jung‹, waren wir auch, und: ›Ihr müsst noch 'ne Ehrenrunde machen.‹ Da war ich natürlich tief verletzt. Eine Klasse drunter bekam ich auch kein Bein an Deck. Dann habe ich Gott sei Dank die Schule gewechselt. Da bin ich ein richtiger Musterschüler geworden. Ich war auch Schulsprecher und hab dann so ein richtig gutes Abitur gemacht, mit dem ich dann als Hochbegabter im Evangelischen Studienwerk Villigst als Stipendiat aufgenommen wurde, als einziger Bremer.

In meiner Schulversagensphase da habe ich auch gestottert, da wollte ich mich auch umbringen. Aber ich dachte: ›Umbringen darf man sich doch nicht.‹ Je mehr ich aus dieser Sackgasse rauskam, desto weniger nötig hatte ich meine Gemeinde und die mit der Muttermilch eingesogene und mir vom Vater vermittelte Theologie.

Dann habe ich auch, als ich Schulsprecher wurde, gemerkt, dass ich für alle erreichbar sein möchte. Das gelang mir dann auch. Ich habe Schulversammlungen gemacht, Plenarversammlungen, da konnte ich plötzlich wieder reden, ich habe Schulzeitung gemacht. Die ist gut, die habe ich jetzt gebunden gekriegt. Und dann habe ich auch in dieser Zeit Luise da kennengelernt. Die war ebenfalls Schulsprecherin.

Und in dieser Zeit habe ich gemerkt: **Nein, Kirche ist zu eng für mich, da bin ich immer nur mit den gleichen Leuten, und zwar immer nur mit internen Geschichten beschäftigt, ich möchte gerne einen Zugang zu allen haben**. Und möchte gern auch eine Rolle für alle übernehmen. Dann habe ich mich angelegt mit Schulräten. Die kamen mit Vorschriften, warum etwas nicht ging. Ich kapierte die Vorschriften nicht, hab die Gesetze gelesen, mir Handbücher geholt, und ich dachte: ›Das steht doch da gar nicht, wieso behalten die mir das vor?‹ Dann habe ich gemerkt: ›Das musst du lernen, du musst durchschauen, nach welchen Regeln das hier geht.‹ Und dann habe ich mich eben gegen die Theologie entschieden, und gegen die Pastorenrolle, und habe mich richtig pudelwohl gefühlt in dieser neuen Rolle.

Dann war ich auch für meine Mitschüler nicht mehr der Fromme vom Dienst. Die haben vorher mich immer gefragt: ›Sag mal, was sagt ihr in der Kirche denn dazu?‹ Und ich: ›Nönö, so einfach ist das nicht!‹ Dann hat nach dem Abitur mein Vater sich gewünscht, dass ich zum Evangelischen Studienwerk gehe, das habe ich dann ihm zuliebe gemacht. Die haben mich aufgenommen. Das Evangelische Studienwerk ist offen auch für Dissidenten und für Leute, die sagen: ›Ich kann überhaupt nichts anfangen mit euch, ich bin ganz anderer Meinung!‹ Aber es ist eben auch voller kluger Theologen, und da habe ich wieder angefangen mit Theologie. Aber nicht mehr mit den Barth-Schülern, sondern mit Bultmann-Schülern (Rudolf Karl Bultmann, 1884–1976, ev. Theologe) und anderen Hermeneutikern und denen, die man mir gegenüber früher einmal in der Gemeinde verteufelt hatte.

Dann habe ich die Lust entwickelt, während des Jura-Studiums schon, auch nebenbei Theologie zu lernen. **Wollte wissen, woher ich komme, wollte wissen, was in mir hängen geblieben ist, wollte wissen, was die Grundlage meines Denkens ist.** Und da bin ich gerne zu den Theologen, wie Helmut Gollwitzer (1908–1993, ev. Theologe und Barth-Schüler) und Ernst Fuchs (1903–1983, ev. Theologe und Bultmann-Schüler) gegangen und habe da richtig gerne gelernt. **Diese Neugierde, die hat mich das ganze Leben begleitet, nicht,** weil ich so ein frommer Mann war, der ohne Kirche gar nicht leben kann, sondern weil ich wissen wollte ... immer noch wissen will, woher ich komme, was mich geprägt hat, was unsere Gesellschaft geprägt hat, woher wir eigentlich unsere Kriterien für Gut und Böse und Unrecht und Recht holen.

Das hat dann dazu geführt, dass ich immer wieder auch Aufgaben übernommen habe. Ich bin dann Studienleiter im Evangelischen Studienwerk gewesen, ein Jahr lang. Später bin ich in Bremen mal Kirchenkommissar gewesen, für eine Gemeinde, die ohne handlungsfähige Gremien war. Dann bin ich im Kirchentagspräsidium gewesen. Jetzt bin ich in der Synode, und ich bin auch in meiner Gemeinde im Konvent. Ich habe hier mit den Hausbewohnern und Luise das **Bremer Lehrhaus mitbegründet, da machen wir Woche für Woche anspruchsvolle theologische Arbeit,** seit 20 Jahren. Diesmal ökumenisch, da sind katholische Theologen und katholische Christen dabei. Das ist eine Entdeckung für mich, dass ich plötzlich auch über die lerne. Wie sortiert und klug die denken, ist mir alles verborgen gewesen in meiner Kindheit. Ja und jetzt freue ich mich auf den Kirchentag 2009 in Bremen.

Die jetzige Vorsitzende der jüdischen Gemeinde ist eine Freundin von Luise und mir, wir mögen uns richtig, und wir könnten eigentlich auch zusammenziehen. Da habe ich viel gelernt über das Alte Testament und über die Stärke des Glaubens, den die Juden besitzen in ihrer jahrtausendealten brutalen Verfolgung. Die Nazis waren zwar die schlimmsten Mörder, aber vorher gab es auch schon jede Menge Mörder. Was die überlebenden Juden immer am Leben gehalten hat, das macht mich völlig sprachlos, da bin ich ergriffen. Aber das geht mir auch bei den Muslimen so. Ich habe viele muslimische Freunde, mit Moscheeloyalität, und ich merke, dass die dadurch ihre Lebenskraft bekommen. Wenn man ihnen das wegnehmen würde, würden die weniger haben. **Ich spüre, dass der Glauben vielen Menschen, auch Menschen, die mir ganz nahe sind, von meinem Vater angefangen, dass er ihnen hilft.** Und ich möchte gerne daran teilhaben. Und möchte das gerne verstehen. Und möchte das gerne auch für mich erschließen. Obwohl das gar nicht so einfach ist.« Er macht eine Pause, dann: »**Ja, so ist das mit meinem Glauben.**«

Wir schweigen ein bisschen. Das ist wohltuend: gemeinsam zu schweigen.

»Ja, wie praktizierst du ihn im täglichen Leben?«, frage ich.

»Ich gehe zum Beispiel gerne in die Gottesdienste, die Hans Kessler hält. Er ist ein wunderbarer Prediger. Da fühle ich mich wohlaufgehoben. Ich singe begeistert mit, wenn wir Kirchenmusik machen. Ich habe Tränen in den Augen gehabt, als wir im Domchor das Brahms-Requiem gesungen haben. Luise und ich haben vor drei Wochen einen Kulturgottesdienst mit Brahms *Vier ernsten Gesängen* gehalten. Da waren eine Studentin und ein Student, die das vorgetragen haben. Und wir haben dann den Leuten erklärt, was wir damit verbinden, mit dieser Melodie, mit diesen Liedern und den Texten, alles Bibeltexte. Das ist mir ganz nah. Ich bin ein begeisterter Paul-Gerhardt-Choralsänger, das sind wunderschöne Texte. Ich lese Bücher, wie zum Beispiel von Jörg Zink *Ich werde gerne alt*. Das gebe ich dir noch. Das ist ein frommes Buch, wirst du merken. Und ich bin zwar nicht so fromm wie Jörg Zink, aber ich wärme mich an seiner Gläubigkeit, an seiner Frömmigkeit, das tut mir gut: Ich entdecke auch immer wieder neue Sachen. Ich bin jahrelang mit einem Aufsatz von Teresa von Avila, eine heilige Frau aus dem Mittelalter, rumgelaufen, die über das Alter einen ganz wunderbaren Text geschrieben hat. Hab ich am 80. Geburtstag von Kurt Hübner, unserem früheren

Theaterintendanten (1916–2007, einer der einflussreichsten Theatermacher Deutschlands) erzählt, und der sagte: ›Falscher Text, ich bin Heide‹, und ich sagte: ›Lieber Kurt Hübner, hör dir mal als Heide diesen Text an, der passt auf dich.‹ Und dann stand er vor mir, die Theaterleute alle drumherum, und dann habe ich meinen Teresa-von-Avila-Text vorgetragen, und da sagt er: ›Ja, habe ich noch nie gehört, aber das sitzt ja alles, das stimmt ja alles, das bin ja genau ich, der da gemeint ist.‹ Also auch so ein Typ, der eigentlich alle Texte kennt, der ist durch so einen Text überrascht worden.«

»Durch Kurt Hübner hab ich Bobchen Biberti kennengelernt«, werfe ich ein.

Henning spricht weiter: »Ich beobachte mich, dass ich auch bei Alltagssituationen immer wieder theologische Texte verwende. Ich habe vor Kurzem über die Reformation geredet und habe dann Luthertexte strapaziert. Richtig schwierige Luthertexte, und das war dann auch wieder wie ein Selbstgespräch. ›Ja was ist denn da dran, an der Reformation, die dich so geprägt hat, was hat die alles für Fehler gemacht? Wie sind die mit den Bauernkriegen umgegangen, die Lutheraner oder Luther selber? Wie ist der mit den Juden umgegangen? Furchtbar! Er war ein Antisemit. Wieso das, wie kann so ein kluger Mann Antisemit sein?‹ Ich beobachte, dass ich immer wieder Entdeckungen mache, die mich nicht zum gläubigen, frommen Christen machen, aber die mir guttun. Wo ich denke: ›In die Gesellschaft gehörst du, das sind deine Wurzeln, da kommst du her, das schmeißt du nicht weg, das gibst du nicht auf.‹ Was hätte ich auch davon, wenn ich das aufgeben würde? Doch nur eine **nüchterne Zweckrationalität und einen kaltschnäuzigen bis zynischen Umgang mit Altersgeschichten.** Ich spüre: Wir haben einen Schatz in unserer Kultur- und Geistesgeschichte, über diese Geschichte des Glaubens oder besser die Geschichte der Gläubigen, der mir wichtig ist. Sehr wichtig ist …«

»Betest du dann oder hast du solche … Rituale?«

Henning schaut mich interessiert an: »Beten, weiß ich gar nicht, wie das geht. **Ich weiß nur, dass es mir guttut, wenn ich still werde und über mich nachdenke und über das nachdenke, was passiert ist und was vor mir liegt, und dass ich dann auch dankbar werde, dass ich so viel Glück gehabt habe oder dass es mir gut gegangen ist.** Ich weiß gar nicht, ob das ein Gebet ist, das ist wahrscheinlich ein Selbstgespräch, ich spreche ja auch gar nicht dabei, sondern das ist so ein Nachdenken. So ein meditatives Zu-sich-Kommen, ein Innehalten, Luft holen, Pause machen. Nicht immer nur von einer Aktivität in die andere ›jachtern‹, sondern innehalten. Ich weiß nicht, ob das ein Gebet ist. Wir haben unseren Vater, der in der Ecke gesessen und laut gebetet hat, den haben wir Jungs dann gefragt: ›Sag mal, Vater, antwortet der denn? In was für einer Sprache?‹ Da wurde er ganz ungeduldig, und ich sagte: ›Ja kann der denn Hebräisch? Du kannst doch gar kein Hebräisch? Spricht der dich in Deutsch an?‹ Und er sagte: ›Jungs, haltet endlich den Rand! Das ist doch meine Sache.‹ Da habe ich gesagt: ›Ja, wenn du das hier laut machst, dass wir das alle mitkriegen, wollen wir doch wissen, wie das geht.‹

Im Gottesdienst bete ich alles mit, weil das ein Gemeinschaftserlebnis ist. Ich gehe auch zum Abendmahl, weil das ein Gemeinschaftserlebnis ist. Jetzt beim letzten Mal, als wir im Gottesdienst gesungen haben, mit unserem neuen Chor in der Wilhadi-Gemeinde, waren wir doppelt so viele Chormitglieder wie Gemeindemitglieder. Und es klang wunderbar, und die haben geklatscht, und denen sind die Tränen aus den Augen gelaufen. Ja, und dann standen wir alle um den

Altar, und ich wollte dabei sein, wollte diesen Gemeindemit-gliedern, so eine Arbeitergemeinde, zeigen: ›Ich bin immer noch euer Bürgermeister, ich bin immer noch nah bei euch, jetzt wieder neu nah bei euch, und ich möchte das mit euch teilen.‹ Die kommen dann auch und sagen: ›Henning, das ist aber …‹, die duzen mich!, ›…das ist aber schön, dass du hier bist bei uns!‹

Mir ist nie in den Sinn gekommen, dass ich da den Leib Christi esse und das Blut Christi trinke. Das habe ich auch als Junge nie begriffen. Also … das ist für mich … **zusammen-rücken**. Eine Geste, teilen, essen. Zusammen essen ist sowieso was Schönes. Und das versammelt zu tun, mit Leuten, die einem sympathisch sind, und denen dadurch zu zeigen: ›Ich bin mit euch.‹«

Ich kann nur zustimmen: »Darum geht's, um Gemein-schaft, ich empfinde …«

Henning unterbricht mich: »Du hast das gemacht, hast alles stehen und liegen gelassen. Und hast gedacht, jetzt ist mir das wichtig – Gemeinschaft mit deinen Eltern.«

»Das war eine ganz enge Empfindung. Ich habe das jetzt nicht angefangen zu sagen, um das Negative hervorzuheben, sondern im Gegenteil, um uns zu ermahnen, darin auch das Positive zu berichten. Also ich … das Zusammenrücken im Sterben … das hat mich so tief beeindruckt, so tief berührt … Sterben als Erfahrung … auch das Auseinanderflechten beider Leben im Diesseits. Ich bleibe und Papo geht. Der Abschied. Den geliebten Menschen mit Einverständnis gehen zu lassen. Zurückzustehen …«

»Ich bin neugierig auf mein Altwerden und Gebrechlich-werden und auch mein Sterben. Ich möchte das wissen. Ich möchte, wenn ich irgendwie kann, das annehmen können. Also annehmen können im Sinne von zulassen. Es ist so

eine Mischung von Loslassen und Zulassen. Also man lässt das Leben und lässt seine ganzen Schichten und auch seine ganzen Schätze, seine ganzen menschlichen Schätze langsam los und lässt zugleich zu, dass der Tod kommt. Das möchte ich können. Das möchte ich gerne ohne Angst erleben. Ich bin auch neugierig, was dann passiert mit mir. Bisher kann ich mir das Leben nach dem Tode nicht vorstellen. Das habe ich noch nie gekonnt. Aber vielleicht ändert sich das, wenn ich da ganz nah dran bin. Vielleicht ist dann wirklich die Hoffnung in einem so, dass man sich das vorstellen kann. Kann sein. Weiß ich aber nicht.«

Wir sinnen beide dem Gesagten nach.

»Ich weiß das auch nicht«, sage ich.

Stille.

»In seiner letzten Lebensphase habe ich meinen Vater gefragt, ob er nicht auch einen Pfarrer sehen möchte.« Darüber habe ich noch nie gesprochen: »Und er war so: ›Na ja, einen Pfarrer, mmh‹ … und dann immer wieder dieses ›Hilfe, Hilfe, Hilfe‹ …, und ich habe gesagt: ›Ich kann deinen Hilfewunsch nicht befriedigen, ich kann machen, was ich will, immer kommt dieses ›Hilfe‹, vielleicht kann der das, der hat ein anderes Knowhow und das ist vielleicht richtig. Vielleicht kannst du dich durch ihn entlasten? Befreien? Etwas, das deine Tochter nicht hören muss, auch gar nicht soll. Ich muss doch gar nicht alles von dir wissen.‹ Und ich dachte immer noch, das kommt vom Krieg. Ich habe dann einen Pfarrer zu ihm gebracht und habe dem gesagt: ›Also mein Vater … seien Sie nicht erschrocken, wenn der jetzt sagt: ›Nein, das will ich nicht‹, … das ist ein Versuch, er ist damit einverstanden.‹ Da hat er gesagt: ›Ich geh da jetzt mal rein und dann sehen wir schon.‹ Und dann haben wir die Tür zugemacht, haben alle Türen zugemacht. Und plötzlich hören wir, meine Mutter und ich, im Nebenzimmer beide, mein Vater seine Schwerhörigkeit übertönend, das Vaterunser beten. Papo mit starker Stimme führend. ›Dein Wille geschehe …‹ Ich höre sein Vaterunser, so als ob er es milliardenfach in seinem Leben gebetet hätte, ohne einen Zweifel …«

Im Schweigen fühle ich mich bei Henning aufgehoben: »Ja, das ist wunderbar«, sagt Henning aus vollem Herzen. »Da kommen wieder ganz alte Sachen hoch. Alte Sehnsüchte. Das will ich auch alles wissen. Ich bin neugierig auf meinen eigenen Tod, weil ich mir denke: ›Mal sehen, wie es mir mal ergeht.‹ Ob ich das aushalte, was dann wichtig bleibt. Weiß ich nicht! Ich habe mir so viele Krücken gebaut in meinem Leben, wollt schon wissen, was mir wichtig ist und warum ich das und das mache. **Aber ob das alles Bestand hat angesichts meines eigenen Todes**, das weiß ich nicht, und das möchte ich wissen.«

»Was meinst du mit ›Krücken gebaut‹?«

»Ja, dass ich mir immer überlegt habe: Was ist denn jetzt wichtig zu tun? Sollst du das machen oder sollst du das nicht machen? Also, bei meiner Berufsentscheidung … ich hatte dir ja schon erzählt: Mein Vater wollte, dass ich Pastor werde, und ich habe mich schon als Schüler richtig davon emanzipiert. Mit ganz viel Anlauf! Und er war ganz unglücklich darüber. Bis zu seinem Tod. In unserem letzten Gespräch sagte er: ›Schmeiß alles hin und fange Theologie an zu studieren!‹«

»In seinem Tod?«

»Nein, er ist doch im Urlaub gestorben. Also, ich war nicht dabei. Aber davor, bevor er wegfuhr, hat er noch mal mit mir sehr schön geredet, und da war das. Und ich habe mich entschieden, nicht Pastor zu werden, **weil ich mich nicht nur auf eine Gemeinde konzentrieren wollte, sondern weil ich**

eigentlich jeden erreichen wollte. Ich wollte eine Rolle in der Gesellschaft finden, wo mir Zugang zu allen möglich ist. Dazu habe ich mich durchgerungen. Dann habe ich ausgerechnet Jura studiert, was ich vorher nie wollte. Die Juristen hielt ich vorher immer für ganz schlimme Finger, die an dem Unglück der Menschen ihr Geld verdienen. Und dann habe ich mich doch dazu durchgerungen. Ich will verstehen, wie das funktioniert. Das kann man als Jurist. Kriegsdienstverweigerung habe ich von Haus aus, von der Gemeinde her, mit ganz gründlicher theologischer Begründung, richtig mit pazifistischer Fundamentalhaltung gemacht und auch entsprechend gelebt und bin dann in diesen Organisationen gewesen und habe auch meine Workcamps, von denen ich dir erzählt habe, deswegen gemacht. Weil ich eben etwas tun wollte! Dann habe ich lange überlegt, kannst du das eigentlich durchhalten? Ich habe das bis heute durchgehalten. Obwohl ich weiß, dass in der Bundeswehr ganz vernünftige Leute sind. Obwohl ich weiß, dass bei der Wiedervereinigung die Bundeswehr eine wunderbare Rolle gespielt hat. Obwohl ich weiß, dass die Einsätze, die sie jetzt machen, keine Kriegseinsätze sind, sondern dass sie versuchen, den Frieden zu ermöglichen, Leute zu schützen vor Gewalt und Katastrophen, Mord und Totschlag. Bis heute ist das so. In der Politik genauso. **Ich bin doch nicht einfach in die Politik gegangen, weil ich mich berufen fühlte, sondern ich habe eben gesucht, bis ich einen Platz gefunden habe, wo ich am ehesten mitmachen konnte.**

Ich bin nicht einfach in die SPD reingeboren worden, wie ich in die Gemeinde reingeboren worden bin, sondern ich bin von meinem Vater eher gewarnt worden vor der SPD. Der fand die SPD gar nicht attraktiv. ›Die verstehen nicht, wie man Geld verdient, und die nehmen mir im Zweifel meinen kleinen Laden weg!‹ Solche dummen Sprüche hat der gemacht. Meine Mutter war eher SPD. Bis ich dann diese vielen unterschiedlichen Leute in der SPD kennengelernt habe, die gar nicht immer meiner Meinung waren. Das sind alles Punkte, wo ich mich nur dadurch zurechtgefunden habe, dass ich mir perspektivisch klar zu werden versucht habe: **Warum machst du das eigentlich, was ist das Ziel, was willst du eigentlich damit erreichen?** Also nicht so eine kurzatmige Opportunität, sondern ich wollte immer auch wissen: Laufe ich eigentlich auch in die richtige Richtung? Und da hat mir die Kirche geholfen, da hat mir der Pazifismus geholfen, da hat mir auch der Internationalismus der SPD geholfen, das fand ich immer gut. Ich bin richtig gegen den Nationalismus erzogen worden, wir haben das von Anfang an als berüchtigte Sackgasse erlebt. Also suchte ich Zugänge zu anderem. Aber das waren immer Langzeitperspektiven, weil ich doch im Alltag ziemlich schlichte Sachen gemacht habe. Wenn man so vor sich hin wurschtelt und Kommunalpolitik macht und dann immer an Südafrika oder an Martin Luther King oder an Gandhi denkt, das ist ein ziemlich weiter Weg. Das hat mir geholfen.« Henning hängt seinen Gedanken nach. »**Ich bin gespannt, wie mir das beim Sterben ergeht. Ob das alles weg ist? Oder ob das Bestand hat bis dahin? Und ob ich damit mein Sterben annehmen kann. Das will ich wissen. Bis dahin will ich auch noch viel dafür tun.**«

»Ja.«

»Und dafür will ich viel Zeit, viel Nachdenkezeit haben. Ich will Beispiele kennenlernen, wie es anderen gelingt, das zu gestalten. Ich will nicht davor weglaufen, ich will nicht sagen: ›Oh Gott, hoffentlich quält mich das nicht, hoffentlich erlebe ich das gar nicht. Hoffentlich trifft mich der Schlag!‹ Ich möchte das gerne alles sehr bewusst erleben. Und ein-schließlich der Gebrechen und einschließlich der Kompetenzverluste. Ich hoffe, dass sich die Palliativmedizin bis dahin noch ein bisschen weiterentwickelt hat, dass mir richtige Wahnsinnsschmerzen erspart bleiben.«

»Ja, das ist ja immer …«

»**Und dann hoffe ich eben, nicht alleine zu sein.** Das ist mir ganz wichtig. Ich möchte gerne nicht alleine sein, wenn ich sterbe. Ich möchte gerne im vertrauten Umfeld sein. Möchte gerne, dass Menschen um mich rum sind, die mich kennen, die ich kenne. Möchte auch gerne, dass die nicht alle heulen und sagen: ›Jetzt geht er …‹, sondern dass die … dass die genauso, wie ich dann hoffentlich … genauso akzeptieren können, dass es jetzt Zeit ist. Wenn ich Glück habe, sind dann auch ein paar Kleine dabei. Die spielen, lachen, singen. Vielleicht gelingt das. Das ist meine Wunschvorstellung. **So mittendrin! Mittendrin gehen zu können. ›So, das war's. Das ist es jetzt. Du hast deinen Weg beendet. Jetzt wünschst du denen, die weiterleben, zu hoffen, dass sie es gut machen.‹ Das wünsche ich mir …«**

»**Also ich erlebe es ja gerade bei meiner Mutter … wie du sagst, wie die … was vorher im Leben so wichtig war, nicht mehr wichtig ist … wie Materielles nicht mehr wichtig ist, wie eigentlich nur noch das Aug in Aug und die Berührung mit jemandem, den sie mag, oder überhaupt mit Mensch und Tier wichtig ist …** es gibt eigentlich gar kein Mehr-mögen und Nicht-Mögen mehr … es muss natürlich jemand sein, der mit einer guten Empfindung zu ihr kommt. Aber von ihrer Seite gibt es da kein Aussuchen. Sondern wer gut kommt, wird angenommen. Wer nicht in guter Absicht oder freundlich käme, den würde sie nicht annehmen. Das ist ganz klar ausgeprägt. Sie kann ja am Telefon … hat sie doch so ein paar Phrasen wiedergefunden … bis vor noch einem halben Jahr … hat sie immer in ihrem Leben, mir alles Gute gewünscht und noch mal mehr alles Gute, Gute, Gute ... und das wurde mir dann irgendwann auch lästig, weil es nicht aufhörte. Irgendwann habe ich dann verstanden: Es ist kein Klammern, sondern es ist wirklich ihr Impuls, dass es mir gut gehen soll oder demjenigen gut gehen soll. Und jetzt so vor einem halben Jahr hat sie gesagt: ›Und alles Gute dir und Gute und mach es dann gut und mach es dem Henning gut und gut und gut und mir auch.‹ Und jetzt, seit 14 Tagen sagt sie: ›Mach's dir gut und dir gut und mir gut und mir, auch allen Menschen.‹ Und dadurch spüre ich, dass sie mehr am ... an ihrem Ende des Weges angekommen ist.«

Henning lächelt. »Das ist schön!«, sagt er sehr sanft.

»Ja, ich finde das großartig.« Wir sind beide berührt. »Ja! Weil das immer mehr eine Öffnung ist. Ich finde ... und ich wünsche ihr das auch so sehr, dass sie das schaffen kann.«

»Das ist wunderbar. Das klingt gut. Ich glaube auch, dass Schlaganfall, Sprachbehinderung nicht den Kopf behindert.«

»Gibt es alles. Bei ihr nicht. Sie hat jetzt vielleicht einen weiteren Schlag gehabt, weil plötzlich, wenn ich sage: ›Nimm doch den Löffel‹ gibt sie mir den Telefonhörer. Das ist natürlich ... war für mich ein schwerer, weiterer Schock! Da steigt auch die Wut der Verzweiflung in mir hoch. Muss ich erst anzunehmen lernen. Andererseits **konzentriert sich die Kommunikation zwischen zwei Menschen immer mehr auf die Essenz. Und die Essenz ist eben ein Blick** ... manchmal ist es auch neben ihr zu sitzen, und da passiert was ... ich finde das so ... spannend, wie es noch wortfreier wird. Ich bin ja ein Wort-Mensch und Denk-Mensch und bin dann erst einmal so, ›das muss jetzt aber doch wieder besser gehen‹ ... das ist eine ganz neue Erfahrung für mich, das hat eine ganz neue Qualität, diese zarte Kommunikation in der letzten Phase.«

Stille, ein gemeinsames Einverständnis. Eine junge Frau mit

Putzzeug öffnet schüchtern die Küchentür. Henning winkt sie rein, stellt sie mir vor mit dem Zusatz: »Sie ist unsere Haushaltshilfe.« Sie sagt, was sie jetzt weiter nach Luises Angaben machen wird, entschuldigt sich und geht weiter arbeiten.

Ich fahre in unseren Gedanken wieder fort: »Aber diese ganzen Erfahrungen mit meiner Mutter und dem Sterben meines Vaters geben mir jetzt plötzlich auch eine Freiheit. **Also ich empfinde in dem Begreifen der Endlichkeit eine Freiheit.** Wenn ich kapiere, es ist endlich, fängt damit Alter an. Das kann natürlich unterschiedlich früh anfangen.«

»Ja«, antwortet Henning. »Das geht früh los. Bei ernsthaften Leuten, die gut erzogen werden, ist von Anfang an Endlichkeit des Lebens Teil ihrer Erziehung. Aus meiner eigenen Erziehung kenne ich das. Aber ich kenne das auch von Freunden, dass das Vertrautwerden mit dem Tod schon in der Jugend anfängt.«

»Ich meinte ein persönliches, direktes Begreifen …«

»**Es gibt Kulturen, zum Beispiel in Lateinamerika, in Mexiko habe ich das erlebt, da ist der Tod ständig gegenwärtig.** Die stellen Gerippe in ihrem Wohnzimmer auf. Die gehen regelmäßig auf den Friedhof mit den Kindern und Eltern und essen auf dem Grab der Verstorbenen. Da ist der Tod ganz nah. Der ist überhaupt nicht der böse Sensenmann, der alle umbringt, sondern er gehört mitten rein. Bei uns ist Sterben tabuisiert, und Gebrechlichkeit tabuisiert, bloß nicht so nah an sich rankommen lassen, nicht darüber reden, sonst laufen die Leute gleich weg. Und wir haben Spezialeinrichtungen, die einem das abnehmen. **Die öffentlich verhandelte Idealvorstellung ist so: ›Wir sind fit und ständig neu verliebt und glücklich, stark und kräftig.‹** In unserer öffentlichen Wahrnehmung wird das alles karikiert wie in einer Seifenoper …«

»**Gebrechlichkeit wird als Versagen gewertet …**«

»Da versagt unsere Gesellschaft …«

»Ich meine nicht nur, dass die Gesellschaft versagt, sondern es wird dem Einzelnen, wenn er alt und gebrechlich wird, als ein Versagen hingeschoben. ›Du versagst jetzt!‹«

»Ja, ja. Die fühlen sich doch schuldig.«

»Ja, genau.«

»Es gibt Alte, die fühlen sich schuldig, dass sie alt sind, ist das nicht schrecklich?«

»Das finde ich eben auch furchtbar«, pflichte ich ihm bei.

Durch die verglaste Küchentür sehe ich Luise in die Diele kommen. Henning folgt meinem Blick, sieht sie auch und strahlt. Luise kommt noch im Mantel in die Küche und übermittelt die Grüße der Hamburger Kinder und Enkelkinder. Zu Henning: »Ja, alles gut.« Das ist für mich ein intimer Moment zwischen den beiden. Mich fragt sie: »Ist das Zimmer frei?« – »Mein Rucksack liegt gepackt auf dem Bett.« Henning informiert sie über seinen, auch meinen weiteren Tagesablauf. Wir brechen auf. Gehen durch den Garten, am Brunnen an den schönen Rhododendren vorbei. Links angrenzend hinter dem Zaun: Mülltonnen, Autos. Rechts: das große Appartementhaus. Der Hof großzügig, asphaltiert, ebenerdig Garagen, Werkstätten. Das Auto, ein altes Irgendwas in Weinrot, steht in einem Unterstand hinter Büschen versteckt am Ende des Gartens. Henning fährt raus, ich halte das Gartentor und blicke von hier aus auf das WG-Haus. Die unteren zwei Wohnungen haben direkten Gartenzugang. Alle anderen auf drei Etagen haben großzügige Balkone. Beides möglich: Jeder für sich und trotzdem gemeinsam.

Über den Hof des Appartementhauses fahren wir um die gegenüberliegende geschlossene Häuserfront und sind mitten im Leben: eine Autowerkstatt, Stau, Hupkonzert.

Wir setzen unser Gespräch während der Fahrt fort: »Guck mal an, mal was anderes, ich bin ja bei *HelpAge* mit Hannelore Hoger. Ich habe sie darum gebeten. Wir beide kennen uns seit langer Zeit, und wir mussten doch mal was machen. Das musste auch nicht parteipolitisch sein. Wir sind jetzt die beiden *HelpAge*-Leute in Deutschland. Und wir haben die Lage der Großmütter, zum Beispiel in Südafrika, zu unserem Thema gemacht. Wo die erwachsenen Kinder durch AIDS gestorben sind und wo die Omas verantwortlich sind für die Enkelkinder. Und das ist eine ergreifende Sache.«

Zwischendrin erläutert mir Henning die Stadtbezirke von Bremen: soziologisch, historisch, architektonisch, verbunden mit seinen privatem Erlebnissen. Das genieße ich sehr: Ich komme mir vor wie ein Staatsgast. Dann geht's weiter im Thema: »Das sind Rentnerinnen mit winzigen Einkommen, und die kommen mal so gerade für sich damit klar. Müssen meistens auch noch ein bisschen mit anpacken. Und plötzlich kriegen die vier, fünf Enkelkinder und müssen sich als alte Frauen mit diesem wenigen Geld um die Enkel kümmern. Darüber gibt es auch eine Fotoausstellung: *Stille Heldinnen.* Das ist doch Leben! Leben am allerintensivsten. Das muss man doch bekannt machen. Das muss man als Orientierung setzen, das ist ein ganz weiter Weg. Davor stehen … diese … Macho-Figuren, die dann beim Fußball gut sind. Gerade in Südafrika sind Fußballer viel berühmter als diese stillen Heldinnen, die alten Omis. Oder es sind die Populisten. Jacob Zuma (umstrittener südafr. Politiker, 1999–2005 Vizepräsident Südafrikas) ist so ein Populist. Er ist nicht an den Omas interessiert, der ist interessiert, die jungen Wilden zu mobilisieren. Diese jungen Männer, die dann schnell Geld verdienen wollen. Und eigentlich noch nicht so richtig begriffen haben, dass man auch eine gute Ausbildung haben muss. Da beobachte ich, wie **dieses große Thema der Alten weltweit mit ihrem wunderbaren Einsatz ein Segen ist für die Menschheit! Die in die Mitte zu rücken, finde ich wichtig.** Es wäre schön, wenn du davon ein paar Takte in dem Buch unterbringst, es gibt erhebliche Zahlen, es gibt viel Literatur, was in Deutschland nicht so bekannt ist. Das ist ein internationales Netz, mit großer Research-Arbeit, aber auch schon richtig mit vorzeigbaren Programmen. Alles **in der Hoffnung, dass dabei mehr herauskommt als nur irgendwie denen eine bessere Alternative zu geben, um unsere Gesellschaft humaner zu machen, ziviler zu machen. Nicht immer nur die großen Macker nach vorne zu schieben, sondern mal solche in das Zentrum zu schieben und einen Sinn dafür zu vermitteln, dass das das ist, was uns zusammenhält und Sinn stiftet.** Ich bin doch nicht wegen der Macker auf der Welt. Die sind mir völlig egal, ich bin wegen dieser Leute auf der Welt und will noch ein paar Jahre machen, so gut ich kann. Wenn man das schaffen kann, dann sind wir, glaube ich, auf der richtigen Schiene. Aber das ist zäh.«

»Ja, das dauert. Ich habe auch den Eindruck, dass in Deutschland immer weniger Leute bereit sind, sich zu engagieren, ohne dafür materielle Gegenleistungen zu kriegen. Wenn ich daran denke, wie schwer es war und ist, jemanden für uns zu finden …«

»Das kenne ich anders. Ich will mal erzählen, was ich da erlebt habe. Wir haben, vor gut 20 Jahren, mit mehreren Kirchengemeinden einen sozialen **Friedensdienst in Bremen** gegründet, und die haben dann eine **Freiwilligen-Agentur** aufgemacht. **Da haben wir 1700 Freiwillige.** Die Leute rennen uns die Bude ein, und es ist immer das Problem, dass wir Aufgaben finden, die sie nicht über- und nicht unterfordern. Wir suchen Aufgaben, die die Betreffenden, die so eine freiwillige

Arbeit machen wollen, schaffen können. Das verändert sich natürlich. Aber ich spüre, dass die Bereitschaft, so was zu tun, nicht das Problem ist, sondern eher die Vermittlung. Weil wir natürlich niemanden allein lassen wollen. **Wir wollen sie auch schützen. Wir wollen sie auch versichern.** Wir wollen ihnen auch so was wie eine Stütze geben, wenn sie nicht mehr weiterkönnen. Die sollen jemanden haben, bei dem sie sich entlasten können und der ihnen dann vielleicht hilft. Wir wollen die nicht überfordern. Sonst verlieren wir die ja ganz schnell wieder. Da arbeiten wir richtig dran, ganz viele machen da mit. Alles Ehrenamtliche …«

»Hm.«

»… die dann mit dieser Art von Arbeitsbegleitung beschäftigt sind. Wir haben gelernt, von den Zivis. Als die schwerbehinderten Leute raus wollten, schon in den 80er-Jahren, fing das an. Sie wollten alleine leben und wollten selbst bestimmen, wer ihnen hilft. Da haben wir die ›**Assistenz**‹ erfunden. **Also Assistenz für selbstständig lebende schwerbehinderte Leute**. Das haben die Zivis gemacht. Die haben sich um ein oder zwei richtig gekümmert. Das war ihre Zivildienstaufgabe. Mit all dem, was sie brauchten. Also zu Hause, mit Waschen, Kochen, Essen und dann auch Ausgehen und Transporte organisieren und begleiten. Das ist so wunderbar gelaufen, gerade mit diesen schwerbehinderten Leuten, dass wir gedacht haben, wenn das da geht, muss es doch auch mit anderen gehen. Also da haben wir uns so etwas wie ein positives Beispiel zurechtgelegt …«

»Hm, hm.«

»… und an dem orientiert sich jetzt unsere Agentur mit Freiwilligen.«

»Ja, das müsste Schule machen.«

»Wir sind da.« Henning parkt, geht wie gewohnt mit federnden, ausholenden Schritten. Ich renne neben ihm her. »Das war ein armer Bezirk, sieh mal diese schönen neuen Häuser, die habe ich noch gar nicht gesehen. Das ist gut, ein Zeichen, dass es sich hier stabilisiert. Das letzte Mal, als ich hier war, wurde ich ausgepfiffen und beschimpft. Da war hier Schulstreik.«

In der Mensa der Schule wird er erwartet. *Helping Hands* ist ein Konzept, das Jugendliche an ehrenamtliche Arbeit heranführt. Im Quadrat stehen Tische, Henning wird vor das Laptop und unter die Projektion an der Wand gesetzt. Links von ihm die Lehrerin, die das Projekt an der Schule mit ihren Schülern durchgeführt hat, die Direktorin, zwei Schüler, die Leiterin der Freiwilligen-Agentur und ich. Gegenüber von Henning Pressevertreter, man kennt sich. Auf einem Tisch üppig Brötchen und Getränke. Von außen spähen Jugendliche durch die Glasarchitektur. Leichte Aufregung bei ihnen. »Warum kommen die nicht rein?«, fragt Henning. So richtig eine Antwort bekommt er nicht. Später winkt er ihnen zu. Einige trauen sich. Ein etwa 13-jähriger Junge fragt Henning: »Wer ist denn nun der Bürgermeister?« – »Na, ich bin das, der Altbürgermeister. Haste Hunger? Nimm mal ein Brötchen.«

Auf dem Weg zum Auto sind wir uns einig, dass wir der Initiative eine große bundesweite Teilnahme wünschen. »So was kann doch auch als **Beispiel für Aktivitäten von älteren Generationen dienen.**« An dem Gedanken werde ich weiter dranbleiben. Wir kurven zurück am Fluss in die Innenstadt. »Wenn ich an diese Schulstreiks denke, ich war ja Schulsenator und dann eben Bürgermeister. Einmal bin ich mitgegangen in der Demonstration. Da haben die gesagt, das geht nicht, wir protestieren doch gegen dich! Ich hab gesagt, ja klar, aber ich will mit euch sprechen.«

Henning fährt auf die Stadtautobahn. Erklärt mir deren Entstehung. Die entsetzliche Zerstörung Bremens durch die Bombenangriffe. »Hier haben wir als Kinder gespielt. Für uns war das ein Abenteuerspielplatz. Natürlich streng verboten.« Grau in grau ist das Wetter. Grau die Stadtautobahn mit ihren verwobenen Zufahrtstangenten, Trassen, Baustellen. Henning zeigt in eine Richtung: »Wir müssen nach da!«, werden aber durch die Straße gezwungen, in die andere Himmelsrichtung zu fahren. *Lost* in Bremen? ›Gott sei Dank hab ich noch Notverpflegung dabei: Wasser und getrocknete Aprikosen‹, denke ich. Mir ist bewusst, dass ich diese Haltung von meinen beiden Großmüttern übernommen habe. Beide haben zwei Weltkriege überlebt. Wir fahren von der Stadtautobahn herunter. Reihen uns wieder ein in die entgegengesetzte Richtung. Ich bekomme den Auftrag, auf den Wegweisschildern auf einen bestimmten Namen zu achten. So heißt das in der Baustelle aber irgendwie jetzt nicht. Wir fahren vorbei, wo wir hätten raus müssen. Für mich war nur schwer zu erkennen, dass es da überhaupt erlaubt war reinzufahren. Also, neue Runde. Ampel rot. Aus dem Nebenauto wird Henning freudig zugewinkt. »Das darfste aber keinem erzählen, dass sich der Bürgermeister verfährt«, lacht er. Dann sind wir raus aus dem Gordischen Knoten.

»Ich würde gerne versuchen, dazu beizutragen, dass Alter etwas positiv Besetztes bekommt«, sagt Henning. »Es gibt mehr als diese zwei Millionen, die alleine leben, und die Hunderttausenden, die im Heim leben. Es gibt, ich schätze so um **20 Millionen Menschen, die ein aktives Leben nach der Berufstätigkeit führen**, die voll am Leben teilhaben. Und die, die also, die sich überall melden und sich beteiligen, finde ich, die muss man als **große Chance für die Zivilgesellschaft**

aufwerten, die darf man nicht als potenzielles Problem skandalisieren, was manche machen, dieser Abgeordnete von der Jungen Union, Philipp Mißfelder, der hat doch mal gesagt: ›Ab 75 gibt's keine Ersatzteile, keine Hüfte zum Beispiel, mehr!‹ Das ist unerträglich. Das ist auch gegen die Verfassung, das hat mit Artikel 1: ›Die Menschenwürde ist unantastbar‹, überhaupt nichts zu tun. Da redet jemand …«

»… dummes Zeug.«

»Dummes Zeug! Verfassungswidriges dummes Zeug. Als Bundestagsabgeordneter! Und kriegt dafür öffentliche Gelder. Das genaue Gegenteil möchte ich. Ich möchte sagen: ›Nein, nein, nicht so was!‹, sondern: ›**Ihr müsst entdecken, dass das ein großer Schatz in der Gesamtgesellschaft ist!**‹ Da sind viele Menschen, ich zähl mich auch dazu, die richtig Lust haben, noch was zu tun, und die sich kümmern und sich beteiligen und sich auf Aufgaben einlassen, die sonst gar nicht laufen würden, weil es kein Geld dafür gibt. Oder weil es immer hinten runterfällt, weil, was weiß ich, weil **Arbeit, mit der man viel Geld verdient, viel wichtiger ist als Arbeit, bei der man nicht so viel Geld verdient**. Weil Kulturarbeit eben immer unterbezahlt ist. Oder Sozialarbeit sowieso unterbezahlt ist. **Es gibt Bereiche in der Gesellschaft, die leben davon, dass wir diese vielen Menschen in unserer Mitte halten und sie beteiligen.** Die sind nicht nur für sich selber und für ihre Gleichaltrigen gut, das ist auch schon was, sondern die sind eben auch so in generationsübergreifenden Projekten wichtig. Dann verändert sich der Begriff des Alters. Wir bauen gerade in Bremen mit der Bremer Heimstiftung, über die ich ja so gerne rede, in Borgfeld, in einem Neubaugebiet ein Dorf mit einer Ganztagsschule. Und das Zentrum des Dorfes ist die Mensa, in der jeden Tag die Kinder mit den Alten zusammen essen werden.«

»Ah ja, das ist gut!«

»Das ist ein Angebot. Da kommen die aus ihren Nachbarschaften und Hilfseinrichtungen hin und essen, und die Kinder kommen aus der Schule und gehen anschließend wieder in die Schule. Die treffen sich jeden Tag beim Essen, und die Hoffnung ist, dass sie sich da auch kennenlernen, und dass sie auch vertraut werden miteinander und dass dann die Alten vielleicht Schularbeitenhilfe machen und die Jungen den Alten vielleicht beibringen, den Computer und das Internet zu nutzen oder was weiß ich. Oder dass sie vielleicht zusammen singen oder zusammen Theater spielen …«

»Ja.«

»Oder zusammen sich Geschichten erzählen. **Da spür ich, da wird das Alter aufgewertet, verstehst du?** Das ist keine Einrichtung schön weit weg, irgendwo auf der grünen Wiese. Nein, mittendrin, wo die anderen sind und wo gerade auch die Lütten sind, und dann kriegen auch Leute, die gar keine eigenen Kinder haben, weil sie Singles geblieben sind, so wie du ja auch ein Single bist …«

»Hmm.«

»… die kriegen plötzlich in so einer Rolle eine Super-Erfahrung. Da werden sie nämlich angenommen, als wären sie selber eine Mutter, ein Großvater oder eine Großmutter. Die Kinder sind da ganz locker. Die Kinder sagen nicht: ›Meine Omi macht das so oder so‹, die freuen sich über jeden, der Zeit für sie hat, der Geduld hat, der auf sie zugeht und der eine Idee hat, eine Anregung hat, da spür ich die neue Aufwertung. Das wünsche ich mir, wenn wir über Alter reden, wenn wir nicht immer nur die Rechnungen aufmachen: Stimmt das mit der Rentenfinanzierung noch, stimmt das mit der Pflegeversicherung noch, stimmt das mit der Krankenversicherung noch und was wir alles sonst noch haben. Sondern dass wir sagen, mit ihnen was zusammen machen, das ist was. **Und ich glaube, da können wir von anderen Gesellschaften viel lernen**. Das machen andere besser. In Asien, oft aus Mangel, weil sie gar nicht anders können, haben sie gar nicht so viel Geld, um solche Einrichtungen zu bezahlen. Dann beziehen die natürlich auch die Alten ein, die sind dann in der Familie, in der Nachbarschaft, auf dem Markt und überall. Überall findet man sie einbezogen in Würde. Sie haben Rollen, je nachdem was sie noch können, ob sie noch tragen können oder nicht tragen können, manche machen ja nur die Kasse, aber das ist wichtig, einer, der Verantwortung hat, der kann ja die Kasse machen. Da habe ich wunderbare Sachen erlebt, wo ich auch merkte, dass das gelebt wurde. Dass das nicht nur verordnet ist, nicht nur kommandiert ist, **sondern es kommt von unten, es kommt nicht von oben, es ist Teil der Gesellschaft**. Und da entdecke ich, ändert sich etwas. Wenn ich mir überlege, wo ich in der Literatur Bilder finde …«

»Okay.«

»… also bei Goethes *Wilhelm Meister* ist das so, bei Goethe, wenn man da wirklich die Nerven hat, das alles durchzulesen, dann kommt das zu dem Schluss: Der alte Goethe hat das gelebt. Bei Keller im *Grünen Heinrich* habe ich das genauso gefunden. Und auch so eine wunderbare Geschichte in Fontanes *Stechlin*.«

»Da bist du ganz leidenschaftlich. Richtig ansteckend, den *Stechlin* hab ich das letzte Mal mit zwölf gelesen, wahrscheinlich nicht verstanden. Wie wenden wir das in unserem Leben an?«

Henning parkt das Auto vor dem früheren Alten-Pflegeheim und jetzigen Stadtteilhaus Huchting: »**Das ist auch so eine Sache, wie kann man eigentlich das lebendig machen, das**

Altwerden. Wie kann man das positiv beschreiben? Und nicht immer nur sagen: ›Macht mal was, sitzt nicht nur immer vorm Fernseher und seht euch die blöden John-Wayne-Konserven an. **Geht raus! Macht was mit. Tut was!** Das ist es. Und übt euren Kopf, euer Herz und eure Lungen für etwas Neues. Also macht nicht nur immer dasselbe, sondern probiert euch aus!‹ Da entdecke ich für mich selber immer wieder Neues und wundere mich, dass mir neben all meinem Stress, den ich hier so veranstalte, dass mir das so wichtig ist und dass mir das wichtiger ist, als mir früher Parteitage waren. Parteitage waren immer anstrengend! Da wusste ich nie: Kommst du da gut rüber oder kriegst du da welche mit oder wie geht das an? Sind die alle auf Frieden aus oder sind sie auf Streit aus? Hier weiß ich, hier wollen alle was zusammen schaffen, ziehen sich mit, motivieren sich.«

»Ja, ich glaube aber, die sind alle immer noch erst so in Teilen bekannt. Also wenn wir die so jetzt reinbringen, zusammenbringen, dass so ein Blumenstrauß …«

Henning unterbricht mich: »**… Ja, aber ich will nicht den Eindruck erwecken, dass wir die Einzigen sind, die das draufhaben.**«

«Nee, nee! So nicht!«

»Es gibt unendlich viele Leute, Ilse, die hoch motiviert sind, sich da reinzuhängen …«

»Nein, im Gegenteil …«

»**Wir müssen ihnen sagen:** ›**Ihr seid nicht allein‹, es gibt erstaunlich viel** … es gibt so richtig so etwas wie einen **Aufbruch in dieser Lage, die uns der demografische Wandel verpasst hat,** ein Aufbruch für die, die nach anderen Formen von Leben suchen, sich Kraft holen, sich erneuern, sich beteiligen, sich einmischen, sich freuen … und je bunter man das machen kann, umso besser ist es. **Das ganz Falsche ist das,**

was die Trude Unruh da gemacht hat mit der Rentnerpartei.
Jetzt gründen sie ja wieder eine Rentnerpartei. Das sind alles
totgeborene Kinder. Das wird nichts! Wenn man sozusagen
das Thema Rente reduziert auf: ›Wir kloppen auf unsere
Blechpötte bei der nächsten Demo vorm Brandenburger Tor
und zeigen mal den Abgeordneten, dass sie vor uns Angst
haben müssen.‹ Das ist zu dürftig. **Wir müssen Einladungen
formulieren** und dann auch möglichst konkret machen, was
man alles machen kann. Wo man sich beteiligen, was man
erreichen kann. Und gar nicht immer übers Geld, sondern
einfach dadurch: ›Ich guck mich um, ich mache einen Schritt
vor die Tür, ich warte nicht, bis ich irgendwo abgeholt werde,
sondern ich kümmere mich selber. Ich mache auf meine Lage
aufmerksam, in der Hoffnung, dass ich nicht die oder der
Einzige bin!‹ So, das finde ich ganz spannend.«

Wir spazieren auf das Heim zu. Um uns herum 60er-Jahre-
Bauten. Rauchende Leute auf der Straße. Ein alter Mann hilft
einer alten Dame aus dem Auto. Sie geht weiter am Rollator.
Er sagt zu ihr: »Beeil dich, Hildchen, du hast einen Termin.«

Ich antworte Henning: »Einladungen und Kommunikation,
darauf kommt es an, es gibt schon ganz viele einzelne Projekte, Privatinitiativen, Gruppen, aber die müssen sich finden
können, **dafür möchte ich gerne eine Plattform einrichten,
im Internet: ein Portal**, eine Art Suchmaschine wie Google für
unser Thema, damit die sich finden können, sich gegenseitig
berichten können, zum Nachmachen anregen können, Aktivitäten beginnen, sich informieren, wie es andere gemacht
haben ...«

»Gut, das wünsch ich mir natürlich nicht nur zwischen
Gruppen. Sondern eigentlich für jeden Einzelnen. Wenn man
nicht 'ne eigene Omi hat, die man erreichen kann, dann muss

man sich halt eine suchen. **Es gibt so wunderbare ältere Frauen in unserer Gesellschaft, die ganz viel können, ganz viel Herz haben, ganz viel Erfahrung haben, im Teilen und im Abgeben, die sich nichts lieber wünschten, als irgendwo mittendrin zu sein, und nicht allein.** Die zu entdecken, und dann die vielen, die nicht klarkommen, weil sie überfordert sind, mit Arbeit und vielleicht auch mit Not oder vielleicht mit vielen Kindern, vielleicht weil sie Migranten sind, mit Sprache und allem Drum und Dran nicht klarkommen. **Wenn man die zusammenbringen könnte, das wäre ein Programm! Das wär was!«**

Wir sind bei unserem Gespräch stehen geblieben. Ich sage, was ich in diesem Moment für Henning fühle:

»Wahlverwandtschaft!«

»Ja, genau. **Das würde unsere Städte aufwerten, unsere Innenstädte aufwerten, unsere Nachbarschaften aufwerten.** Das würde endlich auch dieses Integrationsprojekt beflügeln, über das wir alle reden, aber wo wir merken, es läuft schlecht, weil sogar die Kinder der dritten Generation immer noch nicht richtig Deutsch können. Es gibt doch immer wieder solche Spaltungen. Hier in Bremen, bei euch in Kreuzberg, Neukölln ...«

»Alles klar.«

»... wo wir die Rütli-Schule haben, wo dann der Afrika-Rat Berlin gesagt hat: ›Da kann man nicht mehr hingehen, No-go!‹ So ein Unsinn, das ist doch unser gemeinsames Land. Wir können doch keine No-go-Areas errichten. Wir müssen diese vielen Menschen gewinnen, dass sie sagen: ›Da könnte ich was dazu beitragen.‹ **So möchte ich gerne von Alter reden.«**

Wir machen eine Runde um das Alten- und Pflegeheim.

»Das möchte ich auch.«

»… verstehste?« Henning winkt jemandem zurück, den er nicht persönlich kennt.

»Ja, das ist mein Ziel«, bekräftige ich.

»Ich möchte nicht, dass wir ein Problem sind …«

»Nee, nee, das wäre ja nur …«

»… um das sich irgendwelche Profis kümmern, die dann sagen: ›Oh Gott, schon wieder Geld, und schon wieder Milliarden, und schon wieder Milliarden und schon wieder neue Riesenhäuser!‹ **Nein, ich will einen Umbau … Zusammenbleiben, nicht auseinanderziehen!** Gucken, was kann man daraus machen: Das kann man in der Großstadt machen, das kann man aber auch auf dem Land machen. Überall, da gibt es Möglichkeiten, mit meiner Reiserei jetzt kriege ich fast jeden Abend neue Projekte angesagt.«

»Hm.«

»Wo die Leute sagen: ›Wir haben was, hast du eine Idee, wie kommen wir an die ran? Guck dir das mal an!‹ Ich bin ja kein Architekt, ich bin auch kein Stadtplaner, aber ich spüre, da ist eine **ganz große Gestaltungschance**. Das ist möglich, das ist nicht einfach nur eine Spinnerei. Das ist nicht einfach nur eine Fantasie, sondern das ist erreichbar, und das ist über die Räume erreichbar, über die Gebäude erreichbar, und es gibt dieses Interesse der Menschen, nur muss man sie zusammenbringen.«

»Deshalb machen wir ganz konkret das Portal im Internet. Wer nicht ins Internet gehen will, kann uns schreiben.«

»Ich hab die Erfahrung gemacht, nicht nur bei dir persönlich, sondern auch in meinem Umfeld, dass, wenn ich, in der Zeit, in der ich noch mobil bin, aktiv bin, mir ein Netz zurechtlege, egal wie, dass das erstaunlich belastbar ist, wenn ich dann selber in Not gerate. Also bei den **Chören** zum Beispiel habe ich inzwischen jede Menge Erfahrung, weil ich ja so ein

Chorverbandsmensch bin, ich bin ja Präsident des Deutschen Chorverbandes und habe 2,1 Millionen Chorsänger hinter mir. Die große Mehrheit ist inzwischen betagt. Wir werben jetzt und kriegen auch Nachwuchs. Aber wir haben auch viele Hochbetagte, und **ich weiß einfach, dass die Chöre ihre eigenen Leute nicht alleine lassen. Das Gleiche erlebe ich mit Sportvereinen.** Früher wurde man, wenn man nicht mehr Hochleistungssportler war, rausgeschmissen, heute ist das bei Sportvereinen völlig anders, es sind die Alten, die den Sportverein zusammenhalten. Die übernehmen die Aufgaben und die machen bis ins hohe Alter Sport. Die haben Wandergruppen und oder Herzinfarktgruppen. Die verrücktesten Sachen kenne ich da, und die entwickeln dann aus dem traditionellen Sportverein so was wie 'ne **Selbsthilfestruktur**. Da ist meine Schwester zum Beispiel mit meinem Schwager, die sechs Jahre älter sind. Sie leben da drin. Gehen da richtig drin auf. Das fordert sie. Das macht denen Spaß. Sie haben jede Menge Ideen. Es gibt überall **Freiwillige Feuerwehren.** Früher hab ich mich immer lustig darüber gemacht, dass Freiwillige Feuerwehr eigentlich immer nur ein Vorwand ist, um mal ordentlich zu zechen. Inzwischen weiß ich, dass Freiwillige Feuerwehren auf dem Dorf eine ganz hoch angesehene Struktur darstellen, in der man alt werden kann. Die haben dann diese Nähe, auch mit dem Transport zum Beispiel. Wenn der nicht mehr Auto fahren kann, dann nehmen die den mit. Oder wenn der nicht mehr einkaufen kann, dann machen die das.«

»Hm.«

»Also solches erlebe ich bei Freiwilligen Feuerwehren. Stell dir mal vor, Freiwillige Feuerwehr, die eigentlich immer nur Brand löschen sollen, ist, wenn man genau hinguckt, eine Struktur, mit der man die Alten und dann auch die Jungen zusammenhalten kann.«

»Das muss man in jedem Fall fördern. Mein Vater hat, als er **mit 65 seine Steuerkanzlei aufgegeben hat, sich gefreut auf die Freiheit,** klar. Jahrgang 1919, er hat sich in Bildung gestürzt. Ich gucke seinen Nachlass an und finde da Listen: ›Was sind die 20 Bücher, die ich auf jeden Fall noch lesen muss?‹, Ja, das gibt's noch mit 65, gibt's mit 75, gibt's auch noch mit 80, ja, immer ordentlich abgehakt: wann gelesen, welche Rückschlüsse gezogen usw., Verweis, was für Kunst er sich ergänzend anguckt, was für Architektur, was ist in Berlin, in welches Museum muss er gehen, und er hat noch eine Sprache neu aktiviert, Englisch, später noch mal Französisch, alleine gelernt, was ja ein Vorbild ist: Wie strukturiere ich mein Alter, wie entertaine ich mich selber, obwohl ich schwerhörig bin. Und klar wird weiter aufgeführt bei ihm, er war ein Freund von Listen: ›Wann sehe ich welche Freunde, ja, und wie und wann schreibe ich denen, wann gebe ich denen Auskunft …‹ Telefoniert hat er ja nicht, er war eigentlich ein Meister darin, das kleine Geflecht in Gang zu halten. Meine Mutter war eher die Spontane, manchmal hier, manchmal da: ›Ich geh noch auf die Straße, kenn ich schon genug Leute, und denen helfe ich dann eben.‹ Als ich die Sterbeanzeige verschicken wollte, ja, habe ich in seinem Buch *Nach meinem Tod* eine ordentliche Liste gefunden, wer zu benachrichtigen ist. Und da sind von 68 Leuten drei übrig geblieben, und die anderen sind, sehr ordentlich, mit einem Lineal ausgestrichen und dahinter das Todesdatum. Woanders stand, wie lange die Freundschaft dauerte. Die längste war ein Schulfreund: 82 Jahre lang. Da ist mir schon ganz schön klamm geworden ums Herz. Also im Umkehrschluss für uns heißt es ja: **Es reicht eben nicht, in der eigenen Altersgruppe sein Netz zu werfen,** sondern 20 Jahre vorher beginnen, eine Attraktivität zu entwickeln, damit dann der 60-Jährige Lust hat mit dir mit 80 zu reden oder vielleicht der 40-Jährige, und dass der vielleicht dann hoffentlich bitte schon so mit dir verbunden ist, dass er als Ansprechpartner bleibt, wenn du wirklich hochbetagt und hilfsbedürftig wirst.«

»Richtig«, nickt Henning.

»Sonst funktioniert's nicht, ja.«

»Man muss generationenübergreifend leben lernen.«

»Ja.«

»Sonst wird man nachher ganz einsam, das stimmt.«

»Ja. Da hatten meine Eltern zwar ein paar Freunde, die deutlich 20, 30 Jahre jünger waren. Aber jetzt haben diese sich vollkommen zurückgezogen. Bis dahin, dass sie gar nicht anrufen.«

»Man muss möglichst rechtzeitig damit anfangen, nicht erst, wenn man schon den Schlaganfall erlebt hat und plötzlich merkt: Die wollen alle gar nicht mehr. Dann wird's ganz schwer. Nun, dass man das möglichst früh macht und sich sagt: ›Könnte mir ja passieren, ich könnte ja dement werden, ich könnte ja Alzheimer kriegen, könnte ja einen Schlaganfall kriegen, und ich will mich darauf vorbereiten. Ich will das so angehen, dass es dann anders geht, als du das jetzt beschreibst.‹«

»Ja, du brauchst Menschen, die zu einem stehen, egal was passiert. Dass man willkommen ist, auch wenn es einem nicht gut geht.«

»Ich hab bei dir die Sorge, dass du an die Grenze gegangen bist von Belastbarkeit. Du hast dich, sagen wir mal so, radikal ausgebeutet. Beim Durchhalten der Pflege deiner Eltern. **Und ich wünsche mir natürlich, dass das nicht immer nur darauf hinausläuft, dass sich EIN Mensch, der nun ganz gutwillig ist und sagt: ›Ich mach das‹, völlig überfordert ist,** sondern ich wünsch mir, auch in deinem Fall hätte ich mir das gewünscht, dass es dann so einen **Pflegemix** gibt, also so was, wie eben dich und dann eine Reihe andere Leute, die da drumherum sind, mit denen du gut vertraut bist und die dich dann entlasten und **die das gemeinsam machen.** Das ist mein Ratschlag, wenn mich Leute fragen, warum wir das mit der WG machen. Dann sag ich, so was geht vielleicht. Solche Pflegemixe gehen vielleicht, weil sich allein den Profis zu überlassen, ist nicht mein Wunsch. Wollten sie ja auch nicht, deine Eltern. Ich erhoffe mir 'ne möglichst **breite bunte Form von Leben mit Gebrechen und Begleiten bis zum Tod.**«

»Schweden fordert von seinen Bürgern Solidarität über hohe Steuern. Damit wird ein dezentral und kommunal organisiertes Pflegesystem finanziert. Und das richtet sich nach den jeweiligen Bedürfnissen der Kranken und Älteren. **Das Ziel ist, die Pflegebedürftigen mitten in der Gesellschaft zu halten.** ›So lange wie möglich selbstständig zu Hause‹, lautet die Devise. Dafür investiert Schweden auch in Prävention wie etwa Sport für Ältere auf Rezept.«

Wir sind wieder an der Vorderseite des Alten- und Pflegeheims angekommen. Drei Mitarbeiter der Physiotherapie stehen zusammen und rauchen. Eine Migrantin, schwanger, mit zwei kleinen Kindern, geht vor uns ins Haus. Sie orientiert sich an dem Schild ›Beratungsstelle für jugendliche Migranten‹.

Henning und ich marschieren in das Haus hinein. Wir melden uns als Überraschungsgäste im Heimleiterbüro an. Henning sagt beruhigend: »Bitte nicht erschrecken, ich wollte mal zeigen, wie schön das bei euch ist, wir bleiben nicht lange.« Auf dem Weg zum Speisesaal ist einiges los. Damen an Rollatoren fallen Henning nahezu um den Hals: »Der Bürgermeister!« Er wird umschwärmt. »Altbürgermeister«, antwortet Henning und macht die Giraffe: »**Bin ja nun auch alt. Sogar pensioniert.**« Eine flirtive Atmosphäre. Eine Mitarbeiterin stimmt uns darauf ein, dass der Heimleiter zwar gleich zu uns käme, er jedoch wenig Zeit habe, da er bei einem Jubiläum eine Rede halten müsse. Die Leute warten schon. Dafür ist sofort eine Lösung gefunden: Henning bietet dem Heimleiter an, die Rede zu übernehmen, derweil der Heimleiter mit mir reden kann. Er lässt sich die Fakten des Jubilars geben, und schwups ist er in dem Saal verschwunden. Wir hören Jubel und Applaus.

Mit dem Heimleiter Günter Ralle-Sander setze ich mich in den Speisesaal lasse mich informieren: Als Einrichtung der Bremer Heimstiftung ist das Heim 1968 in Betrieb genommen worden. Bis 2002 war das Haus ein klassisches »isoliertes« Pflegeheim: lange Flure, drei große Stationen, 102 Pflegeplätze. Das änderte sich, als man beschloss, sich von den klassischen Heimstrukturen zu lösen und sich dem ganzen Stadtteil und seinen verschiedenen Bewohnern zu öffnen.

In einem neu erbauten Haus liegt heute der Schwerpunkt der Betreuung auf der Pflege demenzkranker Menschen, die jetzt getreu dem Hausgemeinschaftsprinzip in mehreren überschaubaren Wohngruppen zusammenleben: **die Pflege regelt nicht mehr den Tagesablauf,** die läuft eher im Hintergrund. Tagsüber werden die Bewohner von »Alltagsbegleitern« individuell angeleitet.

Aus dem ehemaligen Pflegeheim wurde ein Stadtteilhaus, in dem verschiedene Kooperationspartner gemeinsam ein Netzwerk aufgebaut haben, das ältere Menschen mit jüngeren zusammenbringt und neue Möglichkeiten des Wohnens im Alter bietet. Zum Beispiel das »**Wohnen mit Service**«. Aus ehemaligen Pflegestationen wurden seniorengerechte Wohnungen, in die man sich einmieten kann. Die Mieter können in diesen Wohnungen bleiben, auch wenn sie pflegebedürftig werden, dann kümmert sich ein ambulanter Pflegedienst im Haus um sie. Darüber hinaus wurden den **Mietern Gruppenräume zur Verfügung gestellt,** in denen sie gemeinsame Unternehmungen, vom Kaffeeklatsch bis zur Bastelrunde, veranstalten können. Das kleine Schwimmbad im ehemaligen Pflegeheim wurde von den Bremer Bädern übernommen, hier machen heute Schwangere und Alte Wassergymnastik. Das Mütterzentrum und ein Kindergarten sind ebenso im Haus wie ein Friseur und ein Kosmetikstudio. Die von der Caritas betriebene Beratungsstelle für junge Migrantinnen bringt Frauen, die gerade Deutsch lernen, mit älteren Menschen zusammen, damit die Migrantinnen die neue Sprache üben können.

Daneben beherbergt das Haus ein Kompetenzzentrum für Dienstleistungen und Beratung, das niederschwellig und kostengünstig im ganzen Stadtteil Hilfe zum Beispiel für kleinere Arbeiten (Gardinen waschen, Malern etc.) im Haus anbietet, wenn dies ein alter Mensch nicht mehr alleine kann. Ganz neu ist das Projekt »**Seniorenscouts**« – das sind Menschen, die sich Zeit nehmen für die älteren Mitbürger im Stadtteil, Kaffee trinken, zum Reden vorbeikommen und nachsehen, ob ihnen die Kooperationspartner irgendwie helfen können. Rund **60 freiwillige Helfer** arbeiten im Stadtteilhaus auf Augenhöhe mit den Festangestellten, so entsteht insgesamt ein buntes, dichtes und vielfältiges soziales Netz, von dem nicht nur die Älteren, sondern der ganze Stadtteil profitiert.

Henning und ich sitzen wieder im Auto. Henning bringt mich zum Bahnhof, leider ohne Umwege. Ich erzähle ihm, was mir letzte Nacht durch den Kopf gegangen ist: »Das mit der **Pa-**

tientenverfügung und dem … dass in dem nächsten Schritt, **da ja die notarielle Beurkundung notwendig ist, ich glaube, dass das wieder ganz viele Leute abschrecken wird, das zu machen.**«

»Du musst einen Notar haben, der die Verantwortung übernimmt, dass du bei Sinnen bist, dass du weißt, was du schreibst, der muss dich beraten, dass du da keinen Unsinn erzählst, der muss vorher noch einen Arzt gefragt haben. Da muss ein Arzt auch noch mit aussagen, dass du bei Sinnen bist, sonst geht das nicht. Der muss den Arzt integrieren in seine Geschichte, und dann muss er mit dir das klären. Es muss eine Amtsperson her, die auch autoritär gegenüber den Klinikern sagen kann: ›Das ist jetzt wirklich amtlich.‹«

»Also ich sehe da zwei große Schwierigkeiten. Ich finde das erst einmal gut und ethisch. Trotzdem, ich sehe zwei große Schwierigkeiten. Erstens haben die Hausärzte ja so schon keine Zeit, ein Gespräch zu führen, wie sollen sie das leisten, wie werden sie das leisten? Was mir weniger Sorge macht: Wie werden sie das honoriert bekommen? **Ich kenne Arztgespräche mit alten Leuten, die nicht einmal fünf Minuten dauern.** Rein, raus, zack, Ende. Wenn es ein Hausbesuch wird, gibt es noch ein bisschen schönes Wetter drumherum und auch Ende. Und das Zweite ist, mit dem Notar, finde ich auch großartig, aber es kostet. Wer trägt die Kosten? Und wie kommst du da hin? Wenn wir eine Kultur hätten, in der man sich darüber schon Gedanken macht mit 50 und 70, wo du noch mobil bist und das einfach auch selber leisten kannst, auch die Investition … dann ist es gut, aber meistens kommst du **sowieso erst, wenn es schon fast zu spät ist, du machst dir diese Gedanken erst dann, oder**? Und was passiert dann mit denen?«

»Das glaube ich nicht!«

»Also meine Eltern ... ich habe denen ... als sie ungefähr 75 waren, habe ich gesagt: ›Sollten wir nicht mal darüber reden, was ist wenn? Ich möchte dann richtig handeln, ich möchte eure Wünsche wissen.‹ Und sie haben es immer verschoben. ›Wir sind doch noch nicht alt, es ist doch noch nicht das.‹ Ja, irgendwann mit 80 habe ich dann gesagt: ›Aber jetzt sollten wir mal. Können wir das nicht einfach mal ganz ruhig besprechen?‹ – ›Nee, nee, nee, und wir haben ja sowieso unsere Aufzeichnungen, dann weißt du das schon. Und die liegen da und da.‹ Ich durfte sie aber nicht zu dem Zeitpunkt sehen. Habe sie allerdings auch nicht gefordert. Da war so eine schüchterne Rücksichtnahme auf beiden Seiten.

Oder meine Mutter hat gesagt: ›**Ich habe da Vertrauen, du machst das schon!**‹ Ich habe streng gefragt: ›Aber ich muss ja doch irgendwie, ich will wissen, was ich machen darf, und was sind eure Erwartungen? Und ich muss es dem Arzt oder wem auch immer gegenüber vertreten können.‹ Ich weiß nicht, wie lange es Patientenverfügungen gibt als Vordrucke. Die bayerische Regierung hat ein ganzes Heft dazu gemacht, das kostet knapp vier Euro, kannst du dir schicken lassen, oder abholen oder kostenlos als PDF im Internet runterladen, das ist sehr umsichtig gemacht (www.verwaltung.bayern.de/broschueren). Dann habe ich das geschenkt bekommen, habe das nach Hause getragen, eine **christliche Patienten- verfügung**. Aber letztlich wurde die Patientenverfügung nie ausgefüllt. Es wurde immer verdrängt. Meine Eltern waren ja doch sehr aufgeschlossen für solche Sachen. Und als wir das dann eigentlich brauchten, als dann meine Mutter den Schlag- anfall hatte, habe ich gesagt: ›So, jetzt ist Schluss, ich möchte, dass wir uns einen Termin setzen, und wir besprechen das jetzt. Und ich notiere das dann auf.‹«

»Das ist typisch, was du da erzählst. Ich glaube, je älter du wirst, umso unsicherer wirst du, ob das wirklich das Richtige ist. Und umso weniger Entschlusskraft hast du, das wirklich zu organisieren. Also wenn du das für dich selber machen willst, dann musst du in so einem Alter sein, wie du es jetzt bist, selbstbestimmt. Sonst kommt später das Problem: ›Was machen wir?‹«

»Ja, bzw. mit diesen **Aktualisierungsphasen.**«

»Und das Zweite ist deine Situation, das ist, wenn es erwachsene Kinder gibt, die das mit ihren tüddelig werdenden Eltern klären wollen und wo das dann so schwierig läuft. Und wo du ja dann auch die Erfahrung gemacht hast, dass die Ärzte sich nicht daran halten. Und wenn du aus dieser Wut, die du da aufgestaut hast, die du mit deinem Vater erlebt hast, jetzt einen Ratschlag gibst, wirst du einer derjenigen sein in Zukunft, die sich hinstellen und sagen: ›Das werde ich den Ärzten aber so präsentieren, dass da keiner vorbeikommt. Dann werde ich dafür sorgen, dass … auch wenn es mir noch so viel Mühe macht, dass dieses Ding wirklich so korrekt zustande kommt, das ist mir der Aufwand wert, dass ich dann, wenn es denn wirklich ernsthaft ist, sage: ›**Jetzt ist aber wirklich Schluss, das ist alles gesetzlich geregelt, ihr habt die Pflicht, diese Patientenverfügung zu respektieren.**‹ Da sitzt dann nicht mehr der Alte dahinter, dem ist das dann schon ganz egal, der hat das vergessen … Aber die besorgte Tochter, der besorgte Sohn, der sagt: ›Ich will diese Ärzte dazu bringen, den Willen meiner Eltern zu respektieren.‹ Diese Lage, in der du jetzt bist, das ist der Grund, warum der Gesetzgeber gesagt hat: ›**Das müssen wir verbindlich machen.**‹ Und zwar in einer Form verbindlich machen, dass da kein Mensch drumherum kommt. Und diese Verbindlichkeit, die du eben bis jetzt nicht hast, wo du gesagt hast: ›Er hat es doch alles gesagt und die halten sich nicht dran!‹, das ist doch dein

Zorn. Wenn du diese Verbindlichkeit haben willst, dann ist das dein Interesse, nicht das deiner Eltern, und du wirst das durchsetzen, und du achtest dann da drauf und sorgst dafür, dass das Ding in der Schublade ist und dass du das, wenn es denn so weit ist, auch wirklich präsentieren kannst.«

»Na ja gut, also mein Zorn lag ja auf einem anderen Punkt. Mein wirklicher Zorn brach aus …, als der … der mobile Hospizdienst und der Hausarzt gesagt haben: ›Ja, Ihr Vater ist in der finalen Phase und jetzt muss der nicht mehr trinken. **Ein sterbender Mensch wird nicht zum Trinken gezwungen, weil er es nicht verstoffwechseln kann.** Das ist Folter‹, haben die mir gesagt. Im Krankenhaus dann haben ihn die Ärzte da angeguckt und untersucht und haben gesagt: ›Was macht der Mann hier? Er kommt aus einem Hospiz, das geht gar nicht.‹ Ich habe gesagt: ›Er hat da keinen Platz mehr, er hätte eigentlich heute nach Hause gemusst, ich möchte mich jetzt nicht hier aufregen, was das hier für eine Geschichte ist, bitte helfen Sie uns einfach. Was ist jetzt mit ihm? Und hier sind die Patientenverfügungen.‹ Und die haben gesagt: ›Die Patientenverfügungen akzeptieren wir sofort.‹ Das war nicht der Punkt. Der Punkt ist, in einem Krankenhaus, selbst wenn du eine Patientenverfügung hast, in der steht: keine wiederbelebenden Maßnahmen, explizit keine Magensonde; sie müssen dir trotzdem Flüssigkeit geben. Im Krankenhaus können sie dich nicht verdursten lassen. Sie müssen dich an den Tropf setzen. So haben die mir das erklärt.«

Henning kann es nicht glauben: »Ich habe das alles ganz anders erlebt. Du bist in Verhältnisse gekommen, die besonders grob sind. Ich kenne ganz andere Kliniken. Ich habe auch noch nie gehört, dass jemand sagte: ›Ich muss dir Flüssigkeit geben!‹ Du bist der erste Fall mit einer solchen Geschichte …«

»… also ich habe es auch nicht verstanden, weil es war ja auch dokumentiert, verstehst du? Und notariell beurkundet.«

»Ich weiß nicht alles, aber … **ich habe noch nie gehört, dass ein Arzt darauf bestanden hat, es sei Vorschrift, Flüssigkeit zu geben,** was ganz offensichtlich überhaupt nicht richtig ist. Das halte ich für eine monströse … Ungerechtigkeit … Das ist Folter, das ist unglaublich. Das ist absolut unglaublich! **Das müssen Leute gemacht haben, die überhaupt nicht hinge-guckt haben, die gar nicht gemerkt haben, was los ist.**«

Ich werde immer ruhiger: »Die haben hingeguckt. Ich habe mit ihnen Details …«

»Ich glaube dir alles. Aber es entsetzt mich, dass so etwas möglich ist. Es ist genau das Gegenteil von dem, was wir alle uns immer wieder neu vornehmen, was wir mit Menschen machen, was du da erlebt hast. Und ich könnte dir jetzt eine ganze Armada von Medizinern, Kliniken vorführen. Wir können in jedes beliebige Krankenhaus hier in Bremen, jetzt, sofort ohne Anmeldung, gehen, und du wirst das denen er-zählen, die würden dir sagen: ›Das kann nicht sein, das gibt es bei uns nicht!‹ **Das ist ja oft so, dass Leute, die hilflos sind, sich ja auf Vorschriften beziehen, die sie gar nicht kennen, und die sie nie gelesen haben und die es auch gar nicht gibt, sondern nur vom Hörensagen … darum habe ich Jura studiert, weil ich dieses: ›Ich kann nicht anders, ich muss das so machen, das sind die Vorschriften‹, das wollte ich unterlaufen.** Das ist meine Motivation, Jura zu studieren. Ich will genau wissen, wie das ist. Weil damit bremst ihr mich nicht aus. Und das, was dir da passiert ist, das ist absolut irrsinnig.«

»Sie dürfen dich in einem Krankenhaus nicht verdursten lassen. Das ist das Argument. Und als ich dann sagen konnte: ›Jetzt sehen Sie aber, was ist, entweder tritt das Wasser aus der

Haut aus, aus den wirklich prallen Ödemen, oder Sie hören, dass die Lunge jetzt vollläuft, er kann entweder ersticken oder das …«

»Ich weiß, das ist ein Albtraum, es ist eine absolute Höllenvorstellung, die du da erlebt hast, und … jetzt erzählst du es mir das dritte Mal …«

»Ja aus einer weiteren Sicht …, einer anderen Perspektive…«

»Ich will nur sagen … Es ist absolut irrsinnig und ich bin sicher, dass dann ganz viele Leute sagen: ›Also so was, das gibt es nicht!‹ Die werden dir vorwerfen, du hast was gesponnen. Ich glaube dir das, dass das wirklich so ist. Ich bin fest davon überzeugt, dass du das so erlebt hast, aber es ist wirklich … genau das Gegenteil von dem, was in unseren Krankenhäusern, was in unseren Hospizen jeden Tag passiert. Trotzdem muss man darüber nachdenken … **Es hilft eben nicht, dass du die besten Absichten hast und die besten Institutionen …**, sondern du musst gegen solche, völlig außer Sinn und Verstand herausgeratenen, gröbsten Fehler …«

»… also für mich wäre eine Patientenverfügung nur dann von Wert, wenn man sieht, dass derjenige wirklich im Sterben ist, logischerweise auch nur so viel zu trinken bekommt, wie er kann und möchte. Dass er da selbst entscheiden kann.«

»Ja, das ist aber auch medizinisch angesagt.«

»Trotzdem ist es richtig zu sagen: ›Ich habe das erlebt, und ich glaube gar nichts mehr.‹ **Wenn das nicht geregelt ist, habe ich Angst, dass sich das ständig wiederholt …** Immer wieder höre ich von alten Menschen, gerade von denjenigen, die den Krieg erlebt haben, als letzte Hoffnung: ›Dann esse und trinke ich nicht mehr, dann kommt der Tod.‹ Das ist Illusion in einem Krankenhaus und auch in den meisten Institutionen, die haben Angst, verklagt zu werden.«

Es entsteht eine Pause, jeder hängt seinen Gedanken nach.

Ich sehe Henning an: »**Und ich habe halt auch Sorge, dass viele Leute, wenn es Geld kostet und Mehraufwand ist, dass sie nicht dazu kommen, eine Patientenverfügung aufzusetzen.** Also meine Generation sicher ja, deine Generation vielleicht auch noch, aber die, die schon immobil sind ...«

»... die machen es nicht mehr. Das stimmt!«

»Und die brauchen es ja am allernötigsten, weil die werden die Ersten sein, die sterben.«

»Ja, aber da ist eben die Hoffnung, wenn man das rechtzeitig zum Thema macht, dass man da rechtzeitig klärt, wie es sein soll und dass die hoffentlich vorhandenen Angehörigen, so wie bei dir, dann auch drauf gucken, wenn es um die Umsetzung geht. Ich glaube, beide Fraktionen, also Fraktionen sind das ja nicht im klassischen parteipolitischen Sinne, die um die gesetzliche Regelung der Patientenverfügung ringen ..., also beide Fraktionen würden sagen: ›Das ist unmöglich, was da passiert ist, das darf sich unter keinen Umständen wiederholen!‹ Das glaube ich schon. Die sind sich nur nicht einig, wie man eine einmal festgelegte Entscheidung, wenn man seine Meinung doch mal geändert hat, korrigieren kann. Und da ist was dran. Weil ich beobachte an mir selber, je älter ich werde, es verändert sich ganz viel.

Ich habe zum Beispiel mal eine Ausstellung eröffnet, die die Spiegelleute über Hospize gemacht haben. Der rote Faden ist, dass sie **Hospize als Lebehäuser und nicht als Sterbehäuser** erlebt haben. Und dass die Menschen, die da waren, denen war jeder Tag kostbar. Ein Obdachloser in Berlin, der dann plötzlich wieder anfing, sich die Haare schneiden zu lassen, und jeden Tag unter die Dusche ging und plötzlich neue Klamotten haben wollte und nicht seine alten, abgerissenen

Klamotten. Der hat auch in seinen letzten Wochen sein Leben wiederentdeckt. Und dabei habe ich gelernt, wenn denn das Leben am Ende ... bei denen, die da beschrieben sind, wichtig war, jeder Tag wichtig war und jede Stunde wichtig war, dann ist das mit der Patientenverfügung kompliziert!

Ich habe vielleicht 20 Jahre vorher gesagt: ›Das macht ihr mit mir nicht‹, und plötzlich bin ich da drin und sage mir: ›Hoffentlich kriegt der Doktor das noch hin, dass ich das Wochenende noch schaffe.‹«

»In einem Hospiz wird alles für dich getan, dass du schmerzfrei, mit freiem Atem sterben kannst. Es werden keine lebensverlängernden Maßnahmen mehr durchgeführt. Der Arzt im Hospiz garantiert dir, in Würde sterben zu dürfen. Da gibt es keine Sterbehilfe! Die Hilfe ist, dass du behütet, gut versorgt in deiner Zeit sterben kannst. In einem Krankenhaus wird versucht, das Leben zu erhalten. Die Krankenhäuser sind nicht gedacht zum Sterben. Die haben einen anderen Auftrag. Die brauchen die Patientenverfügung, damit sie sich nicht wegen unterlassener Hilfe schuldig machen.«

»Bei diesen politischen Beratungen ist es ein Grund dafür, dass sie sagen: ›**Die müssen die Patientenverfügungen doch korrigieren können.**‹ Wie geht denn das, wenn sie sich mal festgelegt haben? Wie kann man das noch wahrnehmen, wenn die plötzlich anderer Meinung sind? Muss man dann auch wieder einen Notar holen? Oder muss man dann feststellen, ob der überhaupt noch geschäftsfähig ist? Das weißt du ja alles gar nicht. Das ist ja alles an der Grenze. Ja, jenseits von Geschäftsfähigkeit. Da sind sie sich noch nicht einig. Aber sie sind sich einig, dass die einmal festgelegte Linie gegenüber den Ärzten verbindlich ist. Es geht also nicht mehr um die Art und Weise der Patientenverfügung, wie sie erarbeitet wird, sondern ob sie noch korrekturfähig bleibt.«

»Ja. Ich höre von der Angst, zu früh sein späteres Todesurteil abgegeben zu haben, und wenn es dann so weit ist, lässt es sich nicht mehr ändern. Aber man empfindet es in der Situation vielleicht ganz anders, als man sich das vorher vorgestellt hat, will vielleicht trotz der, ich nenne es mal salopp, Einschränkungen leben. Das wäre dann wie lebendig im Sarg eingeschlossen zu sein und mit der Hand nicht an das Glöckchen reichen zu können, um zu läuten. In diesem Fall: ›Hallo, ich will noch leben!‹«

»Das ist ein spannendes Thema. Das kenne ich aus Testamenten. Guck mal, es gibt doch Leute, die schreiben ein Testament nach dem anderen. Und am Schluss schreiben sie, dass die letzte Pflegerin alles kriegt. Das gibt es. Und dann kommen die Kinder und sagen: ›Hey, hey, was war denn da? Wir sind 75 Jahre mit unseren Eltern zusammen gewesen und die nur ein paar Monate. Ganz böse Sachen! Dann fechten die das letzte Testament an, dann muss das Nachlassgericht entscheiden, stimmt das oder stimmt das nicht. Total schmerzliche Sachen. Daran erinnert mich die Sache mit der Patientenverfügung …«

»… Da ist auch die Frage: Was wird mir angeboten, in welchem Umfeld kann ich sterben? Also zum Beispiel in der Situation mit meiner Mutter würde es leichter gehen, wenn ich wüsste, wenn wir an eine Grenze kommen, wo ich mich eben auch plötzlich mehr als Pflegerin aufbrauche und nicht mehr die begleitende Tochter sein kann. **Im wirklichen Sterbeprozess … würde es mir leichter fallen, wenn ich wüsste, sie hätte ein Anrecht, in ein Hospiz zu gehen.** Dann wird da die grundsätzliche Pflege mit einem guten Personal übernommen, und ich kann für den seelischen und töchterlich-mütterlichen Anteil für sie da sein. Ich müsste mich nicht aufbrauchen: Wie ich die Windel anlege, wie ich es hinkriege, dass sie sich nicht wund liegt und und und ... **Dass dieser Stress in der wirklichen Endphase von mir genommen wird.** Realität ist: Ich werde keine Kostenübernahme für einen Hospizplatz für sie kriegen. Sie hat keinen Krebs, sie hat kein ALS. Sie ist einfach nur eine alte Frau, die stirbt.«

»Also die Hospize, die ich hier in Bremen kenne, die sind ganz anders«, wendet Henning ein.

»Du kannst natürlich dort hingehen, wenn du den vollen Preis privat zahlst. Dann kannst du aufgenommen werden, wenn ein Platz frei ist. Vorrang haben aber junge Patienten.«

»Ich kenne hier drei Hospize, und die machen das ganz anders. Aber du hast recht, **ich habe nie nachgefragt, wie die sich finanzieren.**«

Wir sind gegenüber dem Bahnhof angekommen. Henning fährt in eine Parklücke: »Ich kann rüberlaufen, kein Problem, dann bleibst du in deiner Fahrtrichtung«

Unsere Zeit ist vergangen wie im Flug. Henning muss zu seiner nächsten Verpflichtung. Ich gebe ihm noch rasch einen kleinen lilafarbenen Umschlag. Darin unsere Gratulation zu seinem 70. Geburtstag. Ich hatte sie nicht abgeschickt, zum einen haben wir sie an seinem Geburtstag zu Hause ihm zu Ehren geschrieben. Zum anderen wollte ich sie nicht in den Massen an Gratulationsgrüßen untergehen lassen. Vielleicht habe ich mich auch ein bisschen geschämt: eine Grußkarte aus dem Archiv meines Vaters. Eine der zahlreichen Dankesendungen für seine Spenden an Amnesty International, SOS-Kinderdörfer, Sielmann-Stiftung, Tierschutz, Weißer Ring, Ärzte für die Dritte Welt, Rettet die Wale ... Meine Mutter hatte extra mit der Logopädin schreiben geübt. Gemeinsam haben wir die Karte ausgesucht und geschrieben. Es steckt viel Liebe drin. Die Verabschiedung ist kurz. Schwups ist Henning weg. Sein Auto fädelt sich in den Verkehr ein.

Rückreise nach Berlin

Ich fahre wieder über Hamburg. Gerade als ich in Hamburg in die S-Bahn zum Hafen einsteigen will – ich hatte schon seit Wochen von einem Spaziergang an den Landungsbrücken geträumt –, ruft mich die Hilfskraft an, sie kann nicht mehr, sie hält es nicht aus. Meine Mutter würde sie anschreien, sie verstehe nicht, was sie will, sie verweigere sich, sie probe den Aufstand. Ob das stimmt? »Ihre Mutter trinkt nicht, es fließt ihr aus dem Mund oder sie spuckt es wieder zurück ins Glas.« – »Das ist keine Absicht, sie hat es einfach vergessen, dass sie schlucken muss beim Trinken.« So hat mir das der Hausarzt erklärt. »Sie müssen es ihr ansagen, bitte.« Ich drehe um, haste zurück zum Bahnhof, in ungefähr drei Stunden kann ich zu Hause sein, sie willigt ein, auf mich zu warten.

Der Zug ist überfüllt. Berufspendler. Ich reserviere einen Platz neben einem Vertretertyp und gehe auf eine Toilette und brülle ins Handy, damit meine Mutter mich hört. Danach trinkt sie, kann es selber. Doch dann schreit sie wieder los, etwas regt sie fürchterlich auf. Ich verstehe kein Wort. Ferndiagnose. Ich frage die Hilfe: »Kissen im Rücken? Brille sauber zur Hand? Stoff- und Papierserviette griffbereit? Fernseher stumm an? Zeitung auf Beistelltisch? Vorhang: Übergardine? Store ordentlich?« – »Nein, da ist eine Lücke zwischen Übergardine und Gardine«, antwortet die Hilfskraft. Sie zieht das ordentlich, und meine Mutter sagt übergangslos freundlich: »Danke.«

Zurück im Großraumabteil: Konzert der Tasten der Laptop-tastaturen und Kakophonie der Mp3-Player. Eine Fahrt durchs schwarze Nichts. Ich fliehe ins Schwerbehinderten-Abteil, aber da möchte eine alte Dame mit mir sprechen, im Mutter-Kind-Abteil brüllen drei Kinder um die Wette, das Restaurant ist überfüllt. Ich schleiche zum Nadelstreifen zurück.

Wie ist das jetzt mit mir? Henning sagt, der **Dauerstress hat Folgen für mich. Vier Jahre Vollpflege von zwei Personen, 24 Stunden und ständig in Bereitschaft.** Da hat er recht. Das muss ich mir eingestehen. Ich bin ohne Wenn und Aber meinem Gewissen gefolgt, das ist gut, das macht mich froh. **»Diese Erfahrung ist dein Kapital«, da hat Henning recht. Was jetzt? Die gesamte Verwaltung unserer Lebensgemein-schaft, die Bürokratie ist liegen geblieben.** Vor ein paar Monaten habe ich einen neuen Personalausweis für meine Mutter beantragt. Nun hat uns ein Schreiben beglückt, dass, wenn der schon bezahlte Personalausweis nicht sofort abge-holt wird, meiner Mutter ein Verfahren zur Durchsetzung der Ausweispflicht drohe, da man zum Besitz eines gültigen Personaldokuments verpflichtet ist. Sieht der Beamte oder die Beamtin nicht das Geburtsdatum und die Unterschrift-befreiung? Das Gleiche gilt für »Knöllchen« trotz Behinder-tenausweis. Wer hat eigentlich diese Formbriefe formuliert? Im Befehlston, immer das Schlechteste voraussetzend? Eine Blamage, wie man als Bürger behandelt wird. So ein Obrig-keitsgehabe, kommt das noch aus der Wilhelminischen Zeit? Gleicher Inhalt, freundliche Sprache würde, denke ich, beiden Seiten helfen.

Meine eigene Wohnung ist nach wie vor ein Desaster. Mein physischer Zustand nicht in Ordnung. Diverse Malaisen und Übergewicht. Wann kommen die Wechseljahre? Berufsaus-sichten? Mein Leben? Meine Liebe? Meine Zukunft? Alles offen. Freunde? Kontakte? Gespräche? Lernen? Ziele? Ja, Ziele habe ich. Sehnsüchte auch. Die neue Dimension in meinem Leben: mein Alter, mein Weg ins Alter kommt hinzu. Nach dem 50. Lebensjahr wird die Zeit kostbarer. **Wie lange werde ich noch in meinem »Kinderzimmer« leben?** Mit 60 Jahren wieder in die Welt, das ist zu spät. Ich muss mir das Geld für meine Freiheit neu verdienen. Mit 55 Jahren? Finde ich auch spät. Wie kann ich das **»Hinausleben« meiner Mutter und »Hineinleben« in mein eigenes Leben** miteinander vereinbaren? Ich spüre, dass ich jetzt für mich einen Haltegriff im Leben schaffen muss, um eine Zukunft für uns und eine für mich danach vorzubereiten. Wenn meine Mutter stirbt, brauche ich etwas, das mich im Leben hält.

Wieder zu Hause

In Berlin vor dem Wohnhaus meiner Eltern. Ich steige aus dem Taxi, die gesamte Fensterfront zur Straße ist hell erleuchtet: Schlafzimmer meines Vaters, Bad, Küche. Als ich oben aufschließe, höre ich Lachen aus dem Wohnzimmer: Beide sitzen Händchen haltend vor dem Fernseher und sehen eine Komödie. Wann habe ich die nächste Chance, den Hamburger Hafen zu besuchen? Ich werde begrüßt, eher nebenbei, soll mich dazusetzen. Ich ziehe mich in das Kinderzimmer zurück, lege mich aufs Bett.

Das hat mir gutgetan in Bremen, ich bin wirklich wie eine ausgedörrte Pflanze gierig nach Nahrung: nach Austausch, neuen Inhalten, Menschen, neuen Orten, Entdeckungen. Wind um die Nase. Dieses selbstverständliche Angenommensein von Henning tat gut. **Henning im Glück,** seine Welt ist in Ordnung. Er verschenkt seine Fähigkeiten, seine Kompetenz, sein Wissen. Stellt sich und seine Popularität für das Thema ›generationenübergreifendes Miteinander‹ zur Verfügung. Seine Einnahmen spendet er an den Verein seiner Frau. Er und Luise sind mit ihrer Wahlverwandtschaft: der **Wohngemeinschaft, mit Freunden,** mit ihrer Familie verbunden. Luise und er sind ein erfolgreiches Paar. Wenn Romeo und Julia hätten zusammenleben dürfen, hießen sie: **Henning und Luise**.

Seine Worte aus unserem ersten Gespräch schießen mir in den Kopf: »Was ist eigentlich mit dir, was ist eigentlich mit deinen ganzen Plänen? Was ist daraus geworden? Sind die vergessen, verdrängt, stehst du zu deinen Fehlern? Kannst du darüber reden? Kannst du Auskunft darüber geben, warum das falsch gelaufen ist? Was hättest du anders gemacht? Wo hast du die richtige Fehlereinschätzung gehabt? Ich kann dir sagen, das gelingt eigentlich erst, wenn man sich Zeit dafür nimmt.« Das war damals rhetorisch gemeint. Mmmh, auch hier hat Henning recht, da muss ich jetzt mal ran.

Die Hilfe verabschiedet sich, ich bringe meine Mutter zu Bett. Erzähle ihr von Bremen. So richtig interessiert sie das heute nicht. Irgendwie schmollt sie. »Immer Henning«, murmelt sie. »Ich bin da!«, sagt sie laut mit flammendem Blick. Das ist ihr wichtig.

In der Nacht

Es treibt mich aus dem Bett: So, es muss sein, es ist längst überfällig. In einigen Talkshows musste ich eingestehen, dass ich SIE für mich noch nicht eingerichtet habe. Ich nehme aus einem Aktenordner zwei leere Formulare einer Patientenverfügung: ein christliches und ein aus dem Internet ausgedrucktes. Mit Unterlage und Stift setze ich mich in unseren kleinen Salon, in die Diele. Meine Mutter winkt mir zu. Ich lese: Die Personalien, okay ... So, was will ich? Wann? Und was will ich nicht? Oh Gott, wie soll ich das jetzt entscheiden? Ich weiß doch nicht, was mit mir sein wird. Wenn ich zum Beispiel einen Schlaganfall habe, Krebs im Endstadium, einen Herzinfarkt oder gelähmt bin, blind, taub, nicht sprechen kann, im Koma liege, bin ich doch noch immer die Ilse? Vielleicht wird mir das Leben dann anders kostbar? Vielleicht brauche ich dieses Erleben zur Abrundung meines Lebens? Vielleicht kann ich nur so Fehlendes lernen? Vielleicht ist das wichtig auf meinem Weg zu meinem Tod? Kann ich jetzt wissen, wie ich denken werde, wenn ich 80 Jahre alt bin? In über 10 600 Tagen? In 29 Jahren?

Vielleicht bin ich dann ja auch nicht allein? Sondern bin vielleicht anderen Menschen wichtig? Und die mir? Dann ist doch alles ganz anders, wenn ich eine Zugehörigkeit habe, eine Partnerschaft, eine Gemeinschaft, einen Lebenssinn?

Ich stelle mir die Frage anders: Wenn ich jetzt einen Unfall hätte, jetzt in ein Endstadium fallen würde, was dann? Ich würde ... **Ich wünsche mir – wie Henning – einen Kreis von Menschen um mich herum, die mir beistehen. Denen ich es wert bin, dass sie bei mir sind. Vor denen ich mich nicht schäme.** Die sich das auch zeitlich und finanziell leisten können. Natürlich würde ich gerne dafür aufkommen. Gut, das notiere ich mir auf einer extra Liste: Geld für Reisekosten, Aufenthalt, für Arbeitsausfall. Das Gefühl der Geborgenheit. Es gibt Menschen, die mich besuchen würden, das hat sich auch bei meinem Fahrradunfall und meinem Fußbruch gezeigt. Aber wer würde mich über eine Strecke begleiten, wenn ich nicht alleine kann? Das habe ich auch bei meiner Fuß-OP nach dem Fahrradunfall bemerkt – nach zwei Besuchen war Schluss. Keiner fragte mich, wie es weitergehen würde. Laufen konnte ich nicht. Wie sollte ich mich und meine Eltern versorgen? Das ist ein weiterer Punkt für meine Liste, das muss ich besprechen, verabreden: sich gegenseitig in der Not begleiten. Ich bin alleinstehend, nach meiner Mutter gibt es keine nahen Verwandten mehr. Habe ich Freunde, die das mitmachen? Noch nicht.

Ich fühle mich nicht wohl. Am liebsten würde ich jetzt in die Badewanne gehen. Noch lieber zum Flughafen fahren. Meine Mutter schnarcht. Konzentration! **Ich propagiere einen Notfallumschlag: in meinem HILFE-Buch, in der Presse.** Für beide Eltern habe ich einen gemacht, mit den Angaben zur Person, zur Krankenkasse, den Adressen der behandelnden Ärzte, mit den täglichen Medikamenten, mit Waschzettel und Dosierung, mit Grundsätzlichem, Allergien, Vorerkrankungen … Wer soll benachrichtigt werden?

Ich koche mir Ingwertee. Kneifen is nich, das verbiete ich mir jetzt. Als Erstes erstelle ich meinen Notfallumschlag. Trage alle Fakten in das von mir erstellte Formular ein, das allein ist schon ein Witz. Die letzte Frage: ›Wer soll benachrichtigt werden?‹, will ich nicht offen lassen. Ich setzte die Namen von Freunden ein, von meinem Anwalt, meiner Agentin, meinen Homöopathen. Meine Wunschliste ist noch prophylaktisch. Ich kreuze an, dass diese Personen meine Patientenverfügung und Entscheidungsvollmacht haben. Gut gebrüllt, Löwe.

So, nun kann ich nicht anders: In mir kriecht aus jeder Ecke ein innerer Schweinehund, ein ganzes Rudel tobt in mir und wünscht sich: Hunger! Sofort essen. Luft! Sofort ein Spaziergang. Ruhe! Sofort ins Bett. Pflicht! Mutter was zu trinken geben. Freude! Raus ins Kino? Kneipe? Tanzen? Wissen! Was weiß ich über die Krankheiten? Das Sterben? Den Tod? Ich mache mir eine Frageliste. Was muss ich wissen, bevor ich die Patientenverfügung ausfüllen kann? Ich hole Bücher aus dem Regal, vom Schreibtisch, aus der Recherche-Kiste … Lese viele Stunden lang. Gehe ins Internet. Um fünf Uhr morgens gehe ich ins Bett. Die Patientenverfügung liegt unter der Tastatur unausgefüllt. Mein Oberschweinehund hat sich durchgesetzt. Mich verführt. Reingefallen.

Am Tag habe ich keine Chance. Der Tag ist mit Pflegen und Schreiben getaktet. Am nächsten Abend habe ich ausnahmsweise eine Verabredung. So geht das nicht, das spüre ich genau, wenn ich mich jetzt nicht festlege, wird das nichts. Ich studiere den gemeinsamen Terminkalender von meiner Mutter und mir und lege drei Abende als Termin für »Patientenverfügung ausfüllen« fest. Mein erfolgreicher Schweinehund fordert vorab weitere Recherche-, Lese- und Gesprächstermine. Zusammen lachen wir. Dieser Verführer! Aus dieser Quelle sprudeln Gedanken, Fragen: die Weltliteratur, die Philosophen, die Religionen müsste, möchte ich durchforschen. Ich weiß doch nichts! Wer kann helfen? Ich möchte so gerne lernen. Wer hilft? **Papst Johannes Paul II. ist in die Öffentlichkeit gegangen. Das hat mir imponiert, dass er sich nicht versteckt hat in seinem Leiden. Dass er uns seinen Weg zum Sterben als normal vorgelebt hat.** Gut, gleich hinter dem Balkon waren sicherlich das bestausgestattete Krankenzimmer der Welt und Menschen vom Fachprofessor bis zum liebenden Bruder. Begleitende Gebete millionenfach. Ein Gespräch mit Papst Benedikt XVI.? Dem Weltpapa? Dem Papa der Welt? Dem irdischen Stellvertreter Gottes? Ja, das wäre was. Ich träume davon, ihm zu schreiben. Ein Rat der Weisen zu diesem Thema: international, überdisziplinär. Das könnte auch einen tollen Dokumentarfilm ergeben, Titel: »Das Alter kommt auf meine Weise.«

Die Tage verrinnen. Immer die gleiche Routine. Dazwischen schreibe ich an diesem Buch. Meine Termine zum Ausfüllen der Patientenverfügung habe ich immer wieder gelesen. Über die Wahrnehmung meines Selbstbestimmungsrechts – dieses Wort gefällt mir – nachgedacht. Natürlich stimme ich zu: Wenn nichts mehr ohne die Apparatemedizin geht, dann möchte ich sterben. Eben, als ich den Punkt hinter diesen Satz gesetzt habe, frage ich mich, ob das stimmt? Übernehme ich da eine fremde Meinung? Oder sind das wirklich meine Gedanken? Ich lebe so gerne. Unmöglich kann ich alle Varianten an Unfall- und Krankheitsverläufen, die denkbar sind, vorausdenken.

Koma-Patienten sind mir unheimlich. Aber sollte da jeder abgekoppelt werden? Das kann ich so nicht sehen. In der Verfügung steht: »Ich möchte in Würde und Frieden sterben können und bitte die behandelnden Ärzte, mir dabei zu helfen.« Ja, ich möchte gerne in Frieden und Würde, am liebsten mittendrin und nicht abgeschoben, vielleicht auch in der Stille, aber begleitet sterben. Das Umfeld muss ich vorab verabreden, ermöglichen. Auch ein Punkt auf meiner To-do-Liste.

Der zweite Teil des Satzes: » … und bitte den Arzt dabei, mir zu helfen.« Es wird vermutlich ein fremder Arzt sein. Und wieso »bitten«, heißt das, er kann Ja, aber auch Nein zu meiner Verfügung sagen? Ich brauche also neben den Freunden Fürsprecher, die mich und mein Leben schon länger kennen.

Ein weiterer Punkt auf meiner Liste: Ich brauche einen

Hausarzt, der jünger ist als ich, damit er nicht vorher pensioniert wird. Tja, das wird wohl beim Wunschdenken bleiben, in unserer mobilen Welt. Der dritte Teil des Satzes: »mir dabei helfen«. Beim würdevollen Sterben? Der Arzt soll helfen, Schmerzen lindern, so steht es auch da: »Sowohl die Behandlung als auch die Pflege sollen in den letztgenannten Fällen auf die Linderung von Schmerzen, Angst und Unruhe gerichtet sein, wobei in Kauf zu nehmen ist, **dass durch die notwendige Schmerzbehandlung gegebenenfalls eine Lebensverkürzung eintritt.**« Zu dem Grundsätzlichen kann ich mich festlegen: Ja, ich möchte keine Schmerzen. Ja, ich möchte frei Luft kriegen können. Ja, ich möchte, dass mein Wille, zu essen oder zu trinken oder eben genau das zu verweigern, respektiert wird. Ja, ich möchte … ich wünsche mir sehr, dass ich wegen meiner Krankheit oder meinem Zustand nicht ausgegrenzt, diskriminiert werde. Aber bei »Angst und Unruhe« möchte ich mich nicht sofort mit Medikamenten behandelt wissen. **Vielleicht hilft mir Zuspruch, ein Dialog und Handhalten besser.** Ich habe sofort Angst und Unruhe und Sorge durch diese Formulierung. Wieso muss ich als alte Ilse ruhig sein? Still, satt, sauber? Nein! Ich möchte wieder kindlich sein dürfen, das gehört doch auch zum hochbetagten Alter manchmal dazu. Wieder ein Narr sein, ein kindlicher, göttlicher Narr. Frei von Konventionen, naiv, dadaistisch – warum nicht? Dafür darf es neue Kategorien geben. **Wie kann ich da vorausdenken, vorausplanen, wen kann ich beauftragen, ein beschützendes Auge auf mich zu werfen?**

Der Patientenverfügung oder dem Patiententestament ist auch eine Vorsorge-Vollmacht und eine Betreuungsverfügung beizulegen. Das ist wichtig. In der Vorsorge-Vollmacht wird der Arzt gegenüber meinem Vertrauten von der Schweigepflicht entbunden. Ihm oder ihr wird die Durchsetzung meiner Patientenverfügung übertragen, und die Person wird für mich meine Vermögensangelegenheiten regeln und sowohl die Unterbringung als auch die medizinische und pflegerische Versorgung finanziell gewährleisten.

Wem kann ich das zumuten? Wem kann ich das anvertrauen? Wer geht so eine tief greifende Verpflichtung ein? Wen kann ich damit belasten? Da ist das Wort »Last«. »Ich möchte dir nicht zur Last fallen«, oder: »Ich möchte niemandem zur Last fallen«, höre ich immer wieder alte Menschen sagen. Wie kann ich damit umgehen?

Das führt zu dem Vorsorge-Ordner, von dem ich auch überall erzähle und den ich noch nicht für mich angelegt habe. Mein Vater war darin vorbildlich. Es gab eine Kladde: STERBEBUCH, darin standen alle relevanten Fakten. Verträge, Zeitungsabonnements, Versicherungen. Geld: Einnahmen woher, wie viel, wann; Konten mit Kontonummer, Institut, Ansprechpartner und wo die Unterlagen, die Karte zu finden sind, Steuernummer, Finanzamt, eine Liste: wer zu benachrichtigen. Wünsche zum Begräbnis, wo das Testament zu finden ist.

Ich beschließe, das für mich in Angriff zu nehmen.

Henning besucht meine Mutter und mich

Ein Anruf aus dem Rathaus: In zwei Tagen kommt Henning zu uns. Ich gehe durch die Wohnung wie damals, ehe meine Eltern von der Reha zurückkamen. In ihrer Abwesenheit hatte ich mein Kinderzimmer, das von meiner Mutter als Schlafzimmer genutzt wurde, mit ihrer Erlaubnis entrümpelt, renoviert und neu eingerichtet. Seit ihrem Umzug ins Wohnzimmer aufs Pflegebett schlafe ich jetzt dort oder meine Ersatzhilfe. Ich hatte den Flur, die Küche, das Bad renoviert, neue Bodenbeläge, Lichtquellen, Elektrogeräte und Stauraum-Systeme hinzugefügt. Den Balkon üppigst bepflanzt. Auf Anraten von Experten hatte ich nicht vor knapp vier Jahren die Zimmer meines Vaters und auch nicht das Wohnzimmer verändert, nur grundgereinigt und mit mehr Licht ausgestattet. Die Teppiche rutschfest gemacht. Sie sollten ja nicht in eine fremde Wohnung kommen.

In meiner Kindheit wurde die Wohnung so alle fünf Jahre generalüberholt: Im Wohnzimmer Seidentapeten zur getönten Decke hin mit einer Schmuckleiste abgeschlossen. Maßangefertigte Übergardinen und Stores. Echte chinesische Teppiche und Brücken, zum Beispiel Seidenghoums. Kristalllüster, eine Chippendale-Einrichtung mit allem Pipapo … In der Glasvitrine Meißen und KPM, Murano-Glas. Nichts durfte hier rumliegen. Nichts. Alles geordnet. Das Arbeitszimmer meines Vaters war als klassisches Herrenzimmer eingerichtet. Niemals lag am Abend noch eine Akte oder ein Brief auf seinem Schreibtisch. Mein Vater entdeckte nach der Berufsaufgabe seine Dekorierfreude. Mit zunehmender Krankheit begann er, sein Leben um sich zu scharen: Fotos, geliebte Werke der Malerei, der Bildhauerei, auch Landschaften und Architekturdenkmäler als Kalenderdrucke, Reisebilder. Er spendete an 28 verschiedene Organisationen. Regelmäßig in kleinen Beträgen. Auf diese Weise bekam er fast täglich Post. Er wusste, dass das Massenschreiben waren. Er übersah es und freute sich. Ganz besonders über die Dankesgeschenke. Sie wurden auch drapiert in seinem Dekorationsdrang. Alles, was in den Schränken war, fand in seinem Universum nicht mehr statt: Aus den Augen aus dem Sinn. Seit seinem Tod habe ich nur seine Unterwäsche weggegeben, alles andere konnte ich einfach noch nicht verändern.

Soll ich jetzt zu Hennings Besuch mehr ordnen, aufräumen, Frühjahrsputz im Dezember machen? Die große Weggebe- und Wegschmeiß-Aktion beginnen? Nun, grundgereinigt wurde vor fünf Wochen, ansonsten täglich sauber gemacht, reihum. Sauber ist es, aber eben nicht renoviert in drei Zimmern. Die Patina der Zeit. Und auch für meine Mutter gilt: Was sie nicht sieht, existiert nicht. Nein, es bleibt, wie es ist, beschließe ich. Und muss lachen: Es kommt ja nicht Papa Henning, sondern Henning. Mein Arbeitstisch im Herrenzimmer meines Vaters sieht allerdings verheerend aus. Ich stehe zu meinem Versagen. Und schäme mich.

Trotzdem muss natürlich etwas vorbereitet werden: Die Physiotherapie muss abgesagt werden. Unsere Haushaltshilfe Selma bitte ich zu kommen, denn ich lasse meine Mutter höchstens eine halbe Stunde alleine und nur, wenn sie auf dem Tagesbett ruht. Ich will vorkochen, damit wir Hennings Zeit gut nutzen können. Ich möchte ja auch ein weiteres Gespräch mit ihm führen.

Selma ist auch begeistert, dass Henning kommt, sie schlägt vor, dass sie das übernimmt und fertigen Couscous mitbringen wird. Gut, das freut mich. Wir besprechen den Tagesplan:

Von fünf bis sieben Uhr werde ich schreiben, um sieben stürme ich ins Bad. Um halb acht kommt Selma, hilft meiner Mutter beim Aufstehen, gemeinsame Morgentoilette, um halb neun Frühstück für Mutter, Selma macht das Bett, die Küche, das Bad. Ich fahre los zum Bahnhof, um Henning abzuholen, der Punkt neun Uhr drei ankommen wird. Meine Mutter verzichtet auf ihren Morgenschlaf um halb zehn, da Henning und ich um dreiviertel zehn ankommen werden. **Von zehn** bis zwölf Uhr möchte meine Mutter mit Henning sprechen. Das liegt ihr sehr am Herzen. »Auch alleine!«, sagt sie. Sie möchte, dass ich ihr das ganz eindeutig erkennbar in ihren Tischkalender eintrage. Von zehn bis zwölf Uhr Henning Scherf! Das Mittagessen plane ich für zwölf Uhr. Henning hat einen Termin im Bundestag um zwei Uhr, das heißt, ich werde ihn Viertel nach eins zum Bundestag fahren. Vorher meine Mutter zur Toilette begleiten und hinlegen. In dieser Zeit hält meine Mutter ihren Mittagsschlaf. Hennings Termin um zwei dauert circa eine Stunde, danach setzen wir uns bis halb fünf für ein weiteres Gespräch für das Buch zusammen. Ich habe über eine befreundete Bundestagsangehörige im Paul-Löbe-Haus ein Zimmer reservieren lassen. Aufnahmegerät mit Verlängerungsschnur, alles bereit. Selma kommt um drei zu meiner Mutter, bis sechs Uhr: Toilettengang, Kaffee trinken und Memory spielen, ein weiterer Toilettengang. Henning wird von seinem Chorverband um halb fünf abgeholt. Mutter hat von sechs bis sieben Logopädie, Selma kommt um halb acht zurück. Toilettengang, gemeinsames Abendbrot, Fernsehen, um circa neun Uhr bringt sie meine Mutter nach der Abendtoilette zu Bett. Um acht hat Henning in Potsdam eine Lesung. Luise wird auch dort sein. So der Plan.

Meine Mutter möchte vorab ausprobieren, was sie morgen anziehen wird. Am liebsten würde sie eines ihrer schicken Kostüme mit Bluse und Pumps anziehen. »Geht nicht mehr«, sagt sie traurig. Auch nicht der Hosenanzug. Sie ist kleiner geworden. Sie entschließt sich für eine weiche, warme dunkelblaue Hose, einen hellblauen Pullover, eine weiche Strickjacke in gedeckten Blautönen, ein fröhliches Halstuch mit Brosche. Die Maniküre muss überprüft werden, ihre Haare brauchen eine Wasserwelle. Damit ist ein halber Tag verbracht.

Hennings Ankunft

Berlin Südkreuz, Gleis 3, 9.03 Uhr. Graues nasses Wetter, weiß-grauer Bahnhof, die Rolltreppe entlässt einen grauanthrazit gekleideten Henning. Er schaut sich um. »In welcher Richtung soll die Halle sein?«, sind seine Gedanken, das kann ich deutlich erkennen. Dann entdeckt er mich und lächelt. »Da bin ich!« Er streckt mir seine Hand hin. Nö, ich möchte eine Umarmung und breite meine Arme aus. Er stellt seinen Aktenkoffer hin. Wieder gehe ich auf die Zehenspitzen, recke mich, so groß ich kann, und Henning macht einen Rundrücken. Mein Gesicht kracht gegen seine Schulter, sein Gesicht in meinem Haar für einen züchtigen Bruchteil einer Sekunde. Wir falten uns wieder auseinander. »Wo ist denn die Halle, in der du mich eigentlich erwarten wolltest?« – »Hier entlang: Richtung Gleis 1 und dann die Rolltreppe runter und dann links der Ausgang zum Marlene-Dietrich-Platz. Es gibt an beiden Enden des Bahnhofes eine Halle.« Wir erreichen die Rolltreppe nach unten. »Steht hier aber nirgends dran.« – »Ich hab einen Parkplatz gefunden, deshalb bin ich dir lieber entgegengekommen.« Henning steht eine Stufe tiefer als ich auf der Rolltreppe und ist immer noch größer als ich. Er bemerkt es und geht eine weitere Stufe herunter, bis ich größer bin als er: »Jetzt kannste mal auf mich draufgucken.« Ich lache. »Ja, jetzt könnte ich dir mal auf die Schulter spucken.« Mein Inneres zeigt mir einen Vogel.

Wir passieren einen Müllabgabe-Standort, hier sehe ich oft die schönsten Möbel in der Müllpresse verschwinden. Der Verkaufscontainer wurde abgeschafft. Gehen unter einer Brücke in die nächste Seitenstraße. Henning schaut sich um: »Altes Westberlin, hier bin ich früher nur schnell durchgeradelt, hab als Student in Zehlendorf gewohnt, hat mir Harald Poelchau, der Mitbegründer der Aktion Sühnezeichen, besorgt, war eine Bude, und er war in meiner Nachbarschaft. **Luise hat da auch in Berlin gewohnt und hat Musik studiert.** Sie wohnte in der Otto-Suhr-Allee, da wollte ich schnell hin, daher kenn ich diese Gegend gar nicht. War das schon immer eine Bahntrasse?« – »Ja.« – »Da haben sie die alten Reichsstrassen genutzt, intelligent …«

Wir überqueren die Straße. »Weltweit sind an innerstädtischen Bahnstrecken Autowerkstätten, sieht genauso aus wie in Afrika oder Lateinamerika. **Sieht aus wie ein Dritte-Welt-Land.**« Da kann ich ihm nur recht geben. Die Gegend schmeichelt dem Auge nicht. »Hier ist Berlin nicht sexy.« Ich schäme mich, hätte ich ihn doch am Hauptbahnhof abholen sollen? Hätte mich aber 40 Minuten mehr Zeit gekostet. Henning faltet sich in mein kleines Auto: »Ich passe in jedes Auto, brauche nur eine Weile …«

Henning möchte meiner Mutter ein paar schöne Blumen mitbringen. In meinem Kopf scanne ich die verschiedenen Wege nach Hause zu ihr nach einem guten Blumengeschäft. Ein Kleinbus steht ziemlich weit vorn rechts in die Fahrbahn. Ich motze gerne im Auto, das ist fast schon ein Hobby von mir, sage also: »Manno, was soll denn das! Weiter rein geht's nicht!« Und fahre selbstsicher mit einem kleinen Schlenker um den Bus herum. »Du, der hatte aber Vorfahrt!« – »Wirklich? Oh Gott, das mach ich nicht noch einmal.« Wir lachen beide. Das passiert mir sonst nicht. Ich fahre langweilig defensiv. »Ich weiß jetzt, welchen Blumenladen wir ansteuern.«

Wenig später fahre ich bewusst schnittig durch den Verkehr über die Gegenfahrbahn in einen Längsparkplatz. Die Situation ist klar und kalkuliert, dennoch gebe ich Gas, das Manöver ist eben schnittig. Vom Beifahrersitz wirkt es gefährlich. Henning atmet laut aus: »Luise und ich hatten vor Kurzem einen Autounfall, sie war schwer verletzt.« Oh Gott, wie blöd von mir. Das war eine ganz untypische Reaktion von mir. Lehne ich bei allen anderen sofort ab. Mache ich sonst nie! Welcher kleine Testosteron-Teufel wirkt da in mir? »Wir sind da.«

Der Blumenladen ist wie eine Märchenstube. Schon draußen sitzt auf einem Baumstumpf ein Engel, stehen Gestecke und geschmückte Tannenbäume und Sträuße als Spalier bis zur Eingangstür. Innen nur ganz schmale Pfade zwischen Topfpflanzen, Kübeln mit Schnittblumen, Gestecken, fertigen Sträußen in jeder Größe. Alles ist weihnachtlich geschmückt mit Engelshaar, Lichterketten, bunten Christkugeln, einfach das ganze schöne Sortiment an Dekoration und Blumen, ein Ort der Fülle.

Die Blumenverkäuferin bedient eine Dame, zwei warten bereits, als wir eintreten. Henning bestaunt alles, ist sofort im Gespräch mit allen Damen, bewegt sich wie ein Elf durch den ›Dschungel‹. »Mag deine Mutter lieber Schnittblumen? Oder ’nen Topf? Was habt ihr schon?« Ein Ballett mit Blumen, Henning und Damen. »Amaryllen? Hier so ein Strauß?« – »Sie mag Blumen mit Füßen.« Henning findet einen großen Terracotta-Topf mit einer riesigen Grünpflanze: »Der ist schön!« Ich schlängele mich vorsichtig hin. »Ja, aber doch für draußen.« »Auch ein bisschen groß.« Ich schlage einen Weihnachtsstern vor. »Hat sie noch nicht?« Pur finden wir zu schlicht. Inzwischen wurden wir alle im Laden vor und zurück »getrieben«, damit die anderen Käufer mit ihren Errungenschaften den Laden verlassen können. Henning und die Blumenverkäuferin, die auch die Ladenbesitzerin ist, sind im Gespräch über die Ökonomie. Lohnt sich das? Kann sie ihre Familie ernähren?

Ja, kann sie. In mir tickt die Uhr, wir haben doch so wenig Zeit zusammen, denke ich. ›Besonders die fertigen Sträuße gehen gut‹, höre ich. Wir entscheiden uns für einen Weihnachtsstern in einer glänzenden Weihnachtstüte mit Engelshaar und silbernen Kugeln und Weihnachtsmann.

Henning möchte noch wissen, ob sie bei all der Arbeit noch Zeit für ihr eigenes Weihnachten haben wird. Die Frau lacht: »Na ja, bis fünf ist der Laden auf.« Danach macht sie die Sträuße für den nächsten Tag, aber zur Mitternachtsmesse will sie es spätestens schaffen. Wir trennen uns beiderseits mit den besten Wünschen.

Im Vorbeifahren zeige ich Henning den Steglitzer Stadtpark, in dem ich laufen gelernt habe, die Markuskirche, in der ich getauft und eingesegnet wurde. Wir steigen die 76 Treppenstufen zur Wohnung meiner Eltern hoch. Der Hausflur ist in den letzten Jahren etwas heruntergekommen. Linoleum auf Holz, lackierte Wände, Krempel vor fast jeder Tür. Ich klingle und schließe auf.
Meine Mutter hat auf ihre Liegepause verzichtet. Sie sitzt in Vorfreude in ihrem Sessel im Wohnzimmer. Selma hat auch gewartet auf den hohen Besuch. Sie kommt uns in der Diele entgegen. Ich stelle beide vor.

»Heißen Sie wirklich Selma?«, fragt Henning.

»Ja, ich heiße Selma.«

»Das ist doch kein tunesischer Name.«

»Ja, alle sagen …«

»Selma ist ein deutscher Name. Und ein skandinavischer Name. Selma Lagerlöf, eine große Schriftstellerin.« Henning zieht seinen Mantel aus, gibt mir den Schal.

»Ja, ich höre, ist ein deutscher Name.«

»In Deutschland gibt es Selma … Ich hatte eine Mitschülerin, die hieß Selma. Und Selma Lagerlöf ist eine richtig berühmte Schriftstellerin.«

Ich bitte Henning ins Wohnzimmer. Henning folgt mir und bleibt erst einmal in der Kristalllampe im Flur hängen. »Prima!« Wir lachen alle. Die hell erleuchtete, runde, mit drei Reihen geschliffenen Kristallen behängte Lampe sitzt wie eine Krone auf Hennings Kopf. »Huuhu, huhuuu!«, ruft meine Mutter laut aus dem Wohnzimmer, sie kann ja nicht sehen, was uns so amüsiert.

Ich gehe vor, berichte ihr und stelle ihr dann Henning vor, der ihr einen neuen Kristallhut vorstellt: Er stellt sich unter den großen Kronleuchter im Wohnzimmer, hier hat er noch eine große Kristallrosette am Ohr und einen rund geschliffenen Bommel vor der Stirn. Meine Mutter ahnt, was gemeint ist, sehen kann sie es nicht wirklich, da sie mit dem Gesicht zum Fenster sitzt und rechts eine durch den grauen Star bedingte Seheinschränkung hat. »Bei uns wirst du zu einem gekrönten Haupt. **Mami, das ist Henning Scherf. Das ist meine Mutter: Anneliese Pfeiffer.« Meine Mutter reicht ihm freudig und sehr damenhaft ihre Hand. »Ich grüße Sie, Frau Pfeiffer, das ist eine Freude für mich.«**

Ich bitte Selma auf den Sessel meines Vaters, Henning neben meine Mutter und in ihr Gesichtsfeld. Ich bleibe in der zweiten Reihe. Über den dargebotenen Weihnachtsstern freut sich meine Mutter.

»Ja? Haben wir beide Ihnen gekauft. Wir wollten was Fröhliches zu Weihnachten. Und vielleicht hält es ja auch ein bisschen«, sagt Henning schon im Sitzen. Gemeinsam entdecken sie die Schmuckteile: einen Weihnachtsmann, die Christkugel … **Beide so zu sehen löst Glücksgefühle in mir aus.**

Ich koche Tee und heißes Wasser für Henning. Höre aus der Küche, wie sich Henning nach Selmas Lebensumständen erkundigt. Sie berichtet von ihren familiären Freuden und Schwierigkeiten. Ich spüre bis in die Küche, wie meine Mutter sich zurückgesetzt fühlt. Sie hat auf ihren Morgenschlaf verzichtet, ihre Konzentration ist bald am Limit. Und wir verdanken ihr doch die Initiation zu unserer Arbeit. Wie selten hat sie echten Besuch und nicht vorgetäuschten in Form von Therapien? Ich verstehe Henning: Es ist leichter, mit jemandem zu sprechen, der sprechen kann, und ich verstehe, dass Henning Selma die Ehre geben will. Ich gehe rein:

»… Ich habe dir ja schon gesagt, ich habe Selma als Schwester adoptiert oder besser: wir uns!«

»Das muss es auch sein! Wenn das nicht geht, bei so viel Mühe«, antwortet Henning, er fragt Selma: »Wissen Sie, was eine Sonderschullehrerin ist?«

»Sonderschullehrerin?«, wiederholt Selma. Henning deutet auf meine Mutter:

»Sie war eine Sonderschullehrerin.«

»Ja, ich weiß!«

»Das ist eine Lehrerin, die mit Kindern zu tun hat, die Probleme haben. Die in der normalen Schule nicht mitkommen. Manchmal sind die im Kopf nicht ganz in Ordnung und manchmal sind die körperlich nicht ganz in Ordnung, und da muss man sehr viel Liebe und sehr viel Verständnis für Kinder haben, die nicht alles können. Und das hat sie gekonnt.«

»Sie ist eine ganz liebe Frau!« Selma lächelt meine Mutter an.

»Wunderschön!«, sagt meine Mutter mit einem Schelm im Auge.

»Sie ist ganz nett. Eine ganz liebe Dame.«

»Ja … Frau Pfeiffer«, holt Henning aus. »Wir wollen ein Buch zusammen machen übers Altwerden. Sie können am meisten darüber sagen. Das muss Ilse aber mit Ihnen klären. Weil Sie haben es schwer. Ich habe es noch richtig gut. Ich bin jetzt gerade 70 geworden. Und ich sage immer, ich bin jetzt in der besten Zeit meines ganzen Lebens angekommen. So gut, wie ich es jetzt habe, hatte ich es noch nie. Ich habe keine beruflichen Lasten mehr, keine Politik mehr, keine Regierung, kein Parlament, keine Parteiintrigen, **ich habe nur noch Zeit für Menschen. Und das macht mich …«**

»Das ist wunderschön!«, sagt meine Mutter deutlich, klar, mit ihrer tiefen Stimme.

»… das macht mir viel Freude. Und ich entdecke auch Neues. Also meine neueste Attraktion ist: Ich singe in einem ganz großen Chor. Wenn ihr Heiligabend nichts vorhabt, ihr beiden, ab acht Uhr gibt es im Deutschlandradio die sechs Kantaten von Bach zum Weihnachtsoratorium mit einem sehr guten Orchester und dem Rats-Chor. Und da singe ich mit, ich im Bass. Und bin glücklich. Und bin begeistert!«

»Das kann ich mir vorstellen.« Das klingt ein bisschen traurig, denn wir werden Weihnachten leider nichts vorhaben, außer gemeinsam zu sein. Als Kind war meine Mutter auch im Chor und hatte auch eine Radioaufzeichnung, darauf ist sie heute noch stolz. Ich gehe raus, den Tee fertig machen.

»Also ich entdecke Sachen, die ich gar nicht mehr für möglich gehalten habe. Und dann habe ich angefangen, Orgel zu spielen, das macht mir eine Riesenfreude. Dann habe ich angefangen zu malen.« Henning ruft zu mir in die Küche: »Hast du ihr mein neuestes Buch mitgebracht, Ilse? Mit den Bildern?«

»Ja«, antwortet meine Mutter und meint sein altes Buch mit seinem Bild auf dem Einband.

»Hast du ihr das gezeigt? Mein neuestes Buch. Oder habe ich euch, habe ich dir das noch nicht gegeben?«

Ich komme wieder dazu: »Nee, das hast du uns noch nicht gegeben. Das habe ich nur bei dir gelesen.«

»Das kriegt ihr jetzt geschenkt.«

»Geschenkt. Da haben wir ja noch mal Glück.«

»Ich freue mich. Herr Bürgermeister ist hier«, sagt Selma in die Pause.

Henning holt das Buch aus seinem Aktenkoffer: »Das ist mein neuestes Buch. Und das kriegen Sie jetzt geschenkt. Darf ich Ihnen mal einen Schreiber mopsen? Ich habe in diesem Jahr mit meiner Frau eine große Weltreise gemacht.«

»Das ist ja auch was Besonderes«, pflichtet meine Mutter ihm bei. Wie schön sie spricht! Und ich sehe ihre Sehnsucht nach Reisen aufblitzen, sie ist voll konzentriert, freut sich auf das, was jetzt kommt.

»Im Januar, im Februar und im März, und da sind wir erst in Nicaragua gewesen, dann in Chile, dann in Asien, und 14 Tage waren wir auch auf einem Schiff, und da habe ich immer gemalt.« – »Ich habe Mami deine Briefe vorgelesen«, sage ich. Er blättert im Buch. »Dies ist zum Beispiel auch ein Bild von mir. Und dazwischen gibt es immer Bilder. Das ist im Süden von Chile, in Patagonien. Da gibt es wunderbare Ecken. Da gibt es Schneeberge, große Fjorde und ganz wunderschöne Landschaften … Wie heißt denn deine Mutter mit Vornamen?«

»Anneliese«, antwortet meine Mutter. Ich gehe in die Küche.

»Anneliese und Ilse. In einem Wort: Anneliese?«

»Ja«, antwortet meine Mutter. Henning signiert das Buch. »So etwas habe ich früher auch nie gemacht. Ich hatte nie Zeit für so etwas. Drei Monate lang habe ich noch nie Urlaub gehabt. Ich hatte immer nur 14 Tage. Und nun habe ich

DREI Monate eine große Reise gemacht. Um den Globus. Also ich entdecke mein Leben als die spannendste Zeit, und wir wollen übereinander reden, unsere Unterschiedlichkeiten besprechen. Was sie für Mühe haben und was ich für Freude habe. Obwohl wir beide nicht mehr berufstätig sind.« Er reicht meiner Mutter das Büchlein.

»Schönen Dank.«

»Bitte, bitte.«

»Ich freue mich schon drauf.«

»Ist ein Reisetagebuch, also immer jeder Tag beschrieben, und ich erkläre immer, wo wir sind und bei welchen Leuten wir sind. Wir sind immer bei Freunden zu Hause gewesen. Gast bei ›fremden‹ Freunden. Und ich versuche zu erklären, was das für Länder sind und was für politische Nöte da sind und wie ich da überhaupt rangekommen bin.«

Ich serviere: »Tee und heißes Wasser.« – »Heiß?«, fragt meine Mutter. »Ja, der Tee ist frisch gekocht.« – »Schön.« Henning trinkt heißes Wasser.

Henning steht auf, bringt seinen Aktenkoffer in den Flur. »Guck mal, Mami«, ich drehe ihren Sessel: »Wenn Henning aufsteht, verschwinden seine Haare in der Lampe, dann sieht es aus, als wenn er eine Krone aufhat.«

Henning kommt zurück. »Ich bin zu lang.«

»Kann man nicht sagen. Findest du?«

»Für eure Wohnung bin ich zu lang. Ich pass auch nicht durch eure Tür.« Er demonstriert es beim Zurückkommen.

»Ja, stimmt.«

»Und eure Lampe, die ist ja noch niedriger.« Alle lachen. »Ich bin zu lang für die Pfeiffer'sche Wohnung.«

»Mit dir können wir hier hemmungslos Glühbirnen eindrehen. Das schaffen wir nämlich als kleine Menschen nur mit Leiter.«

»Ja, alles Mögliche, was hoch oben ist, kann ich machen.« Er setzt sich wieder zu meiner Mutter: »Haben Sie Glück, dass Sie die Ilse haben.«

»Ja, ja!« Meine Mutter nickt ernst.

»Dass Ilse sich so für ihre Mutter entschieden hat.«

»Wunderschön«, sie lächelt.

»Die kriegt irgendwann mal einen Heiligenschein.« Es entsteht eine kleine Trinkpause.

»Ja, aber gestern wollte ich Mami im Zoo bei den Pinguinen abgeben«, berichte ich.

Selma richtet sich auf: »Ilse macht viel. Der durchschnittliche Deutsche macht …«

»Ja, sie hat sich ja entschieden, das ist ja das Tolle an ihr. So habe ich sie kennengelernt. Wir waren doch zusammen im Fernsehen, wir beide. Und sollten über unsere Bücher reden. Und da habe ich natürlich ihr Buch gelesen. Kennen Sie das? Haben Sie das mal gelesen?«

»Ja, ich habe Ilse einmal im Fernsehen gesehen«, nickt Selma.

»Aber du hast das Buch nicht gelesen?«, frage ich sie.

»Nein, das Buch nicht.«

»Das ist einfach«, macht Henning Mut. »Das verstehen Sie.«

»Ist einfach.« Selma glaubt es nicht so ganz. Sie hat aber unsere Schrift für die französische Sprache in der Schule gelernt und kann sie gut lesen. Meiner Mutter ist das zu viel, sie will das nicht hören, möchte Neues erfahren. Das sehe ich ihr an.

»Iiiiiilllllllllllllllsssssssssseeeee! Geht das los. Ruft der Vater Pfeiffer. Du musst sofort herkommen. Ich weiß nicht weiter. Da hatten Sie gerade Ihren Schlaganfall bekommen.« Er wendet sich meiner Mutter zu: »Und Ihr Mann wusste nicht, wie er mit Ihnen umgehen sollte. Weil Sie nicht mehr reden konnten. Und Sie haben nur noch unverständlich geredet.

Und in ihrem Buch schreibt sie das auch alles, wie Sie so unverständliche Wörter machen, die man gar nicht verstehen kann. Sie verstanden immer, aber man verstand Sie nicht. So war das. Sie haben immer alles verstanden?«

»Aber jetzt kannst du schon viel besser reden. Sag auch mal ab und zu was.« Ich streichle meiner Mutter den Rücken, sehe ihre Erschöpfung, und sie mag das Thema auch nicht!

»Da hat sich ein neues Sprachzentrum in Ihrem Kopf gebildet. Wissen Sie das? Ist eine Wundergeschichte. Das alte ist nämlich weg. Das ist kaputt. Und wenn man sich Mühe gibt, und das geben Sie sich offenbar, dann kann man ein neues Sprachzentrum im Kopf entwickeln. Das habe ich früher nie für möglich gehalten. Ich dachte, wenn man einmal die Sprache verloren hat, dann ist es vorbei für den Rest. Und Sie können das offenbar. Durch Training, durch Üben, wunderbar …«

Wie kann ich das Ruder rumreißen? Henning wendet sich meiner Mutter direkt zu: »Und Sie haben richtig Abitur gemacht und sind dann zur Lehrerfortbildung, nein, Lehrerbildungsanstalt gegangen? Und haben Grund-, Haupt- und Realschulexamen gemacht?«

»Mhmh«, macht meine Mutter, zu einer ausführlichen Antwort fehlt ihr das Sprachvermögen.

»Und später ihre Sonderschulausbildung gemacht?«

»Ja.«

»Nein, das hast du nicht gemacht, Mami. Du hast die Schule besucht, und dann warst du im Krieg Krankenschwester auf einer Kindertyphusstation … Und sie hatte ihre erste große Liebe, das war ein Kapitän der Marine …, also U-Boot-Kapitän …«

»… aus Bremen …«

»… nicht aus Bremen, aus Berlin. Es war ein U-Boot-Kapitän. Helmut. Der hat dann bei einer Meuterei auf seinem Schiff mitgemacht, so wurde mir das erzählt …«

»… während des Krieges?«

»Während des Krieges, und ist dann hier in ein politisches Gefängnis gekommen … vollkommen degradiert in allem, und deshalb konnte Mami das Studium nicht aufnehmen. Also hat sie ihr Abitur gemacht, wollte das Studium beginnen, und da sie seine Verlobte war, wurde ihr das Studium entzogen. Tut mir leid, aber ich darf es doch erzählen, oder …?«

»Das macht ja nichts«, ist die lakonische Antwort meiner Mutter.

»Weil du so traurig guckst gerade. Und dann ist er in Norwegen in den letzten Kriegsereignissen als einfacher Matrose, also da, wo sie die U-Boote quasi zum Verheizen rausgeschickt haben, untergegangen. Und Mutter hat parallel dann eine Ausbildung zur Reisekauffrau … Gell, dein erster Beruf ist Reisekauffrau?« Meine Mutter nickt. »Und dann in diesem ganzen Nachkriegsallerlei gab es unter anderem Möglichkeiten für Kurzausbildungen zum Lehrerberuf. Und dann hat sie so eine Kurzausbildung gemacht, und ich glaube, du warst dann Grundschullehrerin …«

»Auf der Pädagogischen Hochschule?«, fragt Henning.

»Genau so, glaube ich. Und dann eine Sonderausbildung zur Sonderschullehrerin und dann, als ich geboren wurde … ich bin ja schon als Baby in die Schule mitgenommen worden. Da gab es ja keine Babypause und nix … Also ich glaube, du hattest sechs Wochen frei, um mich zu gebären, oder, Mami?«

»Das weiß ich nicht mehr.«

»Ganz kurz auf alle Fälle, du erzählst immer, dass du schon im achten Monat warst und noch auf dem Katheder standest und dann gesagt hast: ›Jetzt gehe ich in Baby-Urlaub‹, und die haben gefragt: ›Wieso?‹ Und die haben gefragt: ›Was?‹ Weil

Mamis Mutter war Schneiderin, und die hat offensichtlich so schöne Kleider genäht, gut geschnitten, und ich war ein nettes Baby und habe mich so klein gemacht, dass man es bis zum achten Monat ... und es war natürlich ... Ich bin ja im März geboren, es war sowieso Winter. Man ist ja eh etwas fülliger im Winter vielleicht oder zumindest so angezogen, dass es keiner gemerkt hat. Hast du mir immer erzählt, wie stolz du warst, dass die dann so überrascht waren. Und dann bin ich schon quasi mit einem Monat, bin ich ...«

»... mit in die Schule gekommen«, lächelt Henning.

»Hast du mir erzählt, es gibt Fotos mit dem Kinderwagen hinten im Klassenzimmer, da war ich schon mit in der Schule. Und ...«

»... für Kinder...«

»... für Schule ist das wichtig. Ich habe da keine Erinnerung dran, aber ich glaube, das war schon in Ordnung, und dann habe ich meine Kinderfrau Tante Susie mit den langen Beinen bekommen und dann ist meine Mami ziemlich krank geworden, hat so eine Schilddrüsenüberfunktion und Angstzustände und so bekommen und ist dann pensioniert worden, mit Anfang 40. Also sehr früh.«

Meiner Mutter fällt der Kopf nach vorne, sie ist erschöpft. »Habe ich sie überfordert? Ist es zu viel für sie? Dass ich hier so viel geredet habe?«, fragt Henning mich besorgt.

»Meine Mutter hätte vorher geschlafen.«

»Ja, sie hat vorher geschlafen«, will Selma bestätigen.

»Hat sie nicht, heute. Sie hätte vorher geschlafen. Normalerweise legt sie sich um halb zehn hin, und jetzt sind wir um halb zehn gekommen.«

»Du musst das sagen. Ich bin auf euch angewiesen. Ich weiß nicht, was gut ist.«

»Mami, leg dich doch ruhig für eine halbe Stunde hin, und dann weck ich dich wieder. Selma geht zu ihren Kindern, Henning bleibt ja noch. Während du liegst, arbeiten Henning und ich, und wenn ich koche, hast du Henning ganz für dich allein. Und nach dem Mittagessen kommt Selma zu dir, und ich bin mit Henning im Bundestag. In Ordnung?«

Meine Mutter nickt, es ist ihr unangenehm, sich jetzt hinzulegen, als Gastgeberin, aber **sie ist wirklich sehr müde. »Du bist eine Dame, du darfst das«, bestärke ich sie.** »Selma hilft dir noch bei der Toilette.« Ich helfe ihr aufzustehen, auf drei. »Eins, zwei, drei. Sehr gut. Bitte Bremsen lösen.« Sie löst die Bremsen vom Rollator. Ich stelle mich hinter sie und drücke sanft ihre Schultern nach hinten, sodass sie sich streckt und einen Moment gerade steht, dann geht sie mühsam mit Selma aus dem Wohnzimmer. Henning wühlt in seinem Aktenkoffer.

»Du, wenn du so ein Leben lang Büros gehabt hast, die dir alles abnehmen ...«

»... das ist großartig!« Das wäre mein größter Wunsch.

»... dann ist das plötzlich eine ganz neue Erfahrung, dass du plötzlich für alles zuständig bist. Ich muss meine eigene Wiedervorlage machen, meinen Terminkalender, meine Post, ich habe zwei solche Stapel. Gestern habe ich die in Panik durchgesehen und natürlich eine Menge Sachen gefunden, die längst hätten beantwortet werden müssen.«

»Wem sagst du das?«, stöhne ich auf.

»Heute Morgen, da war ich so müde, ich wollte was schreiben, da wollte ein Blatt bis übermorgen einen Text haben. Das hatte ich mir vorgenommen. Aber ich bin eingeschlafen, im Zug. Plötzlich war ich in Berlin.«

»Heute Morgen, ich bin natürlich auch früh aufgewacht ... Ich wache immer um halb fünf auf. Dachte: ›Der arme Henning muss jetzt losmarschieren.‹«

»Ja, ja, 4.55 Uhr habe ich meinen Wecker gestellt, und dann bin ich auf ... Ich schau mal nach, wann ich wo sein muss.«

»Deine Mitarbeiterin im Rathaus hat mir gesagt, dass du um zwei Uhr im Paul-Löbe-Haus einen Termin hast.« Henning findet in seinem großen Aktenkoffer ein Fax:

»Nee, hier steht ›13.00 Uhr‹. Um eins muss ich da sein.«

»Sollen wir im Rathaus noch mal anrufen?«, schlage ich vor.

»Nee, nee, das steht hier, und nachmittags kann ich nicht mit dir reden, der Chorvorstand holt mich früher ab.« Rums. In mir rotiert es. Oje.

»Dann müssen wir spätestens Viertel nach zwölf bis zwanzig nach zwölf hier los. Das bedeutet, wir müssen schon um dreiviertel zwölf essen, Mittagsschlaf ab zwölf. Das ist alles zu früh.«

Dann ist meine Mutter vollkommen raus aus ihrem normalen Tagesrhythmus. Für die Logopädie um sechs wird sie zu müde sein. Ich denke laut: »Dann muss ich Selma bitten, früher zu kommen, das wird nicht gehen, wegen der Kinder ... Sie war für vier Uhr eingeplant.« Selma sagt angesichts Henning zu, ausnahmsweise schon um halb drei bis sechs und ab sieben bis neun Uhr zu kommen. Sie verabschiedet sich, muss längst zu ihren Kindern.

Meine Mutter liegt inzwischen auf ihrem Tagesbett, dem camouflierten Pflegebett. Ich schalte das Aufnahmegerät wieder ein: »Wir können jetzt eine Viertelstunde reden, und dann müssen wir kochen und essen. Sonst ist meine Mutter traurig, das will ich auch nicht riskieren«, sage ich zu Henning, wir setzen uns an den Wohnzimmertisch. »Was ich noch mal wissen wollte, war das mit dem Menschenbild. Was für ein Menschenbild brauchen wir jetzt? Wir haben darüber schon einmal gesprochen, wir brauchen ein Individuum, das eine humane Ausrichtung hat.«

Henning nickt: »Wahrscheinlich sind das meine christlichen Wurzeln. Aber ich habe das auch in Asien entdeckt. Ich habe das auch in Kulturen und Religionen beobachtet, die gar nichts mit Christentum zu tun haben. **Wir müssen wieder lernen, uns über den anderen zu entdecken. Also weg von dem: ›Ich mache alles selber, das ist mir völlig schnurz, was um mich herum passiert, Hauptsache, ich habe meine Wünsche und Lüste und meine Erfolgserlebnisse.‹ Das ist eine Sackgasse!**«

Meine Mutter winkt, Henning winkt zurück: »Und je älter man wird, umso einsamer wird man mit einem solchen in unserer Gesellschaft angelegten Egoismus. Oder Narzissmus ist das ja. ›Ich nehme nur wahr, was mir Freude verschafft oder was mir Lust verschafft. Alles andere verdränge ich.‹ Ich glaube, was wir brauchen, ist, dass ich in den anderen den Menschen entdecke, über den ich zu mir selber finde. Eure Selma eben, die habe ich nicht gekannt, eine wunderbare Frau. Die habe ich in mein Herz geschlossen, obwohl ich doch nun überhaupt nicht auf die vorbereitet war. Die hat, obwohl sie es ganz schwer hat, diese Güte, **diese Vertrauen stiftende Herzlichkeit, man merkt: Mit solchen Menschen kannst du leben, kannst du deine Ängste unter Kontrolle bringen, kannst du deine Einsamkeitsnöte auffangen.** Mit denen kannst du dich austauschen, mit denen kannst du dir was zusammen vornehmen. Selbst wenn es ganz schwer ist. Gerade, wenn es ganz schwer ist, ist das so wichtig, dass ich so jemanden habe und den erreichen kann und über den ich mir dann auch wieder Mut machen kann. Das, finde ich, muss in die Mitte vom Menschenbild. Dass wir wieder lernen, uns über den anderen zu entdecken. **Und dass wir ihn einbezie-**

hen und dass wir ihn mit seinen Vor- und Nachteilen, mit seinen Schrullen und seinen Besonderheiten einbeziehen. Und dass wir auf diese Weise entgegenarbeiten, dieser Bedrohung, dass wir alle irgendwann ganz mausealleine sind. Und sich niemand um uns kümmert.«

»Das Bild in den gesamten Medien ist ja ein anderes: Alleine. Stark. Wenn du nichts mehr bringst: Weg! Bist du weg. Oder auch … Ich habe mich gestern mit dem Timo, meinem redaktionellen Mitarbeiter, unterhalten, der sagt, früher war, er ist jetzt Anfang 30, früher galt: Er war nicht so gut im Handballverein, aber auch wenn er auf der Reservebank gesessen hat, dann war es seine Aufgabe, denen auf dem Platz zuzujubeln und dann war das auch mit sein Tor, das da geworfen wurde. Wenn man aber jetzt Bundesligaspiele ansieht oder wie eben in den Medien Fußball berichtet wird, da ist nur der eine, der hat es gemacht, das Tor. Dass der das ja nur kann, weil das Feld, die Mitspieler ihm den Ball auch zu dem richtigen Zeitpunkt hingespielt haben und er dann mit seiner Grandezza das schaffen kann, er ja einer in einem System von vielen ist, die zusammen gut sind, das wird nicht erzählt.«

»Ja, da werden den jungen Leuten auch falsche Vorbilder gegeben!«

»Konntest du in deiner politisch aktiven Zeit, konntest du da so ein humanistisches Menschenbild zu dem Wähler, zu dem Bürger bringen?«

»Es ist schwierig, Politik läuft ja in ganz vielen Klischees. Die allermeisten haben über Politiker Klischees im Kopf, und diese werden auf jeden übertragen. Es ist eine große Anstrengung, diese Klischees beiseitezuräumen. Man muss sich richtig Mühe geben. Und das habe ich mir ziemlich früh vorgenommen. Ich wollte nicht nur über irgendwelche Kampagnen oder Werbe-Gags wahrgenommen werden, sondern wollte anfassbar, nah bei den Menschen bleiben. Bremen ist ja als Stadtstaat immer noch ein bisschen kleiner als Berlin, da geht das. Du kannst wirklich in so einem Stadtstaat, wenn du da lang genug bist und dich bemühst, einen Großteil der Leute erreichen und ihnen das Gefühl vermitteln, dass du ihnen nahe bist. Du musst dich davor hüten, in Staatskarossen durch die Welt zu fahren. Du musst dich davor hüten, mit Leibwächtern herumzulaufen. Du musst bescheiden sein. Du musst mit der S-Bahn fahren, du musst mit der Bahn fahren, du musst mit dem Fahrrad fahren. Du musst alleine zum Fußball gehen, um mitten in der Fan-Kurve zu stehen. Das finden die ganz toll, weil die dann merken: Der hat keine Angst vor uns. Der will uns nahe sein. Die schrägsten Leute verlieren dann ihre Vorurteilsraster und kommen dann auch und fragen auch mal: ›Wie geht das?‹, ›Darf ich dich duzen?‹, oder: ›Darf ich dich mit Vornamen anreden?‹, oder: ›Darf ich dir erzählen, dass ich gerade in Not bin?‹«

Meine Mutter schnarcht. »Auf dem Fußballplatz haben mir Fans erzählt, dass die Freundin gerade ein Kind kriegt, dass sie sich nicht trauen, das zu sagen, und dass sie auf der Straße sitzen. Das geht, aber da muss man richtig dran arbeiten. Du musst dich schützen davor, dass diese ganzen Statussymbole dich erdrücken. Du musst immer wieder drunter wegtauchen, selbst auf die Gefahr hin, dass einige denken, du bist ein schrulliger Typ. **Du musst versuchen, nahe bei den Leuten zu sein.** Das Schöne ist eben, dass das dann auch zurückkommt. Ich habe Situationen erlebt, wo ich in Gremien saß und es nicht mehr ertragen konnte. Da wurde dann zum siebten, achten, neunten Mal immer dasselbe erzählt und immer verrückter und ergebnisirrelevanter. ›Hauptsache, ich komme vor, ich habe meine Wut losgelassen.‹«

Meine Mutter hat einen längeren Atemaussetzer, ich schaue

zu ihr. »Ich habe gesagt: ›Leute, ich kann nicht, ich habe keine Zeit, ich gehe jetzt auf die Straße, gehe auf den Marktplatz, rede mit Leuten.‹ Und dann habe ich mich da wieder aufmöbeln lassen und habe wieder neuen Mut gekriegt. Dann bin ich wieder nach einer Stunde zurück und habe gesagt: ›Soll ich euch mal erzählen, was die über euch sagen? Wie ihr da ankommt? Müsst ihr euch mal anhören. Ihr habt doch alle ein Mandat dafür!‹«

»Genau! Im Moment scheint es doch so, dass eine extreme Politikmüdigkeit bei den Menschen – ich sage ja nicht Menschen, sondern Bürger. **Ich möchte von einem Politiker nicht als Mensch bezeichnet werden, das ist eine biologische Definition. Ich bin ein Bürger – es gibt eine große Politikverdrossenheit, und ich habe auch den Eindruck, die Leute wissen gar nicht mehr, dass sie den Staat mitgestalten.**«

»Viele wissen das nicht mehr.«

»Die wissen das gar nicht mehr, dass sie Wähler sind: ein Teil vom Ganzen.«

»Es gibt nur noch eine Minderheit, die sich verantwortlich macht und die sagt: ›Ich muss selber was tun.‹ Die große Mehrheit sitzt in einer Zuschauerloge und sagt: ›He, macht mal was! Wir hatten schon mal Besseres. Wo bleibt die Kohle?‹ **Wir sind nicht von außen, sondern von innen bedroht!**«

»Wir sind von innen bedroht. Das sehe ich auch so. Ich habe den Eindruck, dass die Bevölkerung das Gefühl hat, mit der Macht nichts mehr zu tun zu haben.« Ich winke meiner Mutter zu: »Viele schotten sich ab, und die anderen sagen: ›Oh, **das machen die irgendwie, eigentlich ist es eine gekaufte Demokratie, da sind die Lobbyisten, wird eh nicht ...**‹«

»Viele denken so und generalisieren dann, wenn zum Beispiel Korruption vorkommt oder jemand sich mal ein Ding geleistet hat: So seid ihr alle, ihr bedient euch. Was Heine gesagt hat: ›Draußen predigen sie Wasser und drinnen trinken sie Wein.‹ … **So, dieses Vorurteil, das stimmt, das ist eine große Bedrohung für die demokratische Legitimität des Ganzen.**« Meine Mutter hört uns wieder zu. Henning fährt fort: »Du kannst ja die beste Verfassung haben, du kannst wunderbare Wahlergebnisse haben, wenn du aber genau hinguckst und merkst, die große Mehrheit der Leute trägt das gar nicht, die tragen gar keine Verantwortung, das ist gar nicht ihre Sache, sondern die lassen sich bedienen. Da kann irgendwann mal so ein Berlusconi kommen, der kauft dann alle Medien und macht Jokus, und dann kriegt er – obwohl er ein wirklich schräger Fürst ist und eine Sauerei nach der anderen gemacht hat – plötzlich die Mehrheit, weil die Leute unterhalten werden wollen, sich amüsieren wollen, aber gar nicht mehr wissen, dass der das auf ihre Kosten macht. Der raubt sie ja aus. Der macht die ja blöd, mit seiner Amüsierpolitik. Berlusconi ist einer in Europa, ein Nachbar, das ist nicht irgendwo, sondern der ist ganz nah. Ich habe ihn ja auch mal erlebt. Ein Fuchs ist das, ein populistischer Fuchs.«

»Diese Finanzkrise jetzt zum Beispiel ist für die Bevölkerung schwierig zu kapieren. Plötzlich sind Milliarden da, die da eingesetzt werden, aber in dem neuen Pflegegesetz muss ich den Vertragspartner der Krankenkasse akzeptieren, der die Inkontinenz-Artikel demnächst per Post schickt. Manche Kassen streichen die Kostenübernahme dafür ganz! Das ist jetzt ein sehr großer Spagat …«

»Da hast du recht …«, sagt Henning.

»In meinem Umfeld merke ich, die Bürger sagen: ›Ich weiß gar nicht, wie zahle ich meine Hilfskraft und wie mache ich das überhaupt, wenn ich noch hinfälliger werde, und da werden Milliarden hin und her geschoben. Und kein Schwein kümmert sich um mich!‹« Meine Mutter hört vom Bett aus zu. Versteht sie mich?

»Ich erlebe das aus der Perspektive derjenigen, die mit solchen unzulänglichen Budgets gar nicht auskommen. Für die ist diese Finanzkrise so eine Art Theaterstück. Die verstehen nichts. Die verstehen die Zahlen nicht. Die verstehen die Wirkung, die Gründe nicht, noch nicht mal die dramatische Bedrohung der eigenen Lage. Irgendwie findet das bei den Reichen statt, und die verbrennen gerade unvorstellbar viel Geld. Aber das ist ja gar kein Geld, was da verbrannt wird, sondern das ist Spekulationsmüll. Die haben in Müll spekuliert und haben Milliarden-Luftschlösser gebaut, die nun zusammenfallen und …«

»… jetzt aber reales Geld kosten.«

»Was kostet, ist nicht dieses Geld wiederzubesorgen, das ist weg. Das ist ja auch gar nichts Reelles gewesen …

Nein, was wir brauchen, ist, dass wir bei einer solchen, fast irrsinnigen Verschwendung von internationalen Wachstumschancen, dass wir auf eine **Struktur zurückfallen, die uns trägt, und die uns nicht alle durchfallen lässt**. Da kommt es dann darauf an, dass die Sozialversicherungen halten, dass der Sozialstaat hält. Wir haben ja einen hoch entwickelten Sozialstaat im Gegensatz zu vielen anderen. Da kommt es darauf an, dass ich Leute habe, auf die ich mich verlassen kann. **Was im Augenblick auf uns zurollt, wird sich ja in der nächsten Zeit erst richtig auswirken. Im Augenblick wird es noch verdrängt. Das erlebe ich als eine neue Herausforderung fürs Enger-Zusammenrücken.«**

»Das meine ich auch. Ich sehe darin auch die große Chance. Darum wollte ich es zur Sprache bringen.«

»Es funktioniert nicht mehr von selber. Man kann nicht mehr sagen: ›Hey, ihr da, nun mal los!‹ Das geht gar nicht.

Manchmal denke ich, es ist ein bisschen so wie in der Nachkriegszeit, wo überall nur Trümmer waren. Wir sehen jetzt die Trümmer, die diese Spekulanten angerichtet haben. Plötzlich kauft keiner mehr Autos. Die Leute sagen: ›Warum soll ich mir ein neues Auto kaufen? Ich fahre mein altes noch ein bisschen.‹«

»Aber eigentlich sind wir doch raus aus der Konsumfalle und auch aus so einer kapitalistischen Spirale-nach-oben-Falle. Das müsste wieder zu mehr Miteinander, Menschlichkeit führen. Das heißt aber, die Politiker wären gut beraten, wenn die jetzt aus dem Klischee aussteigen und sagen: ›Moment mal, wir haben diesen Rahmen von Geld und wir haben folgendes Ziel, und das erreichen wir nur, wenn wir das so verteilen, dass alle mitmachen.‹«

»Ich finde das plausibel, wie du das erklärst«, fällt mir Henning ins Wort. »Es ist nur wahnsinnig schwer vermittelbar. Wenn du Bundeskanzlerin oder Bundesfinanzminister bist, dann musst du jeden Tag dieses Riesenspektakel, das die ganze Welt verrückt macht, erklären. Es gibt keinen, der sich davon absetzen kann. Was ich mir wünsche, das können Angela Merkel und Peer Steinbrück gar nicht alleine schaffen, ist, dass **JEDER, so wie Selma dir und deiner Mutter hilft, eigenverantwortlich Initiative ergreift.**«

»**... und zwar bitte nicht in der Illegalität, sondern dazu müssen die Möglichkeiten geschaffen werden**«, werfe ich ein.

»... da entscheidet sich, ob wir bodenlos stürzen oder ob es ein sehr komplexes, sehr vielseitiges, sehr vielschichtiges Netz gibt, das in einer weltweiten, großen Finanzkatastrophe, die die Rezession jetzt schon ausgelöst hat, trägt. Und in dem Punkt erinnere ich an die Nachkriegsjahre.«

Meine Mutter ruft: »Huhu!« Wir winken ihr zu, Henning fährt fort zu erzählen: »In den Nachkriegsjahren, als die vielen Flüchtlinge kamen und gar nicht wussten, wo sie unterkriechen sollten. Ich weiß noch, wie wir durch die Trümmer gelaufen sind und gesagt haben: ›Wo soll man denn hier wohnen? … In den Kellern?‹ Dann haben sie sich in den Kellern wieder eingerichtet und haben nicht aufgegeben. Das fand ich das Erstaunliche 1945, 1946, 1947. Es hätten ja alle sagen können: ›Die Nazis haben uns für den Rest der Menschheit tot gemacht!‹ Haben sie nicht gesagt, sondern: ›Das kann doch noch nicht das Ende sein, das kann doch nicht alles gewesen sein.‹ Und dann haben sie wieder neue Schritte gemacht. Ganz bescheiden! Ich weiß, wie die Leute, ohne dass sie Geld kriegten, in den Hafen gekommen sind und den Hafen aufgeräumt haben. Da lagen versenkte Schiffe, das war alles durcheinander. Die Hafenarbeiter haben gesagt: ›Wir müssen doch unsere Arbeitsplätze wiederherstellen!‹ Die Hafenarbeiter, nicht der Reiche oder der Staat. Ich glaube, das steht in den nächsten zwei, drei Jahren an. Der Einzige, der das richtig thematisiert hat, ist Obama. Der weiß genau, das kriegst du nicht hin mit einer schlauen Regierungspolitik. Obama hat rausgekriegt, das funktioniert alles gar nicht mehr.

Du hast nur noch eine Chance zu überleben, wenn du die Leute ermutigst mitzumachen. Und ich finde, darauf muss man setzen – auch wenn man mit einer schwer kranken Mutter zu tun hat und man manchmal gar nicht mehr weiß, wie es weitergeht. Dass man diese Herausforderung nicht verdrängt, nicht wegläuft und sagt, es müssen andere machen, sondern ich pack das an und entdecke meine eigene Existenz, die in einer solchen Stresssituation, in einer solchen schwierigen, fast unbeherrschbaren Stresssituation, plötzlich eine neue Kompetenz bekommt. Solche Geschichten wünsche ich mir.

So etwas möchte ich auch den Alten sagen. Auch meinen Gleichaltrigen: ›**Lehnt euch nicht zurück oder lasst euch nicht fallen, gebt euch nicht auf, werdet nicht larmoyant oder sagt nicht, früher war alles besser.**‹ **Ist alles Quatsch! Passt alles überhaupt nicht auf die Situation. Die Frage ist, ob wir das annehmen, ob wir uns konstruktiv verhalten oder ob wir davor weglaufen.**«

Henning nimmt seine Tasse, ich schenke nach. »Ja, oder uns eben auch von solchen Lobbyisten wie diesen Pflege-Mafia-Instituten beeindrucken lassen. **Ich finde, dass sich jetzt eine neue Allianz bilden müsste, weg von dem Lobbyismus. Diese Lobby, dieser Druck, ist wie diese Finanzkrise.**«

»Lobbyisten wollen Vorteile für sich, nicht für alle«, bestätigt Henning.

»Diese Industrie, die dahintersteckt, diese **Pflegeindustrie …**«

»Die wollen immer partielle Interessen auf Kosten der anderen«, sagt Henning.

»Genau, das heißt, es wird normiert, das heißt, alle kommen in so einen großen Pflegeapparat rein, geht schnell, wird zertifiziert … Und dann gibt es nichts anderes. Es kostet mehr Geld! Wenn man das gleiche Geld nehmen würde wie jetzt zum Beispiel die Bremer Heimstiftung. Das wäre mal ein positives Gegenbeispiel.«

»… also menschlich gesehen, human gesehen, sind das zynische Katastrophen, die da organisiert werden.«

»Und vom Geld her ist es teurer!«

»**Die nehmen in Kauf, dass Millionen auf ihre letzten Jahre tief depressiv werden und dramatisch ausgegrenzt werden, keine Hoffnung mehr haben, nur noch unglücklich sind. Hauptsache, das wird bezahlt, Hauptsache, ich mache mein Geschäft. Das ist eine richtige Not.** Ein Angriff auf die

Menschlichkeit. Ein Angriff auf die Menschenwürde. Ein Angriff auf unsere Gesellschaft. Stell dir mal vor, wir ›Älteren‹ sind jetzt schon über 20 Millionen, und wir werden immer mehr. **Ich mach mich damit vertraut, dass laut Prognosen schon bald ein Drittel der Gesellschaft und mehr sich nicht mehr über Arbeit definiert, sondern über die Zeit danach. Das ist ein Riesenanteil. Stell dir mal vor, die wären alle weggesperrt in solchen Altenghettos, das ist doch unerträglich.«**

»Unerträglich, absolut! Nur sind von diesem einen Drittel nicht alle gleich hinfällig. Die geschenkten Jahre definiere ich anders. **Die geschenkten Jahre sind nicht die Jahre nach hinten obendrauf, sondern die geschenkten Jahre sind die Jahre zwischen 70 und 80.«** – »Das stimmt«, nickt Henning.

»Und diese geschenkten Jahre sind auch im demografischen Wandel ein Geschenk. **Das ist ein unglaublicher Wirtschaftsfaktor,** dass da Menschen sind, die gut ausgebildet sind, die Ups und Downs hatten, also wissen, es kann ganz schlecht sein, es gibt danach aber wieder ein anderes Leben, ein besseres vielleicht, die also gestählt sind in ihrer Biografie und die jetzt loslegen können. **Und das sind zehn Jahre für die ganze Gesellschaft.** Sie müssen nicht unbedingt Geld verdienen, sie können unentgeltlich eine Riesenunterstützung auch für die Jugendlichen sein.«

»… völlig richtig …«, stimmt Henning mir zu.

»… und ich finde es ein falsches Denken, die geschenkten Jahre würden ab 80 beginnen. Dass man alt wurde, hinfällig wurde, sterben musste, das war immer so. Diese zehn Jahre dazwischen sind geschenkt. Und das ist ein kolossaler menschlicher Wert.«

»Ist auch eine große Chance!«

»Eine riesige Chance, Henning! Und ich denke auch, **wir brauchen ein Umdenken.«**

»Meine Generation muss dieses Geschenk gestalten, aber auch ihr könnt mit uns für euren eigenen Alltag und eure eigene Perspektive etwas machen, Ilse. **Ich spüre, dass durch diese verlängerte Lebensperspektive auf der Basis von sozialstaatlicher Umfinanzierung wir reelle Chancen haben, zivilgesellschaftliche Strukturen zu entwickeln, die eine Demokratie so dringend braucht: nämlich Menschen, die sich verantwortlich fühlen, Menschen die mitdenken** und nicht immer sagen: ›Der andere, der andere, … Ich komme hier gar nie vor, ich will jetzt endlich mal vorkommen!‹, die mitdenken und gucken, wo gibt es was zu tun und wo bleibt was liegen und wird jemand übersehen? Dass wir das mobilisieren können. Das wünsche ich mir. Gerade in dieser auf uns zukommenden Krisenzeit. Gerade in dieser Rezessionszeit. Das wäre eine Antwort auf die Rezession, die würde mir so richtig passen. Das wäre mir nahe.«

Es entsteht eine Pause, ich muss das Gehörte erst einmal sortieren. Was hat Henning gesagt? Sitzt da plötzlich der Politiker bei uns zu Hause. Der Weckton in meinem Handy klingelt in unser Denken, ich drücke ihn aus: »So, um im neuen Zeitplan zu bleiben, müssen wir jetzt unterbrechen, schade. Das eben habe ich noch nicht ganz verstanden, das werden wir später noch konkretisieren. Ich schlage vor, während dem Kochen sprichst du mit meiner Mutter.«

Henning ist einverstanden. Er sieht sich die Bilder an den Wänden an: Kunstdrucke, Fotos, auch von mir. Er fragt: »Waren die schon da, bevor dein Vater starb?« Ich nicke: »Seine Dekoration.« – »Alles Engelbilder von dir.« So habe ich das noch nicht gesehen.

Nach Toilettengang, Erneuerung der Frisur und frischem Parfüm sehen sich meine Mutter und Henning Fotoalben an. Ich wärme Couscous und Gemüse auf. In der Küche höre ich aus dem Wohnzimmer meine Mutter: »Das bin ich!« – »Nee, das ist doch Ihre Tochter«, widerspricht Henning. »Da bin ICH!« »Aber das ist doch Ihr Mann. Oder ist das Helmut? Das ist eine Marineuniform.« – »Ich bin das. Ich.« – »Ja, das sind Sie, ganz jung, sehr hübsch, richtig schön.« – »Ich!« – »Und wer ist das?«, meine Mutter antwortet unverständlich.

In einer Pfanne brutzelt das Hühnerfleisch. Ich höre Henning: »Haben Sie das alles so erlebt, wie Ilse es erzählt, oder ist das nur Ilse? Diese Geschichte, wie sie sich mit ihrem Vater wieder versöhnt hat. Da müssen Sie doch immer dabei gewesen sein.«

»Stand nebenbei«, antwortet meine Mutter.

»Sie haben sich da nicht eingemischt. Sie haben sich gesagt, das ist deren Sache, die sind beide erwachsen, die müssen ihre Probleme selber ...«

»Es fällt auch schwieriger ...«

»Vater und Tochter klären ... Und ich als Mutter halte mich da raus.«

»Ja. Das war wichtig.«

»Ja, das ist kompliziert. Bei uns war das anders. Bei uns war es auch kompliziert, wir waren ja sechs Geschwister, aber aus zweierlei Ehen. Die ersten drei aus der ersten Ehe meines Vaters. Da ist die Mutter gestorben, bei der Geburt meines Bruders, der übrigens jetzt gerade gestorben ist. Dann hat er wieder geheiratet, weil er dringend eine Frau brauchte für seine drei kleinen Kinder ... Und da hat er meine Mutter geheiratet, und die hat dann drei lange Kerle gekriegt. Das war eine Spannung bei uns. Eine subkutane Spannung. Mein Vater dachte immer, er müsse gegenhalten. Dass die Stiefmutter der ältesten Kinder nicht die Stiefkinder benachteiligt und ihre eigenen Kinder vergöttert. Das aber hat meine Mutter tief gekränkt, dieser Verdacht allein. Sie fand, das war die größte Kränkung, die man ihr antun konnte, dass man ihr unterstellte, sie liebe ihre Kinder, die sie angenommen hat, nicht so wie die eigenen. Dadurch gab es bei uns eine komplizierte Psycholage unter uns Geschwistern.«

Ich bringe schon mal das Besteck herein, lege es für Henning, meiner Mutter gegenüber, auf Vaters Platz. Für meine Mutter lege ich das Obstbesteck bereit. Mit dem kleinen Besteck kann sie besser essen. »Essen ist gleich fertig.« Ich gehe wieder raus.

»Ich kann jetzt im Nachhinein sagen, dass ich immer mehr entdecke, **dass ich MEINEM VATER ähnlich bin. Was ich früher nie gewusst habe. Dass ich ähnliche emotionale Geschichten mache wie er. Die nennen mich Omi-Knutscher. Das habe ich von ihm.** Er war auch einer, er musste immer alle in den Arm nehmen. Und das muss ich auch immer. Ich muss immer ran an die Leute. Das habe ich von ihm. Er fasste alle immer an. Er gab nicht die Hand, sondern nahm die Leute immer gleich so, und interessierte sich für alles. Das mache ich genauso. Also ich habe was von dem. Im Nachhinein denke ich: ›Du bist ein klassischer Sohn. Du bist dem Vater über den Kopf gewachsen, in jeder Beziehung über den Kopf gewachsen, aber du hast ganz viel von ihm mitgekriegt.‹ Und meine Mutter, die so zwischen uns stand, also die war im Zweifel immer für uns Kinder … wie Sie.«

Ich trage Teller, Joghurt, Couscous auf.

»Ich habe Bilder aus der Kriegszeit und Nachkriegszeit, da ist meine Mutter ausgehungert, ganz tiefe Schatten um die Augen … so eine Nachkriegsfrau.«

Meine Mutter hört ihm aufmerksam zu: » … und wir Kleinen, alle proper daneben. Die hat offenbar alles gemacht, damit wir über die Runden kommen. So erlebe ich das noch, im Nachhinein. Und das hat uns sehr geholfen. Auch über die schwere Zeit, also über die Nachkriegsjahre. Dadurch fühle ich mich von meiner Mutter und meiner Großmutter richtig getragen. Na ja, und der Vater hat auch seinen Teil dazu beigetragen.«

Ich bringe die Platte mit dem Hühnerfleisch: »Na ja, immerhin hat er die Frau gefunden. Und bei sich behalten. Und …« Ich verlasse erneut das Zimmer.

»Ja, ja. Da gibt es eine wunderbare Geschichte. Er hat natürlich keine Frau gefunden, weil er so viel zu tun hatte. Eine alte Kapitänsfrau aus Bremen, die kannte ihn und meine Mutter und die hat die verkuppelt. Meine Mutter war ledig und war durch mit den Männern, wollte gar nichts mehr, hatte nur noch ihre Mutter am Hacken, so ein bisschen wie hier …« Jetzt habe ich alles hereingetragen. Wir können essen.

»… danke schön. Kannst gerne ein paar Prinzen vorbeibringen … ich bin durch Zufall frei. So, du kannst bitte da drüben Platz nehmen.«

»… und dann hat sie ihr Bilder gezeigt von kleinen Kindern, die brauchen eine Mutter, hat sie richtig gerührt, bis sie eingewilligt hat. Und stellt euch das vor, dann haben sie sich verabredet, und mein Vater kam aus Bremen und meine Mutter war damals in Hamburg, und dann haben sie sich in der Mitte der Strecke, in Rotenburg auf dem Bahnhof, verabredet, und meine Mutter sollte eine Rose tragen.« Ich schiebe meine Mutter mit dem Sessel an den Tisch, bitte sie, sich gerade zu setzen. »Und da sah er sie, ganz schick, so Großstadtpflanze, und dachte, die kann es nicht sein, und dann gingen alle weg vom … Und die beiden blieben übrig. Und dann haben sie sich zusammengesetzt auf dem Bahnhof.«

»Ist ja nicht sehr charmant gewesen, dein Vater …« Ich befestige meiner Mutter ihre Damast-Serviette, noch aus ihrer Aussteuer, mit einem Zahnarztkettchen vor der Brust.

»… und haben dann auf dem Bahnhof angefangen über sich zu reden. **Und dann haben sie sich da entschieden, dass sie heiraten. Und ausschlaggebend waren die kleinen Kinder und war, dass sie beide gegen die Nazis waren.** Sie haben sich so richtig ihren ganzen Hass auf die Nazis ausgeschüttet und sich vertraut. 1936, da waren die Nazis groß! Da jubelten alle denen hinterher. Die beiden waren richtige Nazigegner: mein Vater aus kirchlichen Gründen und meine Mutter, weil sie eine Linke war …«

»Ja, das hat verbunden, das verstehe ich.« Ich reiche das Essen an.

»Die hatten einen richtigen Zorn auf die Nazis. Und das hat sie zusammengebracht. Und dadurch bin ich dann entstanden.«

»Da bist du entstanden. Da ist Henning rausgekommen. Gut, dass sie sich getroffen haben. Nicht?«, sage ich mit einem Blick zu meiner Mutter.

»Nicht einfach …«, kommentiert sie. Ich proste ihr auffordernd zu.

»Nein, überhaupt nicht. Sie waren auch sehr arm. Mein Vater hatte eine Drogerie und die wurde boykottiert von der SA. Sie hielten die Leute davon ab, dort zu kaufen. Er hatte ganz wenig Geld. Und dann diese vielen Kinder. Und dann ist er später sogar noch Soldat geworden, und dann haben die den Laden, obwohl sie ausgebombt wurden, irgendwie über

den Krieg gehalten, haben mit den Drogeriewaren Tauschge-
schäfte gemacht. Und damit haben sie uns über die Runden
gebracht. Ganz dürftig alles.«

»Guten Appetit. Selma hat für uns Couscous mit Gemüse
vorbereitet. Ich habe dazu nicht ganz klassisch Hühnerfleisch
in Curry gebraten. Das Curry wurde uns aus Indien mitgebracht von einer Freundin. Dazu Joghurt, wenn man möchte.«
Ich sehe auf die Uhr. Es wird knapp.

»Dass ich jetzt so ein schönes Mittagessen hier bekomme,
damit habe ich überhaupt nicht gerechnet. Guten Appetit!«

»Meine Eltern sind ja auch verkuppelt worden. Ihr seid
auch verkuppelt worden von Tante Reenchen.«

»Ach!« Meine Mutter ist überrascht. Essen und reden
gleichzeitig ist zu viel, eigentlich auch essen und zuhören.

»Tante Reenchen war eine von mir heiß geliebte Tante, weil
sie ein kleines Zauberhaus in Zehlendorf hatte. Vollgestopft
mit schönen Sachen. Sie hat meinem Vater Porzellan aus dem
18. Jahrhundert – ich zeige auf die Vitrine – »verkauft. Das
war ihr Kapital, mit dem sie ihre Rente aufbessern konnte.«

»Wie hat die das gemacht mit der Kuppelei?«, fragt Henning.

»Mit der Kuppelei war es so … Mein Vater war junger
Steuerbevollmächtigter und hat diesen armenischen Zahnarzt
vertreten und meine Mutter hatte die Enkeltochter von Tante
Reenchen unterrichtet … Da war sie noch am Anfang in der
Grundschule. Da hattest du die Claudia … und so kannte sie
Tante Reenchen …, weil zu dem Elternabend ist immer die
Oma hingegangen, weil die Tochter noch studiert hat. Sie hat
eben meine Mutter kennengelernt und fand sie so angenehm
und dachte, da gibt es doch noch diesen jungen Steuerbevoll-
mächtigten …, was heißt, jung waren sie ja beide nicht, waren ja schon 37 …, das galt schon als alt. Alt, ledig und keine

Kinder. War nicht in Ordnung. Tante Reenchen führte einen richtigen Salon und hat sie zusammen eingeladen, bis sie tatsächlich zusammen waren. Claudia, diese Schülerin, wurde meine Patentante ... Ist leider gestorben an Brustkrebs ... Tante Reenchen war für mich der Inbegriff der großen Welt.«

Ich reiche die Platten noch einmal rum. Tue meiner Mutter auf. Henning beginnt zu erzählen: »Ich habe den Eindruck, dein Vater war eher ein Kleinbürger, eher ein national Enger, während deine Mutter, die schätze ich anders ein, die war neugierig. Wie sind denn die mit dem Armenier klargekommen?«

»Bei meinem Vater musste alles seine Ordnung haben, aber er war sehr interessiert an anderen Kulturen ...«

»Ach ja ...«

»Dr. Hocotz war erst sein Mandant und dann bis zu dessen Tod sein Freund. Das war eine Männerfreundschaft. Meine Mutter war zunächst mit den Frauen befreundet. Ein anderer Mandant und dann Freund bis zu dessen Tod war ein Chinese, der hatte das erste chinesische Restaurant in Berlin, hat mir mit drei beigebracht, mit Stäbchen zu essen. Mein Vater hat ja auch immer Bildungsreisen ins Ausland gemacht, also das Reisen war eigentlich immer sein Impuls und zusammen waren sie ja in ganz Europa und Afrika unterwegs ... Lateinamerika, Amerika und Asien habt ihr ausgelassen. Da kamt ihr nicht mehr dazu ...«

»Der war neugierig ...«

»Absolut neugierig, aber schüchtern. Ja, mehr bildungsgierig. Gerade eben wegen dieses Traumas: ›Ich bin von der Schule genommen worden. Ich habe keine höhere Bildung, konnte nicht studieren. Ich konnte nicht den Beruf wählen, den ich wollte, nicht sein, wer ich bin ...‹ Das hat ihn bis in den Tod gequält. Dass er Steuerbevollmächtigter geworden ist, das war reine Vernunft. **Sein Traum wäre der Beruf des Schriftstellers gewesen, das weiß ich erst seit Kurzem. Mein Vater hat sich seine Bildung selbst beigebracht bis zuletzt, jeden Tag gelernt, also seine Bildung, die hätte ich gerne!«** Ich lasse mir das Geschirr geben und trage es in die Küche. Im Wohnzimmer ist Stille. Ich komme mit Eis und Obstsalat zurück. Henning fragt meine Mutter: »Sie sind hier nach ihrer Pensionierung die ganze Zeit zu Hause gewesen?«

Meine Mutter sieht mich fragend an: »Lilo, mach …« Ich antworte für sie: »Ja, dann aber war sie hier. Sie hat beide Großmütter versorgt und eine alte Dame hier im Block, die niemanden hatte: Frau von Brockersdorf. Mami hat ihr die Hand gehalten, als sie starb. Dann das ganze Procedere mit der Polizei anschließend, grausig.« Ich wende mich ihr zu: **»Du hast ja hier so eine Straßengemeinde gehabt, also die Sonderschüler und deren Familien, die waren hier alle in der Umgebung. Sie hat sie zu einer Zu-Fuß-Gemeindearbeit gemacht.** Sie war quasi eine Kiez-Managerin. Sie kannte hier im Umfeld von einem Quadratkilometer alle Leute. Und diese Leute kamen auch alle zu ihr. Haben von ihr Ratschläge erbeten.«

»Und das war ehrenamtlich? Das war so Nachbarschaft?«

»Ja, das war vollkommen ehrenamtlich.«

»Ohne Kirchengemeinde, ohne Stadtverwaltung.«

Meine Mutter folgt dem Gespräch genau. Wir essen parallel das Dessert. Sie lässt es noch unberührt, konzentriert sich.

»Ja, genau. In der Kirchengemeinde war sie ab und zu. Im Kreis sitzen fand sie nicht so gut. Das war nicht ihres. Meine Mutter ist gläubige Christin, wie mein Vater sagte: ›Seit 70 Jahren zahlendes Mitglied.‹« Henning spricht meine Mutter wieder direkt an: »Ich habe mitgekriegt, dass, nachdem Sie krank geworden sind, all diese Leute, mit denen Sie ein Leben lang zusammengearbeitet haben, sich aus dem Staub gemacht haben. Weggegangen sind, nicht gekommen sind. Also das, was Sie den anderen angeboten haben, das ist nicht zurückgekommen. Stimmt das? Verstehen Sie mich?«

»Ja«, nickt meine Mutter und lächelt tapfer. Ich sehe, wie gerne sie selber sprechen möchte, es brodelt in ihr. »Locked in«, denke ich und bin sehr traurig.

»Also Ilse hat mir immer gesagt, was Sie alles hier für die Nachbarn gemacht haben. Und wie wichtig Sie waren und dass Sie alle kannten und dass Sie mit den Leuten geredet haben und dass Sie auch gerne in die Wohnung gekommen sind … Und als Sie dann krank waren und die das doch eigentlich hätten merken müssen, dass Sie jetzt …«

»Neulich hat mich eine alte Dame auf der Straße angesprochen: ›Ilschen? Sind Sie Ilschen?‹ Ich schaute sie verwundert an. ›Sie sehen aus wie Ihre Mutter, wie schön, Sie zu treffen, ich kannte Sie schon, als Sie noch im Bauch Ihrer Mutter waren. Sie werden mich nicht erkennen, ich bin Frau Kraus, ich habe hier das Blindenaltenheim geleitet. Ich habe Ihre Mutter schon so lange nicht gesehen …‹ Ich habe sie informiert, sie war ganz bestürzt, dann war sie gerührt und hat mich gefragt: ›Darf ich Sie mal umarmen?‹ Da standen wir, uns umarmend, und sie sagt in meinen Mantel: ›Das ist schön, das freut mich für Ihre Mutter, meine Söhne wollen mich nicht.‹ Jetzt ruft sie Mami netterweise an, kann aber nicht kommen, wegen der Treppen.«

Henning ist noch in Gedanken.

»Wie lässt sich das erklären? Ich stelle mir das so vor für mich, dass das, was ich mit anderen … **Ich lebe ja in einer Hausgemeinschaft mit Gleichaltrigen, und wir haben viele**

Freunde, und wir sind eng miteinander, und ich wünsche mir so richtig, wenn ich dann irgendwann mal gebrechlich werde, das kann mir auch passieren, dass ich irgendwann mal dement werde oder Alzheimer kriege oder einen Schlaganfall oder …«

»Ich hoffe nicht …!«, unterbreche ich ihn.

»Das kann man sich doch gar nicht aussuchen.« Meine Mutter fixiert ihn beschwörend.

»Dass das dann hält, das ist so mein Wunsch.« Sie lächelt traurig und nickt ihm zu, das wünscht sie ihm auch. Alle essen stumm ihr Dessert.

»Jetzt, wo du sie so gefragt hast, ist mir etwas aufgefallen«, sage ich. **»Die Leute waren nicht in der Wohnung bei uns.** Da war ja mein Vater, und der war sehr introvertiert durch seine Schwerhörigkeit. Also in die Wohnung sind diese Leute nie gekommen. Du hast sie immer außerhalb getroffen, Mami. Hierher kamen nur gemeinsame Freunde zu richtigen Einladungen. Vielleicht liegt es daran. **Du hast alle Leute immer außerhalb getroffen. Vielleicht liegt es daran.**«

Meine Mutter gibt einen Laut von sich: »Mhmh.« Ob er zustimmend oder ablehnend ist, kann ich nicht verstehen, vielleicht nachdenklich. Ich denke laut weiter: »Früher gab es hier ja viel mehr Cafés … Da hast du sie eingeladen. Aber in die Wohnung sind sie nicht gekommen. Nicht? Besuch hattet ihr ganz selten. Und wenn, war das offiziell. Die Kanzlei meines Vaters war hier hinter der Doppeltür, das ist sehr hellhörig, das hätte ihn gestört. Wir Kinder waren von Wohnung zu Wohnung unterwegs, aber das betraf nicht die Elterngeneration.«

»Ich versuche nämlich den Leuten klarzumachen, dass man das üben muss. Dass man, wenn man noch einiger-

maßen fit ist, so wie ich jetzt, dass man dann auch sein Haus öffnen muss und dass diese Scheu voreinander: ›Um Gottes willen, die nehmen einem was weg, oder ich bin nicht ganz fit, oder es ist nicht alles so, wie ich es gerne hätte‹ – das sind ja oft Gründe, dass die Leute die Tür lieber zuhalten, dass man die überwinden muss und dass sich dann daraus Vertrauen entwickelt und dieses Vertrauen dann einen tragen kann, wenn man selber darauf angewiesen ist. Bei einem meiner Vorträge meldete sich eine alte Frau, sie duzte mich: ›Du kannst mir erzählen, was du willst, in eine WG ziehe ich nicht!‹ So eine 75-Jährige. Und dann habe ich gesagt: ›Ja, und was machen Sie denn?‹ – ›Ich lebe alleine in meinem Haus, Kinder weg, Mann tot, ich mach das alles.‹ Dann habe ich sie gefragt: ›Kochen Sie?‹ – ›Jeden Tag.‹ – ›Immer oder machen Sie es nur einfach warm vom Vortag?‹ – ›Ja, manchmal.‹ – ›Manchmal haben Sie gar keine Lust zu kochen, dann essen Sie ein Scheibe Brot?‹ – ›Ja, auch.‹ Und dann meldeten sich weitere sechs, die genauso wie sie alleine in ihrem Haus lebten. Dann habe ich gesagt: ›Also gut, ich verstehe das, dass Sie nicht in eine WG wollen. Aber was wäre denn, wenn Sie sich jetzt verabredeten, sich gegenseitig jeden Tag einzuladen zum Mittagessen.‹ Also jede von diesen sieben Frauen ist einmal in der Woche dran mit Essen machen für alle sieben und dann geht das rum. Da sparen Sie Geld, jeder spart da Geld, weil einmal kochen ist günstiger als siebenmal in der Woche. Sie wollen natürlich alle so gut sein wie die andere und kochen jetzt wieder nach Kochbuch. Wer kocht alleine schon nach Kochbuch? Kein Mensch. Und sie haben einen festen Termin. Sie haben mich erst ausgelacht und nach einem halben Jahr haben sie mir geschrieben, sie machten das und es klappte. Es wäre wirklich so, dass es billiger wäre, und sie ärgerten sich, dass sie Kochbücher schon weggeschmissen hätten, sie bräuchten die jetzt wieder. Das Tollste kommt dann, was ich ihnen gar nicht empfohlen hatte: Sie hätten ihre Schlüssel ausgetauscht. Das habe ich mich gar nicht getraut zu sagen, weil ich dachte, dann denken die, ich will in ihre Wohnungen rein. Jetzt hat jede von den anderen sechs die Haustürschlüssel, und wenn dann eine nicht kommt und auch nicht aufmacht beim Klingeln, schließen sie die Tür auf. **Das ist eine Struktur, die ist ganz einfach, da ist keine Organisation dahinter, ist kein Verband und gar nichts.** Aber diese sieben haben sich auf diese Weise eine kleine Struktur geschaffen. Und wenn jetzt mal eine krank wird, sind die anderen sechs da. Davon rede ich, das will ich unter die Leute bringen.«

»Und das noch mit allen Altersgruppen gemischt. Ja, darum geht es. Das ist hier vielleicht der Grund, erstens mal sind für die Gleichaltrigen dreieinhalb Treppen halt zu hoch, das schaffen die nicht, dann ist Berlin natürlich groß, die müssten jetzt erst anreisen …«

»Wie kommst du denn mit ihr runter?«, fragt Henning vor meiner Mutter.

»Im Moment gar nicht mehr. Also selbstständig laufen kann Mami nicht mehr bis unten.«

»Muss man jemanden zum Tragen haben.«

Meiner Mutter ist das Gespräch unangenehm, sie reibt sich ihre Augen, sie sind trocken: »Ich mache dir gleich Augentropfen rein …«, sage ich zu ihr und hole die künstliche Tränenflüssigkeit: »Die Behindertenfahrdienste tragen nicht gerne Menschen runter?« Ich träufle ihr Augentropfen in beide Augen. Sie hält ihre Augen geschlossen. Ein Teil fließt wie eine Träne über die Wange. »Du hast auf jeden Fall das Risiko, dass da nicht jemand Nettes ist … Alles hat lange Auswirkungen, davor habe ich auch Sorge.«

Meine Mutter möchte zum Bad. Während sie auf der Toilette ist, mache ich mit Henning eine Wohnungsbegehung. Zeige ihm auch mein altes Kinderzimmer. Dann kümmere ich mich wieder um meine Mutter. Der Zeitdruck sitzt mir im Nacken. Wir müssen los. Meine Mutter spürt das. Sie ist etwas traurig, fühlt sich irgendwie dazwischengeschoben. Sie hat eine andere, sehr sensible Zeitempfindung, natürlich eine andere Kräfteökonomie und eben so selten Besuch. Ich bin mit mir ärgerlich: Ich hätte die Termine besser absichern müssen. Ich muss mich zur Ruhe zwingen, sie geduldig in ihrem sehr langsamen Tempo begleiten: Schritt, Schritt, stehen bleiben, Schritt, Schritt, vom Bad über die Schwelle durch die Diele: Schritt, Schritt, stehen bleiben, Schritt, Schritt, über die Schwelle zum Wohnzimmer zu ihrer Liegestatt.

Stille. Von Henning hören wir nichts. Auch meine Mutter lauscht. Ich sehe ihn ganz still an dem Schreibtisch meines Vaters sitzen. Spontan bin ich schockiert. Da durfte nie jemand anders sitzen als mein Vater. Auch ich habe da noch nicht gesessen, auch nicht nach seinem Tod. Alles dort ist noch unberührt, seine persönliche, akkurate Ordnung, seine Dekoration. Mein Arbeitstisch im vorderen Teil des Zimmers ist ein Grande Desaster. Ich helfe meiner Mutter, sich auf das Pflegebett zu setzen, die Beine rumzuschwingen, sich hinzulegen. Reiche ihr den Dreieckgriff vom Balken des Pflegebettes, bitte sie, die Füße aufzustellen, halte sie fest, bitte sie sich selbst hochzuziehen. Das Hinlegen ist ein anstrengender Akt für sie. Greife in die Mitte zwischen ihre Schultergelenke, hebe sie an und richte die Kopfkissen. Dann decke ich sie zu. Wir lächeln uns an. Ich küsse und umarme sie und sie mich.

Henning sitzt jetzt auf dem Sessel zwischen Papos Schreibtisch und dem Fenster. Mein kleiner Schreibplatz, mein

Rückzugsort der letzten nahezu vier Jahre. Die würdevolle Andacht, die von Henning ausgeht, gibt dem Raum einen besonderen Wert. »Können wir?« – »Ja, wir sollten.« Meine Mutter verabschiedet Henning. Schon im Mantel und in der Tür winkt uns meine Mutter lächelnd mit beiden Händen weiter zu, bis die Tür endgültig geschlossen ist. Wir rennen im Galopp die Treppe runter.

Auf zum Bundestag

Henning faltet sich so schnell in das kleine Auto, als wäre er ein Schlangemensch des chinesischen Staatszirkus. Puh, in 20 Minuten von Steglitz, Teltowkanal bis zum Bundestag/Paul-Löbe-Haus? Gut, den Weg kenne ich, bin ich schon oft gefahren. Ich beschließe, einfach nicht mehr an die knappe Zeit zu denken. **»Das machst du gut mit deiner Mutter«, sagt Henning schlicht.** Das rührt mich und haut mich um. Aus irgendeinem Winkel meines Herzens höre ich mich sagen: »Noch zwölf Jahre halte ich das nicht aus.«

»Das wird so nicht sein, das sehe ich deiner Mutter an.«

»Der Arzt war gestern da, er sagt, sie kann noch leicht zwölf Jahre leben. Ich weiß nicht, ob ich ihr das wünschen soll, ich liebe sie, aber ich fühle mich ebenfalls 85-jährig. Als sie 50 war, war sie ständig unterwegs. Ich war zwölf Jahre alt, ich wurde überall untergebracht. Meine Eltern waren dreimal im Jahr ohne mich auf Reisen, waren jedes Wochenende auf Entdeckungstour. Ich kann das jetzt verstehen, ich merke, wie in mir ein Lebenshunger aufsteigt. Ich wünsch ihr ja nicht …«

Henning beobachtet den Verkehr. Nach einer Pause:

»Nicht, dass sie …, aber sie ist gebrechlich.«

Auf der Potsdamer Straße nehme ich den Gedanken aus unserem vormittäglichen Zweiergespräch wieder auf: »**Ich finde auch, dass wir Mut machen sollten, sich zu äußern und sich an Volksvertreter zu wenden.** Also ich war mal nach der *Münchner Runde*, der Bayerischen-Rundfunk-Talkshow, anschließend im Chat dabei: Da kamen Fragen, Fragen, Fragen, und ich habe gesagt: ›Schreiben Sie Ihrer Sozialministerin, fragen Sie die das. Wenn Sie das in Bayern nicht haben, dann ist das Ihr Aufgabengebiet, fragen Sie danach.‹ Irgendwann haben die Redakteure gesagt, wir müssten jetzt aufhören, alle Leute anzuregen, Briefe zu schreiben an ihre Volksvertreter, sonst hätten sie hier eine Revolution. Habe ich gesagt: ›Ist doch super.‹ Ich sitze mitten im Bayerischen Rundfunk und darf das den Zuschauern sagen. Und viele haben das auch gemacht. Und ich denke, viele vergessen, dass sie es überhaupt dürfen. Es geht ja nicht ums Motzen, es gilt auch zu sagen: ›Hey, was ist denn da …‹«

»… das kann man organisieren. Barack Obama hat alle seine elektronischen Anfragen millionenfach beantwortet. Während des Wahlkampfes. Man kann demokratische Repräsentanten so in diese neue Kommunikationsstruktur reinplatzieren, dass die da auch wirklich antworten«, führt Henning weiter. »Die merken es dann natürlich, wenn viele, ein Pool von Leuten für ihn antworten. Aber das ist eine viel direktere Art der Kommunikation. Dann kriegen die auch mit, was gedacht wird, oder?«

»Ganz genau.« Wir kommen zügig, aber ruhig durch den Verkehr. »Und ich frage mich, da alle Politiker ja auch Menschen sind und in der Regel auch bereits ältere und immer älter werdende Menschen … Nicht jeder ist ja so weise und steigt aus wie du zu einem richtigen Punkt …«

»Manche werden rausgeschmissen«, sagt Henning trocken.

»Das ist ja dann auch in Ordnung. Aber wieso, wenn sie

dann kapieren, dass es auch auf sie zukommt, das Alter, wie können sie damit leben, dass sie, wenn sie die Position haben, sich nicht wirklich dafür einsetzen?« Ich verstehe das wirklich nicht – wieder eine rote Ampel.

»Patentrezepte habe ich nicht. Also das, was ich da so vorgelebt habe, das will ich auch nicht als Normalfall darstellen ...«

»Man muss doch auch mit seinem Gewissen zurechtkommen ...«

»Ich will nur sagen, wenn man sich in öffentlichen Ämtern bewegt, und wenn man sich einrichtet in öffentlichen Ämtern ... Du hättest hier abbiegen können, dann hätten wir uns die Ampel am Potsdamer Platz gespart ...« Stimmt, aber ich mag den Weg nicht, in der Verlängerung führt er zu dem Hospiz, in dem mein Vater lag. Ich höre Henning weiter zu:

»Dass man sich nicht nur auf Gremien und auf Institutionen verlässt, sich sagt, die werden mich schon begleiten, die werden mir schon die Arbeit abnehmen, sondern dass man parallel dazu, zur gleichen Zeit, eine Struktur entwickelt, auch gerade als Repräsentant, als politisch exponierter, eine Struktur entwickelt, wo ich wirklich mittendrin bin, wo dieses Immer-mehr-Haben und Ich-neide-jetzt-das-Gehalt-des-anderen-weil-ich, wo das gar nicht wichtig ist, sondern wo ich plötzlich zwischen den Leuten bin und merke: Es gibt auch ganz zentrale, existenzielle Fragen, über die ich mich wieder, entdecken kann ...«

Wir halten an der roten Ampel am Potsdamer Platz, ich will hier links zum Brandenburger Tor abbiegen.

»... und wo ich mich auch mal einfach anlege mit einer ...«

»... ich wünsche mir, dass wir eine solche **Kultur des Sich-Beteiligens, im innerlichen Sinne, also nicht nur sich ritualisiert beteiligen, sondern sich einmischen und sich**

persönlich verantwortlich machen, *haben*… Ich habe mal Jimmy Carter erlebt. Stell dir vor, ich war 1986 in den USA mit Journalisten zusammen, und da haben wir in der Bronx einen Shelter, eine Organisation für minderjährige Mütter mit ihren Kindern von einer jüdischen Hilfsorganisation, besucht, und plötzlich sagt einer: ›Da drüben in der Ruine arbeitet Jimmy Carter.‹ Da stand der ehemalige US-Präsident in so einem Overall und enttrümmerte da … Ich war von den Socken. Ich habe mit ihm geredet, er hat gesagt: ›Ich kann es nicht aushalten, dieses immer nur überall räsonieren … Ich muss das machen, ich muss das für mich machen. Ich muss diese sinnliche Erfahrung machen, dass ich das kann.‹ Dann hat er mir die Leute vorgestellt: ›Das sind meine Freundinnen. Und ich will dazu beitragen, dass die hier ein Wohnquartier kriegen. Bezahlen können sie das nicht. Wenn sie an den Markt gehen, sind sie sofort draußen. Die müssen das selber machen.‹ Dachte ich: ›Boah, so was, das finde ich richtig.‹ Das hat mir ganz großen Mut gemacht! Und diesen Mut, den müssen wir verbreiten.«

Punkt zwei Minuten nach ein Uhr halte ich vor dem Paul-Löbe-Haus. Henning entfaltet sich aus meinem kleinen Auto, greift seine Aktentasche: »Tschüss, die warten schon.« Ich frage noch schnell:

»Kann ich heute Abend auch zur Lesung kommen?«

»Das ist in der Bücherei der evangelischen Kirche da in Potsdam im Holländischen Viertel. Luise ist auch da, wir sind da bei Freunden … Das ist schon lange verabredet, wir sind seit fast 20 Jahren befreundet. Das ist nur eine Veranstaltung im kleinen Rahmen. Ich möchte die gerne unterstützen. Wir übernachten da auch.« Henning haut die Autotür zu. Das interpretiere ich so: »Da bist du auf dich gestellt, kannst aber kommen.« Ehe ich das von Henning noch klarer erfragen kann: Schwups, ist er weg.

Soll ich jetzt sofort zurück zu meiner Mutter? Mein Nachmittagsprogramm hat sich ja in Luft aufgelöst. Ich sehe nach links zum Kanzleramt hinüber und pfeife mich zur Ordnung. Nee, ich werde einen Parkplatz suchen und mich im Büro Angelika Krüger-Leißner für ihre Unterstützung, die Reservierung des Raumes für mein Henning-Gespräch bedanken und ihn leider absagen und zurück zu meiner Mutter.

Kurz darauf betrete ich die Pförtner-Sicherheitsschleuse vom Paul-Löbe-Haus. Henning, wieder ganz klein geknickte Giraffe, diskutiert mit der Pförtnerin. Im Scherz sage ich: »Kann ich helfen, ich kenne den Herrn.« Henning kommt nicht rein, weil »sein Termin« in dessen Büro nicht erreichbar ist und: »Ich habe ja keinen Dienstausweis mehr.«

Der Büroleiter von Angelika Krüger-Leißner hilft und holt uns ins Gebäude. Wir begleiten Henning zu dem entsprechenden Büro seines Termines: alles verschlossen. Offensichtlich alle in der Mittagspause. Wir plänkeln ein bisschen herum, bewundern das große Atrium.

Henning telefoniert mit dem Bremer Rathaus. Dann öffnet sich der Lift, seine Verabredung kommt. Erklärung? Das Fax war der alte Termin, der neue war mit dem Bremer Rathaus telefonisch ausgemacht worden und stand in seinem Kalenderausdruck. Für weitere Verabredungen beschließe ich, mir das zu merken.

Ein freier Nachmittag. Was soll ich damit machen? Gleich zurück zu meiner Mutter? Die freie Zeit genießen? Plötzlich fühle ich mich wie ausgesetzt. Ich werde um zwei zu Hause anrufen und mich vergewissern, das alles gut ist. Ich laufe zum Bundestag im Reichstagsgebäude. Die Glaskuppel glänzt in der Sonne. Ich schreite die große Freitreppe zwischen Reichstag und dem ehemaligen Reichstagspräsidentenpalais, das heute ein Teil des Jakob-Kaiser-Hauses ist, hinunter zur Spree. Sprachfetzen in vielen Sprachen wehen mir zu. Schleppe mich müden Schrittes vorbei am ZDF-Hauptstadtstudio bis zur Friedrichstraße. Hier steht der Tränenpalast. Die Ein- und Ausreisehalle für DDR-Besucher, in der ein Vopo mir am ersten Weihnachtsfeiertag, ich war fünf Jahre alt, meinen Teddy ermordet hat. Er war das vom Mund abgesparte Weihnachtsgeschenk meiner Oma gewesen. Unser beider Stolz und fast genauso groß wie ich. Der Grenzer vermutete Schmuggelware darin, oder war es sein Auftrag, zu schikanieren? Er nahm ein Messer und schnitt meinem Teddy den Bauch auf, entfernte die Holzwolle und schmiss mir die leere Hülle in die Arme. Meine Mutter in Pelz zog ihre Lederhandschuhe aus und ohrfeigte damit den Herrn. Ergebnis: Leibesvisitation für uns beide, en détail.

Ich trinke einen Kaffee in der Kantine des Berliner Ensembles. Laufe zurück, lese auf Glaswänden am Spreeufer zum Reichstag hin den ersten Paragrafen von unserem Grundgesetz: Artikel 1 GG Absatz 1: »Die Würde des Menschen ist unantastbar.« Laufe weiter an der Bundestags-Kita vorbei. **Wann wird es hier einen Bundestags-alte-Eltern-Garten geben?** In Kanada bieten das Firmen ihren Mitarbeitern an: Tagesversorgung für hilfsbedürftige Eltern.

Ich laufe zum Kanzleramt, weiter bis zur Schwangeren Auster. Von Ausflugsdampfern winken mir Menschen zu. Diesen Ausflug habe ich oft mit meinen Eltern gemacht: zu Fuß, per Schiff, am Ende nur noch per Auto. Meine Mutter liebte den Boulevard am Wasser und unser Einkehren in dem Restaurant

»Ständige Vertretung« oder im Restaurant in der Kuppel des Reichstages. Meinen Vater erfüllte es immer mit Stolz. **Auf der Brücke zum Bundespresseamt breitete er seine Arme aus: »Unsere Demokratie!«**

Mit Mutter und Selma ist alles in Ordnung.

Und nun am Abend noch Potsdam, was für ein Tag! Vor der Buchhandlung frage ich, wo die Lesung stattfindet. Im Hinterhof, einem Quergebäude, ein alter Klinkerbau für Kleinindustrie aus dem letzten Jahrhundert. Der Mann, der mir die Auskunft gab, gehört zur Buchhandlung. Er fragt mich ganz aufgeregt, ob er Henning das heiße Wasser auch in einer Thermoskanne anbieten kann, in der vorher schon Kaffe gewesen wäre. Ich verstehe die Frage nicht. »Wird er das nicht schmecken?«, fragt er besorgt. Ich beruhige ihn.

In dem Raum warten rund 80 Leute. Eine ältere Dame fragt mich nervös, ob Henning noch einen Herrn, sie nennt mir den Namen, kennen würde. Der sei aus Potsdam und war dann an der Uni in Bremen … Habe ich einen Zettel am Kopf: »Kenne Henning«? Ich sage ihr, dass ich das nicht wissen kann, bitte sie, das Henning doch persönlich zu fragen. »Ja, geht denn das?«, ruft sie aus. Nach meiner Bestätigung sitzt sie aufgeregt wie ein junges Mädchen ein paar Reihen vor mir. Alle sehen gespannt zur Bühne, unterhalten sich leise. Henning betritt hinter dem Publikum den Saal. Er geht durch die Reihen und begrüßt jeden mit Handschlag und ein paar Worten. Auch mich. Ein anderer Henning, er ist fast schüchtern zu mir. Vorne angekommen, bekommt er Applaus. Luise und seine Freunde sitzen vorne in der ersten Reihe. Hennings Lesung ist ein freier Vortrag, ein monologischer Dialog, er berichtet aus seinem Leben, was ihn bewegt, was er lernt im Alter. Er teilt mit dem Publikum sein Wissen, seine Gedanken, seine Visionen. Luise berichtigt ihn mit einem Zwischenruf in klarer Stimme: »Wir sind keine WG. Wir sind eine Hauswohngemeinschaft.« Das Publikum ist rege mit Gefühlen, Reflexionen dabei. Es ist ein aktives, konzentriertes Zuhören. Dann liest Henning ein wenig aus seinem Buch *Zu Gast bei fremden Freunden*.

Danach folgt ein wirklicher Dialog mit den Zuhörern, da ist er in seinem Element. Henning fühlt sich wohl, reißt mit. Er erzählt das Beispiel mit den Damen, die jetzt zusammen kochen. Hennings Lebenswunsch, mit seinem Jura-Studium, jedes »das geht nicht« in ein »so geht das« verwandeln zu können. Henning ist ein christlicher, weltlicher Mentor: ein Möglichmacher. Ich glaube, sein Vater wäre stolz auf ihn. Die Zuhörer hängen an seinen Lippen, fragen nach, zweifeln: »Können wir das auch?« – »Hier können Sie sich gleich kennenlernen!« Henning gibt auch zu: Zur Gartenmitarbeit hatte er sich vollmundig gemeldet, auch zum Kochen, beides leider nicht sein wirkliches Talent. Auch in der Enkelkinderbetreuung ist er in der zweiten Reihe. Er stellt auch klar: Man muss nicht wohlsituiert sein, um was zu ändern, um zusammenzuziehen.

Nach gut zweieinhalb Stunden sagt Luise vorne: »Jetzt ist mal Schluss.« Henning schaut sie überrascht an: »Meine Luise sagt, ich soll Schluss machen, gut, ich wünsche Ihnen noch einen schönen Abend.« Und schwups ist Henning vor dem Saal und signiert und beantwortet weiter Fragen. Luise steht im Hof und raucht. Gegen eine kleine Spende stehen Getränke und Nüsse bereit. Ich nehme Wasser und Wein und schaue zu. Spreche mit den Freunden von Henning, die von unserem gemeinsamen Buchprojekt gehört haben. Sie berichten, Henning sei sehr spät aus Berlin zu ihnen gekommen, konnte nur schnell ein Brot essen und dann war schon die Lesung. Er hatte keine Pause. Luise kommt dazu, in der Hand Rotwein und den Danke-Blumenstrauß. Wir bewundern die Schönheit der gelben Ranunkeln. Darin das Wunder des Lebens.

Henning ist fertig und verabschiedet sich von mir mit einer Umarmung: »Ich bin tief bewegt von euch zu Hause.«

Am nächsten Morgen bin ich total erschöpft. So ein anderes Leben. Mein Energielevel hat sich an meine Mutter angepasst. Meine Mutter schnarcht noch, als ich an ihr Bett trete. Kaum habe ich meine Hand auf ihre gelegt, schlägt sie ihre Augen auf und strahlt mich an: mit einer Liebe, die für die ganze Welt reicht und für sie und mich gedacht ist. »Henning gut?« Ich löse die Arretierung der Seitenbegrenzung des Pflegebettes. »Ja, er war sehr mitreißend. Freier Gedankenvortrag. Das Publikum hat ihn gemocht.« Ich helfe ihr, sich aufzurichten, reiche ihr ein Getränk. Streichle ihren Rücken, Mami schmiegt sich an mich. Das ist unser tägliches Morgenritual. »Henning klein.« – »Klein?« Ich verstehe nicht. Sie trinkt, will sprechen. »Bitte erst runterschlucken, dann sprechen. Mami, erst schlucken«, unterbreche ich sie. Sehr gut. Sie hat sich nicht verschluckt. »Klein? Er hat fast deinen Kronleuchter aus der Verankerung gehoben, es sah aus wie eine Kristall-Perücke, der König aus dem Norden.« Wir lachen in der Erinnerung daran. »Wenig«, sagt meine Mutter: **»Henning wenig zu mich, mio.«** Sie hält meinen Blick, diese braungrünen Augen in dem schönen Altdamen-Gesicht. **»Er kommt wieder. Er ist auch nur ein Mensch.«** Mir fehlt auch Zeit mit Henning. Ich analysiere unser Material, überrede eine Freundin, bei meiner Mutter zu bleiben, und rufe ihn spontan an. Und diesmal ist er – schwups – für mich da.

Wir treffen uns in Potsdam. Die Zeit ist knapp, also fangen wir gleich an. Ich frage Henning: »**Die 68er,** die doch schon in der Jugend ihre Erfahrung mit Wohngemeinschaft und Wahlfamilien gemacht haben, ich kenne mich ja nicht so mit 1968 aus, ich bin 1958 geboren, in Berlin sitzen die 68er jetzt in schicken Altbauwohnungen oder Ähnlichem, sind eher kleinbürgerlich strukturiert, mit sich, Kinder aus dem Haus und fertig … Würdest du von denen eine neue Bewegung erwarten?«

»Ich glaube, es gibt nicht die 68er, sondern es gibt alles. Du hast recht, es sind welche, die ganz kleinbürgerlich geworden sind, es gibt aber auch welche, die jetzt, wo sie ins Rentenalter kommen, überlegen: Was war eigentlich? Da entdecke ich bei meinen Rundreisen Leute, die du als 68er entsprechend deutest, so grauhaarige Lehrerinnen, weißhaarige Pastoren, weißhaarige Ärzte, die plötzlich sagen: ›**Wir wollen das anders machen.**‹ Die meine ich! Das sind nicht alle 68er, aber das sind Leute, die einen Teil ihrer Biografie gut in Erinnerung haben, nicht verdrängen und die sagen: ›Das, was wir damals begonnen haben, hätten wir doch eigentlich fortsetzen können, oder können wir doch jetzt wieder ausprobieren.‹ Jedenfalls ist das nicht so tabumäßig wie bei denen, die so etwas nie gemacht haben. Die haben ganz stabile und noch sehr präsente Erfahrungen aus dieser Zeit. Wenn man daran anknüpft, kann man darauf aufbauen. Meine WG-Leute und ich sind alle keine 68er, wir sind älter als die 68er-Studenten. Wir haben als Leute, die im Beruf waren, Anteil genommen an den Studenten, die nach uns kamen, und das hat uns angeregt. Wir sind nicht weg-gelaufen. Wir haben uns nicht alle nur über die RAF empört und sind dann stehen geblieben, sondern wir haben die vielen anderen gesehen. Die Kreativen, die aufgebrochen sind. Die Tabus gebrochen haben, die Klischees überwunden haben. Und die fanden wir gut. Die haben wir dann mit unseren eigenen Kindern vertraut gemacht. Wir haben eine Kinderladenbewegung als Elterninitiative gemacht. Wir waren die Ersten in Bremen, die einen Kinderladen mitgemacht haben. Ich glaube, man kann daran anknüpfen. So wie man an kinderreiche Familien anknüpfen kann, die früher mal mit elf, zwölf Kindern groß geworden sind. Es ist eine Hilfe, wenn man das im Hintergrund hat, aber es muss nicht unbedingt sein. Man kann auch darüber hinweggehen. **Man kann dann schrittweise ausprobieren, wie dieses Zusammenleben funktioniert. Ob man es aushält. Ob man noch die Anregungen, die da noch möglich sind, annimmt. Oder ob man sich gegen die verschließt.«**

Ich nicke Henning zu, und er fährt fort: »Ich glaube, Leute, die ein Leben lang auf der Suche gewesen sind und die immer wieder auf Neues offen zugegangen sind, freuen sich, wenn sie was dazulernen können. Die haben eine gute Voraussetzung, das auch weiter zu tun. Und Leute, die eigentlich ein Leben lang gesagt haben: ›Ich mache das so, wie ich das immer gesehen habe‹, das sind doch alles Spinner, die haben auch im Alter ein Problem. Also es gibt schon einen Vorlauf. Darum denke ich, **haben wir in den nächsten 10, 20, 30 Jahren es mit einer anders zusammengesetzten Alterspopulation zu tun.** Wir kommen nicht aus der Nazi-Disziplinierungszeit, wir sind nicht bei der HJ gewesen. Oder der Wehrmacht. Haben nicht für die Nazis, für den Massenmörder Hitler unseren Kopf hingehalten. Wir sind in der Nachkriegsgesellschaft aufgewachsen. Selbst die in der DDR Sozialisierten haben eine andere Situation als ihre Eltern, die im Zweiten Weltkrieg oder von der Zeit davor geprägt waren. Und mit denen muss man rechnen. Die gucken sich selbst und ihre Nachbarn anders an. Ich hoffe das jedenfalls, und ich spüre das auch. Ich spüre, dass das nicht nur irgendeine Projektion ist. Es kommt mir überall entgegen.«

»Das heißt doch eigentlich, dass diese Ein-Zimmer-Appartementhäuser und 1,5-Zimmer-Appartement-Häuser der 60er-Jahre, die gerade für alte Leute gebaut wurden, ein Fehler waren. Das ist doch Beförderung der Vereinzelung: Jeder wird in eine Wohnwabe gesteckt, jede komplett gleich ausgestattet. So wird er gezwungen, dass jeder die eigene Waschmaschine hat etc.«

»Finde ich auch, Ilse. Das galt mal als was ganz Tolles, Modernes, Progressives. Möglichst den Haushalt durch-rationalisiert, damit man auch seinen Kopf frei für anderes hat. Das war alles mal ganz modern begründet. **Alles in der Hoffnung, dass die als Nachbarn miteinander kommunizieren!** Aber das ist ja schwer. Wenn man es nicht darauf anlegt, dass man sich begegnet. Dann passiert es, dass man sich ganz fremd ist. Und eher den anderen als Bedrohung erfasst. Ja, das ist schade. Wir müssen richtig daraus lernen. Aber warum eigentlich nicht? Warum soll man heute für alle Ewigkeit bauen? Warum soll man diese Häuser nicht verändern? Sie veränderten Bedürfnissen anpassen. Die Architekten, wenn die gut sind, planen doch für Leute, die ihre Zeitgenossen sind. Ich wäre froh, wenn ich Architekten hätte, die bedarfsgerecht für das, was gewünscht wird, bauen und umbauen. Ich setze darauf, dass man in diesen Wabenkisten, von denen du eben geredet hast, Umbaumaßnahmen umsetzt. **Man muss den Mut haben, Wände einzureißen, Türen aufzumachen. Begegnungsplätze finden – Orte schaffen, an denen man sich begegnet, an denen man sich austauscht, an denen man sich schützt. Durch Nähe und nicht durch Abstand.** Und das kann ich mir ohne große Mühe vorstellen … Ich bin zwar kein Architekt, aber das kriege ich hin.«

»Ich denke, so billige Betonteile, die einfach in den 60er-Jahren zusammengeschoben wurden, um auch den Bedarf zu decken, darf man auch abreißen ...« Henning unterbricht: »Kommt darauf an! Meistens sind die in den 70er-, 80er-Jahren gebauten Großwohnanlagen richtig solide, es ist nur viel zu viel übereinandergestapelt worden, die Anonymität ist das große Problem und auch die Segregation, Trennung. Dass wir in diese geballten Wohnungszentren die armen Sozialhilfeempfänger und Hartz-IV-Empfänger mit den Zugewanderten zusammengebracht haben und dass alle, die irgendwie ein paar Mark oder Euro auf der hohen Kante hatten, ihr Häuschen im Grünen, jedenfalls ihr eigenes gebaut haben. Das war nicht gut! Man muss die Milieus mischen und nicht gegeneinander ausspielen.« Wir schenken uns Tee und heißes Wasser nach.

»Warum sind inzwischen die Altbauwohnungen, die ja oft aus dem 19. Jahrhundert kommen, so beliebt? Unser Haus in Bremen wurde 1829 erbaut, und unser Vorbesitzer und Architekt wollte damit Geld machen, der wollte das als Spekulationsobjekt anbieten, damit man es abreißt und ein Hochhaus baut. Und wir finden gerade, weil es so eine alte Klamotte ist, weil es dicke Wände hat, im Sommer wunderbar kühl ist, im Winter richtig schön puckelig ist und nicht auskühlt, wir finden das toll, und wir haben Doppelfenster reingebaut, haben andere Fußböden reingelegt, aber die alte Struktur gelassen.«

»Meine kleine Studentenwohnung, das ist die alte Wohnung meiner Oma, die meine Mutter gekauft hatte, damit sie nah bei der Familienwohnung ist. Das ist so ein 60er-Jahre-Sozialbau. Eine kleine Betonkiste, und da sind halt rechts und links, wenn man auf das Haus guckt, 1,5-Zimmer-Wohnungen und in der Mitte Ein-Zimmer-Wohnungen. Ende. Und so ein riesiges zentrales Treppenhaus, da kannst du schwer umbauen. Da kannst du zwar Wände einreißen, aber dann hast du auch nur kleinteilige Räume, in denen du nichts weiter groß machen kannst. Also wie ein etwas besseres Studentenheim. Nichts dagegen zu sagen, wenn man in der Lebensphase gerade ist, aber …«

»Wenn es nicht geht, dann hast du recht, ich will jetzt nur nicht für alle Bauten reden. Aber man muss sich das genau angucken.«

»Vielleicht reicht ein Perspektivenwechsel, ein neuer Blick auf diese Architektur, wenn man die Wohnungen nur als Rückzugsorte begreifen würde und die Wohnungstür eher als Zimmertür. Wenn man Platz im Haus für alle zur gemeinsamen Nutzung bereitstellen und definieren würde, ginge das vielleicht. Man könnte eine Wohnung als ›Hausrestaurant‹ für die gemeinsame Verpflegung und Begegnung einrichten, eine ›Haushaltswohnung‹. **Sich eben als Gemeinschaft sehen und agieren, nicht als Einzelmieter.** Das bräuchte ein neues Denken und auch ganz andere Mietverträge. Bei einer typischen Berliner, Hamburger oder Bremer Altbauwohnung ist man ja davon ausgegangen, dass da zehn bis zwölf Leute leben. Und gerade durch die dicken Wände und durch den Grundriss hinten der Küchentrakt, die kleineren Zimmer, dort die Privatbereiche, und vorne hast du zwei bis drei Zimmer, die ineinander übergehen, was der Gemeinschaftsbereich sein kann. Da ist das ja schon gegeben. Die sind ja zum Teil später auseinandergerissen worden, wenn man die wieder zusammenlegt, kann man da wunderbar leben. Ich habe in meinem Freundeskreis gefragt, wer mit mir denn in so ein Ding einziehen will … Ja, keiner! War ich sehr überrascht. Die wohnen alle sehr schön und sagen: ›Ach nö, du kannst gerne immer wieder hier übernachten, das ist schön, wenn du da bist, aber hier weg und ganz woanders hin …‹, da war keine richtige Bewegung …«

»Ich zitiere immer die Bertelsmann-Stiftung, Ilse, die hat eine mehrbändige Untersuchung über gemeinschaftliches Wohnen gemacht. Das war schon 2005. Ich vermute, das ist inzwischen weitergegangen. Aber die kommen auf 9000 Beispiele, die es in der Bundesrepublik schon gibt. Also nicht institutionell, sondern von einzelnen Leuten initiiert. Da steckt ein großes Potenzial dahinter. Und sie sagen, es gibt einen Bedarf von einer Million Menschen, so habe ich da gelesen. Ich spüre, das hat sich seitdem erheblich gesteigert. Und das merke ich an vielem, an dem Interesse der Landesbausparkassen, der Wohnungsbauunternehmen, der Wohnungsbaugenossenschaften. Das wollen die nutzen, das ist der einzige Markt, der noch spannend ist. Und da wollen die Anteile haben. Bevor die sie abreißen, können wir ja die eine oder andere Sache umbauen. Da ist eine wachsende Szene. In dem Zusammenhang kommt dann immer die Frage, das können sich nur Leute leisten, so wie ich, die eine ordentliche Pension haben oder die eine akademische Ausbildung haben. Das stimmt nicht! Es gibt inzwischen Sozialhilfeempfänger, die mit Unterstützung der Sozialämter, die ja auch ihre Miete finanzieren, sich behutsam zusammentun. Alleinerziehende Mütter sind das klassische Feld für Sozialhilfe. Die haben dann zwei bis drei Kinder, auch von verschiedenen Männern. Die Männer sind dann weg, die sitzen da mit ihren Gören, schwer überfordert, die Sozialhilfe reicht vorne und hinten nicht und sind unglücklich und lassen die Kinder vor dem Fernseher sitzen. Und wenn dann ein kluger Sozialamtsmensch so zwei bis drei alleinerziehende Frauen mit ihren je drei bis vier Kindern mit zwei, drei, vier vitalen Älteren zusammenbringt und denen anbietet: ›Wir organisieren euch das‹, dann macht der Vermieter immer mit. Der kriegt die Mietzahlungen ja direkt vom Amt. Die sind dann bereit, für das Sozialamt solche Gruppen in umgebauten Wohnungen, mit eingerissenen Wänden und Türen, zusammenzusetzen, so dass sie sich gegenseitig helfen können. Ich finde das wichtig, dass man das auch sagt. Dieses resignative: ›Das können sich ja nur betuchte Mittelschichten leisten!‹, das ist falsch! **Es kommt darauf an, dass man die richtigen Leute zusammenbringt, die sich ertragen, die sich aushalten, die sich gegenseitig helfen, beispringen und unterstützen!**«

»Mir wäre es noch lieber, wenn bei den vier Älteren, welche vital sind und andere eben schon Unterstützung brauchen und die Jüngeren ihnen helfen.« »Das kann doch passieren. Es ist vielleicht sogar eine Hilfe, wenn so eine alleinerziehende Mutter durch das Kümmern um andere ein paar Euro dazuverdient.«

»Gut, aber da müsste es dann anders sein, dass das nicht gleich wieder **von der Sozialhilfe oder Hartz IV abgezogen wird.**«

»Das geht auch. Das machen inzwischen auch Sozialämter, die sagen: ›Wenn ihr Zuverdienste kriegt, lassen wir das bei euch stehen, weil wir daran interessiert sind, dass ihr nicht in einer resignativen Sozialhilfeabhängigkeit bleibt.‹ Das haben wir in meiner Sozialsenatoren-Zeit schon x-mal gemacht. ›Wir wissen das, dass ihr dazuverdient, aber wir lassen euch das, weil wir hoffen, dass ihr euch dadurch schrittweise aus der Sozialhilfe herausentwickelt.‹ Es gibt immer kluge Leute, die so entscheiden.« »Ich wusste nicht, dass das eine Einzelfallentscheidung ist.« Ich bin ehrlich erstaunt.

»Das haben wir gemacht. Wir haben Leute mit Sozialhilfe in die Selbstständigkeit gebracht. Ich habe sogar einen Zirkus mit Sozialhilfe finanziert. Ich habe ein Musik-Clown-Unternehmen mit Sozialhilfe finanziert, ich habe Maler, Kunstmaler über Sozialhilfe – ein richtiges Programm – dazu gebracht, dass sie ihre Bilder bei uns ablieferten, das war dann die Gegenleistung. Die haben Auktionen damit gemacht, so sind sie in ihrem Beruf geblieben, das ist doch super! Man kann sogar kleine Gewerbebetriebe, kleine Ausbildungsbetriebe mit Sozialhilfe finanzieren, geht alles. Dahinter muss immer ein fantasievoller Sozialamtsmensch stecken, der sagt: ›Ich will mit diesem Geld mehr machen als immer nur das Minimum zahlen, ich will das Geld nutzen, damit die Leute auf ihre eigenen Beine kommen.‹ Und das ist alles im Sinne des Gesetzes.«

»Ich glaube, da liegt vieles brach, Henning. Das wissen zu wenige, auf beiden Seiten! Das muss sich ändern. Deshalb machen wir unser Internet-Portal.«

Mein Handy klingelt. Die Studentin, die bei meiner Mutter ist, erklärt mir, dass ich zurückkommen muss. Sie hat eben erfahren, dass ihre Großmutter ins Krankenhaus eingeliefert wurde. »Tschüss, Henning!« Schwups, diesmal bin ich weg.

Einige Tage später erreicht uns Hennings Brief.

Liebe Ilse!
Nun war ich zum ersten Mal bei Euch zu Hause. Schon der An-marsch war ungewöhnlich: Ich bin nicht wie bisher gewohnt in Berlin Hauptbahnhof ausgestiegen, sondern in Berlin Südkreuz. Aber als ich ausstieg, Dich auf dem Bahnhof traf, in Deinen kleinen Wagen einstieg und zu Euch gefahren wurde, war mir, als sei ich im Ostteil der Stadt. Die vielen winzigen Läden und Buden, einige schon dicht, andere kurz vor dem Dichtmachen, das alles ist anders als die Reklamebilder der alten und neuen Hauptstadt, die Boom-

Town, die nach Klaus Wowereit sexy sein soll, eben für Junge, Abenteuerlustige, trendsüchtige Menschen attraktiv.

Wir stiegen dann die hohen Betonstufen bis in den vierten Stock zu euch hoch. Wie willst Du nur Deine behinderte Mutter für einen Arztbesuch da herausholen? Was musst Du allein für das Heraufschleppen von Nahrung und Pflegeutensilien für Treppen bewältigen? Und obwohl der Kiez vollgestopft ist mit Menschen, sieht so einer wie ich, dass die Kommunikation untereinander nicht selbstverständlich ist, eher wirken Treppenhaus, Hauseingang, Abstellplatz auf der Straße so, als hätte jeder hier seinen Unterschlupf gefunden, mit viel Abstand zum Nachbarn. Läden, Cafés, Spielplätze, Spazieranlagen habe ich beim An- und Abfahren nicht gesehen.

Aber hier bist Du aufgewachsen, mit 14 Jahren ausgerissen und wieder zurückgekehrt, um die schwer kranken Eltern nicht allein zu lassen. Ich weiß nicht, wo Du zwischenzeitlich gewohnt hast. Ich weiß, dass Du ununterbrochen Filme erfunden, inszeniert und produziert hast. Du bist also aus einer Glitzerwelt, wo alles jung, fit, dynamisch, erfolgsorientiert ist, hierher zurückgekommen. Was ist das für ein Spagat!

Dann war ich in Eurer Wohnung. Deine Mutter konnte zwar nicht ausdrücken, dass ihr mein Besuch Freude machte. Ich habe es aber in ihren Augen lesen können. Dann war da noch Selma, die tunesische Hilfe. Nun war ich in dieses Hilfebiotop eingedrungen. Das Wohnzimmer mit dem Bett Deiner Mutter. Weggeworfen wird hier selten etwas. Und Zeit für gründliches Renovieren gab es in den letzten Jahren nicht. Alles Vertraute muss bleiben und muss dann für die Rund-um-die-Uhr-Pflege hergerichtet werden. Ich habe zwischen den vielen Bildern und Büchern schöne Fotos von Dir gesehen. Du bist, auch wenn Du unterwegs bist, wie eine Art Engel gegenwärtig.

Als wir drei das von Selma vorbereitete Essen auffutterten, habe ich beobachtet, wie Du Deiner Mutter, die – vielleicht verlegen

durch meine Gegenwart – alles gut machen wollte, beigebracht hast,
langsam zu essen, bewusst zu kauen, nicht alles runterzuschlucken.
Es sollte normal, familienvertraut, halt wie immer sein. Vor dem
Mittagessen hatten Deine Mutter und ich alte Fotoalben geblättert.
Sie zeigte auf Dich und meinte, sie selber sei das. Es geht nach die-
sem schweren Schlaganfall, dem Sprachverlust, alles nur mühselig
voran mit der Kommunikation. Ich habe nur stückweise mithalten
können.

Dann Selma, die auch auf mich gewartet hatte. In der kurzen
Zeit habe ich viel über ihre schwere Lebenssituation gelernt. Diese
gütige, schwer schuftende Frau hat es mir angetan. Da haben sich
Menschen in Notlagen getroffen und versuchen, sich gegenseitig
beim Überlebenskampf zu helfen.

Nach dem Mittagessen bin ich durch Eure kleine Wohnung
spaziert. Dein kleines Kinderzimmer, in dem Du nun Nachtdienst
hältst, wirkte auf mich wie eine Klosterzelle. Die Knastzellen, die ich
kenne, wirken dagegen komfortabel. Der verstellte Flur, die über und
über bepackte kleine Küche, das Schlafzimmer Deiner Eltern, nun
ein großer Abstellplatz für die vielen Hilfsmittel und auch Platz
zum Trocknen der Wäsche. Das winzige Klo mit präparierter Brille
und Ablage für die vielen Einlagen. Und dann das Zimmer, in dem
Dein Vater als Alzheimer-Erkrankter gelebt hat. Du hast nach sei-
nem Tod noch nichts wegräumen können. Es wirkt, als könnte Dein
Vater jeden Augenblick zurückkehren und wieder Platz hinter dem
vollgemüllten Schreibtisch nehmen. Ich habe mich auf seinen Platz
gesetzt und versucht, die vielen Aufkleber, Bilder, ausgeschnitte-
nen und überklebten Bilder zu verstehen. Ein CSU-Aufkleber mit
Stoiber fiel mir als Botschaft, vielleicht auch als Abgrenzung gegen
die linke Ehefrau und die protestierende Tochter auf. Dann Bilder,
in die er seinen eigenen Kopf hingeklebt hatte, vielleicht um seine
Identität zu wechseln oder auch nur, weil er anders, weit weg sich
eher sah als in Steglitz. Und immer wieder Fotos von Dir. Trotz

Eurer Fehde muss er Dich, wenigstens in den letzten Jahren seines Lebens, sehr geliebt, vielleicht sogar angehimmelt haben. Mir ist in diesem Tohuwabohu deutlich geworden, dass auch hochgradig an Alzheimer erkrankte Menschen einen Ort brauchen, an dem sie sich auskennen, ihre verbliebenen Erinnerungen bewahren und sich bei aller Unzulänglichkeit noch selbstständig bewegen können. Ein leer geräumtes, hygienisch korrektes Krankenzimmer ist das genaue Gegenteil zu diesem Lebensort.

Ihr drei, Vater, Mutter, Tochter, musstet Euch in den letzten vier Jahren in dieser vollgestopften Wohnung einrichten. Voreinander ausweichen ging nicht. Wärme, Vertrautheit, Zusammenhalten, das habt Ihr in dieser Nische versucht. Ich stelle mir in dem großen Berlin und an vielen anderen Plätzen der Republik vergleichbare Überlebensorte vor. Danke, dass ich Dich zu Hause besuchen durfte. Und grüße Deine Mutter und Selma herzlich.

Henning

Die ganze Zeit wirken Hennings Einwände zu dem Verhalten der Ärzte gegenüber meinem Vater im Krankenhaus in mir weiter. Erst jetzt habe ich die Traute, das zu recherchieren. Henning hat recht: dass sich die Ärzte im Krankenhaus meinem Vater und mir gegenüber gesetzeswidrig verhalten haben! Sie hätten nach Vorlage der Patientenverfügung und meiner notariell beglaubigten Pflegevollmacht für ihn und meiner eindeutigen Mitteilung über die Wünsche meines Vaters ihm die Infusionen nicht geben dürfen! Was hätte ich tun können? Ich hätte zum Vormundschaftsgericht gehen sollen! Ha! Da habe ich lieber seine Hand gehalten. Realität ist aber auch, dass ich keinen Richter innerhalb von ein paar Tagen an das Bett meines Vaters hätte schleifen können. Kein Gerichtsurteil in angemessener Zeit bekommen hätte. So ist die Realität! Schöne Möglichkeit? Also »nichts gewonnen«, hätte

Papo gesagt. Wie alleine ich damals war, erfühle ich erst jetzt, wie ohnmächtig, ihm sein Leiden nicht ersparen zu können, seinem Willen gemäß. Mea culpa, Papo. Ich wollte dir jedes unnötige Leiden ersparen. Für meinen Schmerz kann ich keine Worte finden. Für meine Angst vor Zukünftigem? Auch nicht.

»Das Leben kann als ein Traum angesehen werden und der Tod als Erwachen.« (Schopenhauer) Selektive Wahrnehmung? Das hat mein Vater nie von Schopenhauer zitiert. Hat Schopenhauer an die Reinkarnation geglaubt?

TEIL III

Verantwortlich miteinander leben

Unser Leben geht weiter in der Taktung der stündlichen Toilettengänge. Ich bin im Nahkampf mit den Ärzten: Ohne Facharztbesuch kein Massagerezept. Hausbesuche von Fachärzten unmöglich, es sei denn, wird mir mitgeteilt: »Sie stellen bei sich zu Hause einen Geldsack bereit.« Meine Mutter zu einem Facharzt zu bringen, wäre eine übermäßige Strapaze für sie und auch für mich. Der Problem-Rollator ist immer noch nicht repariert, brauchbarer Ersatz nicht geliefert: Meine Lebenszeit wird in unzähligen Telefonaten verschlungen. Das Buch-Projekt gibt mir Stabilität und verführt mich, mein eigenes Leben wieder in den Fokus zu nehmen. Der Gegensatz zwischen dem, was sein könnte, und dem, was ist, lässt mich wie über einen Abgrund schwebend fühlen. Eigentlich gehöre ich »abgegeben« in eine Kur. Ich bin fertig und krank. Meine Mutter spürt das, sie hält meine Hand, macht mir Mut, ist auch traurig. Sie wünscht sich mehr Kraft, um mir helfen zu können. Ich schäme mich, verstecke meine Erschöpfung, so gut es geht. Jeder weitere Verlust von ihr bei der normalen täglichen Routine löst Verzweiflung in mir aus, die sich manchmal als ohnmächtige Wut entlädt. Nicht gegen meine Mutter. Noch nicht. Bitte nie! Ich fühle mich geknebelt, festgebunden, ja in einem Zeitlupen-Looping verfangen. In ein vorzeitiges Greisenalter gezwungen. Gehindert am eigenen Leben.

Ich bitte Henning um ein abschließendes Gespräch. Wir treffen uns ein paar Tage später wieder bei seiner Tochter in Berlin. Diesmal kenne ich den Weg und klingle pünktlich. Henning hat heißes Wasser und Tee vorbereitet, ich bringe das Gebäck, wir sitzen in der Küche. Auf Hennings Frage, wie es mir geht, platzt es aus mir heraus: »Ich bin nicht weinerlich, wie du weißt. Und ich meine das jetzt auch nicht weinerlich. Der Arzt sagt zu mir: ›Ja, machen Sie mal schön so weiter, da haben Sie gleich Ihren Herzinfarkt.‹ Das ist nicht in Ordnung meinem eigenen Leben gegenüber. Nicht dem Leben meiner Mutter.«

»Das stimmt alles. Alles richtig. Darum braucht es eine verlässliche Struktur, eine verlässliche Unterstützungsstruktur. Mein Ansatz ist, dass ich das, was du da mit deiner Mutter machst, dass ich das ganz wunderbar finde. Und ganz wichtig finde. Und ich möchte natürlich, dass das nicht die stille Ausnahme mit der absoluten Überforderung desjenigen, der das macht, ist. Sondern ich möchte, dass das zumutbar bleibt. Und das geht eben nur, wenn du **eine verlässliche ambulante Struktur** hast.«

»Das wäre wünschenswert. In anderen Ländern, zum Beispiel Norwegen, funktioniert es ja.«

»Weil du das so präzise benennst und weil man an deinem Beispiel die vielen Löcher und Lücken und Defizite in der bisher praktizierten Ambulanz studieren kann, darum kann man an deinem Beispiel und mit dir zusammen auch eine breite Öffentlichkeit erreichen: ›Leute, das ist es nicht! Wir wollen nicht, weil die Ambulanz zu unzulänglich ist, in von uns nicht gewünschte große Pflegemaschinen hineinkompliziert werden, in denen wir verschwinden. Wir verlangen, solange wir den Mund aufmachen können, dass sich das ändert.‹ Ich kann auch mit Ulla Schmidt darüber reden. Wir kennen uns schon lange. Die wird sagen: ›Natürlich will ich das, dass ambulant vor stationär geht, natürlich will ich das, dass das möglich ist, dass das die klassische Art ist, und die unterstütze ich.‹ Du streitest mit ihr nicht um das Ziel. Du streitest mit ihr nicht um die grundsätzliche Voraussetzung. Jetzt muss Kraft her und Energie für eine große Umstrukturierungsanstrengung. Ich bin optimistisch, dass das gelingt, weil unsere, in Deutschland praktizierte Art, mit den Alten umzugehen, singulär in der ganzen Welt ist.«

»Ehrlich, ja?« Ich bin erstaunt.

»Das macht keine andere Gesellschaft. Irgendeiner hat mir gesagt, Altenheime in Asien …«

»Ja, das habe ich dir erzählt …«

»Das gibt es bei uns gar nicht als Wort, ja, hast du mir erzählt …«

»Ja, in Thailand, ein Bekannter von mir lebt dort, er hat für mich gefragt, wie denn die Altenheime in Thailand organisiert sind. **Die Leute in seinem thailändischen Dorf haben ihn gar nicht verstanden, wonach er fragte: Altenheime? Das Wort gibt es da gar nicht.** Sie waren erschrocken: ›Wir dachten, Deutschland sei eine zivilisierte Gesellschaft, das Land Goethes?‹ – ›Regieren bei euch die Barbaren?‹, haben die gefragt. In Thailand leben die Alten in der Gemeinschaft des Dorfes, in der Familie.«

»So! Diese Reaktion habe ich überall. **Und darum ist das, was wir in Deutschland machen, wirklich ein großes Investieren in die falsche Richtung. Und zwar gigantisch in die falsche Richtung investieren.**«

»Absolut, ja.«

»Riesig, das ist richtig eine Industrie geworden, mit Hunderttausenden von Arbeitsplätzen.«

»Wenn ich das Pflegebudget hätte, wenn ich nur die volle Summe der Pflegestufe III hätte, könnte ich doch drei Frauen auf 400-Euro-Basis engagieren ... Ich würde drei Arbeitsplätze im Kleinen schaffen. Nämlich nachbarschaftlich.«

»Ich will nur sagen, das ist eine ganz zähe Sache. Wir beide haben uns da ein Riesending vorgenommen. Natürlich schaffen wir das nicht alleine, sondern das braucht eine ganz breite Struktur. Das Auffällige ist, dass wir in den Zielen gar nicht auseinander sind. Da sind eigentlich alle dafür.«

»Zusätzlich muss noch in die Nachbarschaftlichkeit investiert werden. Es muss möglich sein, dass man die tunesische Mutter, die ihre vier Kinder versorgen muss, und die Hartz IV oder Sozialhilfe bekommt, dass die bei mir auf Stundenbasis arbeiten kann, ich ihr so einen 400-Euro-Job geben kann. Was sie dann aber vielleicht nicht hundertprozentig gegen Sozialhilfe oder Harz IV aufrechnen muss. Denn dann lohnt es sich natürlich wieder nicht.«

»Das haben wir in Bremen über die Sozialhilfe über ein Jahrzehnt so praktiziert«, berichtet Henning.

»Ja, das hast du gesagt.«

»Wir haben Zuverdienstmöglichkeiten für Sozialhilfeempfänger gesucht, und natürlich haben wir ihnen davon das Geld gelassen. Sonst hätten wir sie ja nie gekriegt, sonst würden sie das nie machen. Und wir haben ganz gute Erfahrungen, natürlich nicht nur, da gibt es dann auch mal Rückschläge.«

»Das ist ja klar.«

»Hans-Christoph Hoppensack, mein damaliger Staatssekretär und bester Freund, wir haben das über Jahrzehnte praktiziert, und wir haben das auch dokumentiert. Das geht, das ist möglich. Wir wollen mit Macht sagen: ›**Leute, es ist unsere Aufgabe, mit dem Geld, das wir haben, umsichtiger umzugehen, und wir müssen in die Struktur investieren**

und wir müssen die Leute in die Lage versetzen, dass sie auf ihre eigenen Beine kommen ...‹«

»Gut, aber warum macht das Ulla Schmidt nicht mit denen, die dann mit verantwortlich sind, in anderen Ressorts. Das ist doch was Einfaches ...«

»Bei der Pflegeversicherungsnovelle hat sie das versucht und sagt selber, das ist ein Schritt. Wir werden das weiter machen müssen. Ich glaube, da kann man erkennen, dass sie versucht, die Kritik, die zum Beispiel wir beide transportieren und viele, viele andere mit uns, aufzunehmen. Ich spüre, die Tür ist nicht verriegelt. Die muss man weiter öffnen, da muss noch ganz anderes durch die Tür durch als das, was bei der jetzigen Pflegenovelle passiert ist.«

Irgendwie kann ich es nicht mehr hören. Mir wird fast schlecht. »Das ist ein Schlag ins Gesicht für Leute, die das wirklich leben. Das mögen ja politisch einzelne Schritte sein, aber ...«

»Ja, das verstehe ich, dass du das jetzt so sagst, aber ich empfinde das trotzdem als einen selbstkritischen Versuch, da rauszukommen. Das ist ja eine der Finanzierungsquellen, aus der diese Pflege-Mafia-Typen ihre Rendite ziehen.«

»Natürlich.«

»Und das beginnen sie zu problematisieren, das ist schon richtig, aber natürlich hast du recht.«

»Ja, Henning, das ist meine Lebenszeit, das reicht einfach nicht. Das reicht wirklich überhaupt nicht. Das sind zwei Millionen Bürger!«

»Das reicht nicht, das stimmt. Aber es ist nicht so, dass du den Sozialpolitikern als Betonpolitikern ausgeliefert bist, die eigentlich sich überhaupt nicht innovativ verhalten können, sondern immer nur Geld ins System bringen wollen. Ich wollte nie Betonpolitiker sein, ich wollte die Riesenbudgets, die wir da verwalteten, immer möglichst nah an die Menschen heranbringen. Dieser Betonvorwurf, der ist uralt und der ist bekannt, den kennt eigentlich jeder, der in der Sozialpolitik arbeitet, den abzubauen und die richtige Konsequenz für eine veränderte Praxis zu ziehen, das ist jetzt dran. **Wir müssen praxisrelevante Veränderungen haben.«**

»Die Bevölkerung sieht es mit Erstaunen, dass Ursula von der Leyen offensichtlich Dinge in Gang gebracht hat, relativ schnell. Und bei der Pflegeversicherung wurde das nicht gemacht. Kinder – süß! Alt heißt: krank und pflegeaufwendig? **Es geht hier weniger um Geld, es geht nicht wirklich um eine schmerzhafte Umverteilung, es geht eigentlich um kleine Weichenstellungen, die eine enorme Welle auslösen würden.** Und da ist es ehrlich nicht zu verstehen, warum es bei der Familienministerin geht und bei der Gesundheitsministerin nicht.«

»Ja, ich finde diese Arbeitsteilung anstrengend …«

»Völlig schwachsinnig!«

»Die eine ist sozusagen für die Sozialarbeit zuständig, für das Kommunikative, und macht das wunderbar, und die andere ist für die Rechenmodelle zuständig und für die Finanzierung zuständig. Das finde ich …«

»Schlecht!«

»… genau, schlecht. Man müsste das miteinander natürlich intelligent verbinden. Man muss nicht nur eine Reihe schöner Projekte haben, **man muss lernen, wenn man in der Regierung sitzt, eine Große Koalition hat und Mehrheiten in allen Gremien, also eigentlich ganz viel durchsetzen kann, dann auch die Kraft zu haben, die großen Systeme, also die großen finanziellen Budgets, entsprechend umzubauen.** Das läuft zurzeit in getrennten Lagern. Das ist nicht gut.«

»Eben! Da hoffe ich auf einen lauten Aufschrei der Bürger.«

»Es muss besser werden, insgesamt. Es müssten beide ein Rieseninteresse haben, dass es insgesamt besser wird. Und die sollten sich nicht mit ihren unterschiedlichen Aufgaben und in ihren unterschiedlichen Temperamenten ... abgrenzen voneinander.«

»Ja, aber dann sollen sie mal in die Hufe kommen.«

»Ich glaube, das führt zu der Frage, ob da nicht dahinter Strukturen sind, die gar nicht von Ulla Schmidt und Ursula von der Leyen abhängig sind, sondern die schon lange so angelegt sind, die eine Durchsetzungskraft entfaltet haben, die über deren Macht hinausgeht. Ich werde dir das mal benennen: Wenn einer in eine Gemeinde mit 10 oder mehr Prozent Arbeitslosigkeit kommt und mit einer völlig überschuldeten Haushaltskasse. Und wenn der dann sagt: ›Hör mal zu, ich will von euch kein Geld. Ich will aber hier bei euch ein großes Heim bauen. Ich garantiere euch 400 Arbeitsplätze. Die Finanzierung besorge ich.‹ Da ist es kompliziert für einen Bürgermeister zu sagen: ›**Hey, was willst du eigentlich hier? Woher holst du deine Leute, was machst du mit meiner Stadt? Was machst du mit meinem Gemeinwesen, was mit meinen Bürgern? Trennst du meine lebendige Nachbarschaft? Schaffst du hier ein neues Ghetto?**‹ Das müsste dem eigentlich durch den Kopf gehen, aber in erster Linie sieht der: Da kommt ein Investor, der schafft Arbeitsplätze, die Leute kriegen was zu tun, meine Last von 10 Prozent Arbeitslosigkeit geht ein bisschen runter, das kann ich gut verkaufen, ohne dass ich meine Notkasse angreifen muss. Und damit setzen sie sich immer wieder vor Ort durch. Mit ihren gigantischen Projekten ...«

»Gut ... das verstehe ich ...«

»Und dann kommen die Bauunternehmer, die sagen: ›Hier gibt es Aufträge!‹ Und dann haben sie die Ausstatter. Endlich werden wieder Betten angeschafft. Und dann werden Möbel gekauft, gleich in hoher Auflage. Alles interessierte Leute. Alles Nachfragen. Alles konjunkturrelevant … verstehst du, was ich meine?«

»Ja, leider! Das ist mir zu wenig!«

»Nun wir wissen ja auch, **dass der Investor nicht aus Mildtätigkeit diese 10 Millionen hinwirft und das macht, sondern der hat seinen Renditeplan für die nächsten Jahrzehnte.** Von wem kriegt er das Geld? Von den Alten und von uns allen. Er kriegt es vom Gemeinwesen, also eine Umverteilung zur Vermehrung seiner Rendite.«

»Genau so!« Henning nickt.

»Kurzfristig und doof gedacht«, fasse ich zusammen.

»Und dann kommst du, Ilse, und sagst: ›**Hey, das geht aber alles in die verkehrte Richtung.‹ Das ist nicht, was wir wollen. Wir wollen in die Leute investieren, nicht in irgendwelche Bauinvestoren-Fantasien. Wir wollen das differenziert machen, und wir wollen bitte sehr das Geld, das wir ja sonst gar nicht kriegen würden, aber das Heim kriegt das, das wollen wir bitte sehr als Kommune haben. Und wir wollen sagen: Wir wissen viel besser damit umzugehen, als es in die Pflegeindustrie zu investieren. Wie können wir mit diesem Geld die Leute hier beschäftigen? Wir können sie aus ihrer, vielleicht beziehungslosen Nachbarschaft herausholen,** und können mit ihnen was zusammen machen. Ilse, das ist ein Riesending! Ich glaube, die beiden Ministerinnen würden sagen: ›Klar, das könnt ihr mit uns machen, da sind wir nicht dagegen.‹ Ich will jetzt keine Entschuldigung für Politik, Ilse, ich will nicht, dass du die Politik nicht angehst. Die muss man auch angehen, die muss unter Druck bleiben. Sonst bewegt sie sich nicht. Das stimmt, aber ich will einfach darauf aufmerksam machen, dass das 'ne Strukturfrage ist. Guck mal, wir haben es hier mit einem der mächtigsten Arbeitgeber in der Republik zu tun. **So viele Beschäftigte wie in der Pflegeindustrie findest du nirgends.** Verstehst du, was das für eine Power ist?«

»Die Power ist dann aber auch umgekehrt zu nutzen. Deswegen sage ich: ›**Wir sind die Alten**‹ **muss die Parole heißen. Wir sind die LOBBY! Ab JETZT!**«

»Was wir im Augenblick machen, ist angebotsorientiert. Wir investieren oder wir lassen zu, dass die Anbieter sich so entfalten, wie wir das immer wieder beschreiben. Wir müssen zu einer Nachfrageorientierung kommen. Es ist nicht wichtig, was ein Herr Marseille (Aufsichtsrat der Marseille-Kliniken AG) sich ausgedacht hat. Entscheidend ist die Frage: Was ist das Beste für die Leute, für die wir Verantwortung übernommen haben? Und das ist die Nachfragestruktur. Wir brauchen in dieser ganzen Geschichte einen Paradigmenwechsel. **Wir müssen weg von der Angebotskultur, hin zur Nachfragekultur. Wir müssen möglichst selbstbestimmt entscheiden, was wichtig ist.** Die Alten sollen wählen können, die Alten sollen sagen können: ›Das ist nicht das Richtige, sondern lieber so …‹«

»Aber, Henning, wenn du sagst, die größte Industrie … die meisten Arbeitsplätze sind in der Pflegeindustrie, also die Leute, die bei ›ALDI-Anbietern‹, Heimanbietern arbeiten, haben ja **extremst schlechte Arbeitsbedingungen** …«

»Stimmt!«

»Ja, und da hängt nicht nur dieser Mensch dran mit seinen schlechten Arbeitsbedingungen, sondern die ganze Familie.«

»Stimmt.«

»Und derjenige, der hier versorgt wird, als Kranker, als Alter … hat ja auch Familie. Also eigentlich erreichen wir mit diesem Thema wirklich weiteste Teile der Bevölkerung.«

»Richtig!«

»**Ja, da geht es um die Existenz. Was ist wichtiger als die eigene Existenz?** Wenn ich weiß, ich kann morgen in meinen Altersheim-Job gehen, und ich habe statt 30 Leute zu versorgen jetzt eine kleine Gruppe, und ich kann mich auch mal wieder hinsetzen zu denen. Ich muss nicht mehr im Akkord schuften, sondern kann meine Arbeit ›leben‹. Und ich krieg nicht mal mehr Geld, nur das. Ich bin einfach erfüllter von dem, was ich tue. Ich kann das mehr mitverantworten. Das ist ein enormer Zuwachs.«

»Also meine gesellschaftliche Fantasie konzentrier ich immer auf die Zivilgesellschaft. Diese Zivilgesellschaft ist eine friedliche Gesellschaft, sie definiert sich nicht über Gewalt, nicht über Ausbeutung, sondern sie ist eine über Kontrakte zwischen den Menschen eine auf Gegenseitigkeit angelegte Gesellschaft. Das ist meine Vorstellung von Frieden, von Menschlichkeit. Ich spüre, dass diese sich demografisch verändernde Gesellschaft mit diesem großen Potenzial von älter werdenden Leuten, die auch noch hohes Selbsthilfepotenzial haben und ganz viel mitbringen und im Kopf haben, ganz viel können. Das ist eine Chance für eine zivilgesellschaftliche Entwicklung. Man muss nicht immer alle Fehler wiederholen. Muss nicht immer dasselbe machen, was wir vorher schon alles falsch gemacht haben, sondern man kann, gerade wenn sich das Leben verlängert, gerade wenn man längere Perspektiven hat, die Erfahrung sortieren und kann sagen: ›**So, jetzt will ich wenigstens in den letzten Tagen meines Lebens auch das nutzen, um von den bitteren und mich zornig machenden Erfahrungen wegzukommen zu einer Kultur des Miteinanders. Verantwortlich miteinander leben. Sich über den anderen definieren, den anderen wichtig nehmen, weil ich über ihn dann auch selber wichtig werde.**‹ Das ist das, was ich wünsche, und dagegen steht diese Individualisierungsmasche, die überall läuft: ›Dreh dein Ding! Sieh zu, dass du klarkommst! Kümmere dich nicht um die anderen, Hauptsache, dir geht es gut! Alle anderen können dir im Mondschein begegnen ...‹ Das ist der Mainstream. Da werden sie drauf angesetzt, die Kids. Das ist ganz bitter und ganz falsch und sehr grob. **Aber das Positive in den Mittelpunkt zu rücken, das wäre eine große Aufgabe! Das würde mich begeistern!«**

»Das heißt doch auch eine Rückeroberung der Demokratie?«

»Natürlich. Und eine **Rückeroberung der Nachbarschaft und des Sozialen.** Die Neoliberalen haben das Soziale, das, was sich alle Menschen wünschen: dass sie nicht allein gelassen werden, das haben sie diffamiert!«

»Ja, das macht mich richtig wütend.«

»Das ist eigentlich eine unglaubliche Geschichte! Die haben sich mit ihren Spekulationsgeschäften richtig daneben benommen. Ihre Deregulierung und all so was. Ich spüre: Diese Morgendämmerung oder die Götterdämmerung des Neoliberalismus muss man nutzen, dieses **Zusammenkrachen von ›Ideologien‹, von egomanen Ideologien.** Die übrigens Leute wirklich im Elend gelassen haben und einfach vergessen haben, nicht hingeguckt haben. Ich wünsche mir, dass man, während sie zusammenkracht, diese alte neoliberale Welt, sagt: ›Es gibt eine Alternative.‹ Und es gibt ganz viele Beiträge dazu. Weltweit.«

»Das Kleine liegt im Großen. Das Kleine wird das Große!«

»... und wir fragen uns: ›Was hält uns denn zusammen?‹ Doch nicht diese Börsenspekulation! Was hält uns zusammen? Warum achten wir aufeinander? Warum verlassen wir uns aufeinander? Warum bleiben wir vielleicht wenigstens im

Ansatz optimistisch und nicht durchgehend pessimistisch? Weil wir überall von Erfahrungen leben, wo das dann auch mal gelungen ist. Oder vielleicht möglich ist. Oder vielleicht möglich gemacht werden kann. Wenn du das formulieren kannst und nicht auf diese alten plakativen Sprüche von Erste-Mai-Veranstaltungen oder von Gottesdiensten zurückgreifst, die dann immer nur strapazieren: ›Solidarität ist wichtig‹ oder: ›Hoch lebe die Solidarität‹! Wir müssen die Menschen erreichen, und wir müssen das so nah dran an ihnen wie nur möglich artikulieren.«

»Also wenn man das so sieht, sind ja meine letzten vier Jahre und mein Leben, meine Biografie das beste Beispiel dafür. Eigentlich von einem individualistisch-kapitalistisch denkenden Menschen …«

»Bist du plötzlich so richtig …«

… also zunächst anders aufgewachsen und erzogen, dann zu Wettstreit und Gewinnen trainiert, damit im Verlauf des Lebens immer wieder unglücklich. Dann in Aufgabe meines individuellen Lebens … für meine Eltern zum ›Wir‹ mutiert.«

»Du hast eine Transformation durchlaufen und bist zu einem Familienmenschen auch im politischen Sinn geworden.«

»Mehr noch, ich bin zu einem Familienmitglied der **demokratischen Familie** geworden. Und, das fällt mir jetzt erst auf, bin ich auch ein Teil der neuen, **demografischen Familie** geworden.« Ich muss lachen. »Jetzt wünsche ich mir, diese Familie kennenzulernen.«

WIR, die demokratische Familie

Das sind WIR: SIE, Henning und ich. Wir haben einen Erfahrungsschatz von gelebtem Leben: von Erfolg, Niederlage,

Erfolg, den Mühen der Ebene und Stabilität, Wissen und Können. Die Politik bewegt sich zum gesamten Thema »ALTER« nur millimeterweise. Warum, wissen wir: Es ist ein Abwägen zwischen dem Haushaltsetat und Interessenverbänden.

Für die demografische Familie, insbesondere für die, die ›jetzt‹ schon oder in naher Zukunft älteren Mitglieder der Familie, ist die Qualität der Zeit eine andere. Sie ›tickt‹ schneller. Es ist immer ›Jetzt‹. Für uns alle. Unsere Volksvertreter brauchen unsere Unterstützung, unsere Anerkennung, unsere Kritik, unsere Forderungen und konkrete Vorschläge.

Unser WIR setzt sich zusammen aus:
34,1 Millionen Bürger in Deutschland über 49 Jahre
2,25 Millionen Bürger, die hilfebedürftig sind
davon 390 000 Junge (unter 65), das sind 17 % und
1,86 Millionen Alte (über 65), das sind 83 % und
788 000 Hochbetagte (über 85), das sind 35 %

Pflegende Angehörige
Rund 64 % der pflegenden Angehörigen pflegen rund um die Uhr, 26 % täglich stundenweise, 8 % nur mehrmals die Woche, 2 % noch seltener – das sind im Schnitt 36,6 Stunden die Woche, die Angehörige mit der Pflege und Betreuung verbringen. (Quelle: Infratest Sozialforschung 2003)

Wenn man davon ausgeht, dass 1,54 Millionen Menschen zu Hause teil- oder vollversorgt werden, sind das in etwa geschätzt 2,1 Millionen pflegende Angehörige (eher mehr), die zusammen also in etwa 76,9 Millionen Arbeitsstunden in der Woche leisten, also knapp 4 Milliarden Arbeitsstunden im Jahr. Ginge man jetzt von einem Stundenlohn von 7,50 Euro aus, sind das also etwa knapp 30 Milliarden Euro Lohnkosten, die pflegende Angehörige einsparen! Anders gesagt: Die (hypothetischen) Lohnkosten der Angehörigen (30 Mrd.) sind höher als das Volumen der Pflegebranche (29 Mrd.)! (Quelle: www.statistischesbundesamt.de)

Mehrere Millionen Bürger arbeiten in den Zulieferindustrien und in Gewerben, zu deren Kundenkreis insbesondere Ältere gehören: Lebensmittelindustrie (Magensonden-Nahrung, Flüssignahrung), Kosmetikindustrie, Pharmaindustrie, Sanitätsindustrie (Hilfsmittel aller Art, Rollatoren, Wannenlifter, Windeln, Einlagen etc.), Transport- und Logistikfirmen, Versorgungsindustrie (Essen auf Rädern), Möbelindustrie (Ausstattung für Heime), Bauindustrie und Architekten (Bau von Heimen und altersgerechten Wohnformen), Optiker, Akustiker, Zahntechniker, Therapeuten (Massage, Ergo, Physio, Logopädie), Pologen, Pfarrer, Kliniken und Ärzte (Haus- und Fachärzte), Bestattungsindustrie …

WIR sind ein Wirtschaftsfaktor. Wir sind Auftraggeber: als Steuerzahler, als Pflegeversicherungseinzahler, als Klienten/ Patienten!
WIR sind die Erfolgsbranche, wir haben keine Wachstumssorgen.
WIR sind Wähler!
WIR haben ein neues Selbstbewusstsein:
Alter ist kein Hobby. WIR sind die stärkste Lobby!

»Alle zusammen«, sagt Mutter Anneliese

Henning und ich hören von so vielen guten Beispielen. Lassen Sie uns diese zusammentragen, sichtbar machen. Lassen Sie uns ins Gespräch darüber kommen. Machen wir eine Bestandsaufnahme: Henning und ich sind mit unserem Beispiel voran gegangen. Jetzt sind Sie dran: Stellen Sie uns Ihre guten Beispiele zur Verfügung. Lassen Sie uns gegenseitig von unseren Erfahrungen lernen.

Unser Buch ist ein Mitmach-Buch, es mündet in ein Internetportal: www.das-alter-kommt-auf-meine-weise.de

Im ersten Schritt sammeln wir Ihre guten Beispiele, die guten Projekte und Modelle wie: Wohngemeinschaften, Generationenhäuser, Stadtteilhäuser, Wohngruppen, Heime, private Telefonketten, Kochkreise … Tauschbörsen, Altenheimpaten, Leihomas, private Initiativen. Schreiben Sie uns auf dem Internetportal www.das-alter-kommt-auf-meine-weise.de (alternativ: www.auf-meine-weise.de) oder schicken Sie uns Post (Formular auf Seite 319).

Wir stellen jede Woche ein Projekt ausführlicher vor. Diskutieren es. Geben die Informationen, wie Sie es selbst anwenden könnten. Im zweiten Schritt bereiten wir Ihre guten Beispiele zu einer Datenbank auf. So können Sie sich informieren, in Kontakt treten, sich vernetzen, selbst ein Projekt starten. Das hochgesteckte Ziel ist: Unser Portal soll eine Suchmaschine werden für alles Positive, das es im Bereich Leben und Alter gibt, sodass Sie später einfach nur Ihre Postleitzahl eingeben und z. B. »Mittagessen« und »privat« und Sie dann so Bürger in Ihrer Nähe mit gleichen Interessen finden.

Unser Wunsch: ein Internetportal der demokratischen Familie – denn nur mit Ihnen kann es eine Bewegung werden. Mit Ihnen und Ihnen und Ihnen!

Lebensmodelle von heute für morgen

Diese können wir nur gemeinsam entwickeln, dazu brauchen wir Ihre Erfahrungen, wollen wir unsere Gedanken und Erfahrungen gerne teilen. Gemeinsam können wir Vorschläge, Forderungen an unsere Volksvertreter stellen, politisch aktiv werden.

Wie nutzen Sie Ihre »geschenkten 10 Jahre«? Wie füllen wir unser Leben mit Sinnhaftigkeit? »Bei gleicher Umgebung lebt doch jeder in einer anderen Welt«, würde mein Vater mit Schopenhauer anmerken. Genau diese Vielfältigkeit ist unser Vorteil: Wir, Henning und ich, möchten mit Ihnen diese Vielfältigkeit des »erwachsenen« Lebens, die Lebensmodelle von heute kennenlernen und daraus gemeinsam die Lebensmodelle für morgen weiterentwickeln.
Machen Sie mit? Wir freuen uns auf Sie!

An:
Ilse Biberti und Henning Scherf
c/o Südwest Verlag
Verlagsgruppe Random House GmbH
Bayerstraße 71–73
80335 München

Das gute Beispiel:

_____

_____

_____

_____

_____

_____

_____

In:

Straße: _____

PLZ/Ort: _____

Ich suche Menschen mit gleichen Interessen für folgendes Projekt:

_____

_____

_____

In:

Straße: _____

PLZ/Ort: _____

Mein Kontakt:

Name: _____

Straße: _____

PLZ/Ort: _____

eMail: _____

(Kontaktformular: kopieren, ausfüllen, zuschicken …)